Andreas Huchler

Behördenberatung in Deutschland

AF154586

Andreas Huchler

Behördenberatung in Deutschland

Erklärungen und Befunde
zur Beraternachfrage
in Stadtverwaltungen

VS VERLAG FÜR SOZIALWISSENSCHAFTEN

Bibliografische Information der Deutschen Nationalbibliothek
Die Deutsche Nationalbibliothek verzeichnet diese Publikation in der
Deutschen Nationalbibliografie; detaillierte bibliografische Daten sind im Internet über
<http://dnb.d-nb.de> abrufbar.

1. Auflage 2009

Alle Rechte vorbehalten
© VS Verlag für Sozialwissenschaften | GWV Fachverlage GmbH, Wiesbaden 2009

Lektorat: Katrin Emmerich / Tilmann Ziegenhain

VS Verlag für Sozialwissenschaften ist Teil der Fachverlagsgruppe
Springer Science+Business Media.
www.vs-verlag.de

 Das Werk einschließlich aller seiner Teile ist urheberrechtlich geschützt. Jede
Verwertung außerhalb der engen Grenzen des Urheberrechtsgesetzes ist
ohne Zustimmung des Verlags unzulässig und strafbar. Das gilt insbesondere
für Vervielfältigungen, Übersetzungen, Mikroverfilmungen und die Einspei-
cherung und Verarbeitung in elektronischen Systemen.

Die Wiedergabe von Gebrauchsnamen, Handelsnamen, Warenbezeichnungen usw. in diesem
Werk berechtigt auch ohne besondere Kennzeichnung nicht zu der Annahme, dass solche
Namen im Sinne der Warenzeichen- und Markenschutz-Gesetzgebung als frei zu betrachten
wären und daher von jedermann benutzt werden dürften.

Umschlaggestaltung: KünkelLopka Medienentwicklung, Heidelberg
Druck und buchbinderische Verarbeitung: Rosch-Buch, Scheßlitz
Gedruckt auf säurefreiem und chlorfrei gebleichtem Papier
Printed in Germany

ISBN 978-3-531-16679-7

Vorwort

Die vorliegende Arbeit ist die leicht überarbeitete Fassung einer an der Universität Konstanz eingereichten Dissertation. Gegenüber dem ursprünglichen Manuskript wurden die für die zentrale Argumentationslinie nicht unbedingt erforderlichen Kapitel und der Tabellenanhang aus Platzgründen weggelassen.

Obwohl man als Doktorand im Produktionsprozess letztlich auf sich alleine gestellt bleibt, tragen bestimmte Menschen dazu bei, dass die Wahrscheinlichkeit einer erfolgreichen Finalisierung steigt. Zuallererst danke ich daher meinen Eltern, die mich finanziell und emotional viele Jahre unterstützt haben. Einen weiteren großzügigen Sponsor und Gönner habe ich in Stephan A. Jansen gefunden, ohne den ich womöglich nicht den Weg zurück in die Wissenschaft gefunden hätte. Zu großem Dank verpflichtet bin ich auch Thomas Hinz, der mich als externen Doktoranden angenommen und das empirische Projekt auch finanziell großzügig unterstützt hat. In schwierigen Phasen waren vor allem die Gespräche mit Alihan Kabalak emotional aufbauend und intellektuell anregend.

Zu diesen in den letzten Jahren unverzichtbaren Unterstützern gesellen sich weitere temporäre Helfer, darunter namentlich Birger P. Priddat, Nico Stehr, Bernd Weiler, Barbara Drexler, Patrick von Maravić, Alexandra Hausstein, Katrin Auspurg, Ina Findeisen, Christine Martin, Gabriele Albrecht, Marie-Christine Eyerund-Genaille, Thomas Lenz, Massimo Vallo, Anna Betzlbacher, Jonas Schuster, Christian Geiger, weiterhin die BibliothekarInnen der ZU-Bibliothek, die Schankwirte des Pier 40, die Pizzabäcker des I Trulli sowie das Kino-Studio-17-Team.

Im Zusammenhang mit der Erhebung danke ich der KGSt, namentlich Dirk Greskowiak und Rainer Christian Beutel, für Fragebogen-Feedback und postalisches Begleitschreiben. Last but not least ein herzliches Dankeschön an alle kommunalen VerwaltungsmitarbeiterInnen, die sich an der Befragung beteiligt haben. Von derartigem unentgeltlichem Engagement lebt letztlich die wissenschaftliche Survey-Forschung! Diese Buchveröffentlichung wird gedruckt mit Mitteln der Forschungsförderung der Zeppelin Universität Friedrichshafen.

Dissertation der Universität Konstanz
Tag der mündlichen Prüfung: 13. 11. 2008
Referent: Prof. Dr. Thomas Hinz
Referent: Prof. Dr. Stephan A. Jansen

Inhalt

Verzeichnis der Abbildungen

Verzeichnis der Tabellen

Einleitung

Die vorliegende Arbeit nähert sich theoretisch und empirisch dem Phänomen ‚Behördenberatung'. Ausgangspunkt des theoretischen Teils der Arbeit ist die Beobachtung, dass die bestehende Literatur das Phänomen bislang entweder einseitig unter dem Gesichtspunkt einer rein politischen Nachfrage von politischen Repräsentanten nach wissenschaftlicher Unterstützung bei der Optimierung von Parteiprogrammen betrachtet – also als Politikberatung. Oder aber man beschäftigt sich mit dem gleichen Phänomen ebenso einseitig unter dem Gesichtspunkt einer rein strategisch-organisatorischen Nachfrage von (Verwaltungs-) Organisationen nach externer Unterstützung bei der Bewältigung von organisationstypischen Problemlagen – also als Organisations- bzw. Unternehmensberatung. Während man in der deutschen Politik- und Wirtschaftswissenschaft trotz jüngst vermehrt beobachtbarer Selbstzweifel offensichtlich weiterhin an dem hehren Ziel ‚wissenschaftlicher Politikberatung' festhält, wächst in der Behördenpraxis die Nachfrage nach einkaufbaren (Beratungs-) Dienstleistungen, die vorwiegend von ‚kommerziellen Unternehmensberatungen' erbracht werden können. Im Sinne einer (Wieder-) Einblendung des multidisziplinär Ausgeblendeten schlägt der Verfasser mit dieser Arbeit vor, zur präziseren Bezeichnung bestimmter phänomenaler Korrelate den wissenschaftsintern bislang noch unüblichen Begriff ‚Behördenberatung' einzuführen.

Den Selektionsfilter massenmedialer Berichterstattung konnten bislang vor allem besonders ‚kritische' Stimmen erfolgreich durchbrechen. Insbesondere im Zusammenhang mit einer zum Jahreswechsel 2004/05 in den Feuilletons deutscher Massenmedien kurzzeitig aufgeflackerten Beraterdebatte erlangte das Thema – freilich unter etwas anderem Namen – eine vorübergehende bundespolitische Brisanz. Der symbolische Kampf um die Frage, ob die beruflichen Aktivitäten von Politik- bzw. Behördenberatern für Staat und Gesellschaft besonders schlecht oder besonders gut sind, wird ansonsten jedoch eher unterhalb der Schwelle des massenmedial Wahrnehmbaren geführt: von besonders investigativen Journalisten,[1] besonders kritischen Sozialforschern[2] und offensichtlich

---

1 Vgl. Rügemer (2004); Leif (2006, 2007).
2 So die Habilitationsschrift von Resch (2005).

größtenteils besonders affirmativen Politik- und Verwaltungswissenschaftlern mit hoher persönlicher Affinität zum Beraterberuf.[3] Während die einen hinter den beruflichen Aktivitäten von Unternehmens- und Politikberatern den neuen Klassenfeind zu erkennen glauben, vermitteln die anderen den Eindruck, Unternehmensberater stellten ihre Dienstleistungen völlig uneigennützig und politisch neutral bei entsprechender Nachfrage auch politisch gewählten Auftraggebern zur Verfügung. Offensichtlich neigt man nicht nur in der politischen Praxis, sondern auch in deren wissenschaftlicher Analyse zur möglicherweise vorschnellen Übertreibung oder aber Verharmlosung der (Langzeit-) Folgen einer politisch nachgefragten ,Behördenberatung'.

In der vorliegenden Arbeit wird dafür plädiert, in Zukunft dann verstärkt von ,Behördenberatung' zu sprechen, wenn die primären Beratungsadressaten nicht Parteien oder Politiker, sondern öffentlich-rechtliche Gebietskörperschaften als formale Organisationen sind. Behördenberatung wäre dann eine spezielle Form von ,Organisationsberatung', genauer: die Beratung von politisch in regelmäßigen Abständen legitimierungspflichtigen Verwaltungsorganisationen mit verfassungsrechtlichem Sonderstatus.

Empirische Indizien dafür, dass nicht nur Bundes- und Landesbehörden, sondern auch deutsche (Groß-) Stadtverwaltungen in zunehmendem Maße Aufträge an kommerzielle Beratungsdienstleister vergeben, finden sich seit einigen Jahren vor allem jenseits wissenschaftlicher Diskurse in verschiedensten deutschen Zeitungen und Fachzeitschriften.[4] Bislang existieren allerdings noch keine empirischen Studien, aus denen quantifizierbare Aussage über Höhe, Art und Determinanten des Nachfrageverhaltens deutscher Stadtverwaltungen nach Dienstleistungen externer Beratungsanbieter ableitbar wären. Im empirischen Teil der Arbeit werden daher – komplementär zu einem bereits veröffentlichten, vorwiegend univariaten Ergebnisbericht[5] – die bi- und multivariaten Ergebnisse einer vom Verfasser im Jahr 2007 durchgeführten, schriftlichen Befragung großer deutscher Stadtverwaltungen vorgestellt.

Die vorliegende Arbeit ist das Ergebnis einer mehrjährigen Beschäftigung mit folgenden Forschungsfragen: 1. Wie lässt sich das Phänomen ,Behördenberatung' auf der Basis von Theorien, die im Kontext etablierter sozialwissenschaftlicher Paradigmen entstanden sind, gesellschafts- bzw. organisationstheoretisch beschreib- bzw. erklärbar machen? 2. Wie lässt es sich erklären, dass in

---

3   Vgl. nur die Dissertation von Raffel (2006) und den Sammelband von Bill/Falk (2006).
4   So etwa in der *FAZ*: Leppin (2004); im *Behördenspiegel'*: Pröpper (2006); in der *Innovative Verwaltung*: o. V. (2008).
5   Siehe Huchler (2007b).

jüngerer Vergangenheit nicht mehr nur Wirtschaftsunternehmen, sondern auch Behörden im Allgemeinen und deutsche Kommunalverwaltungen im Besonderen vermehrt die Dienstleistungen externer Beratungsanbieter in Anspruch nehmen? 3. Wie stellt sich die (Nachfrage-) Situation nach externen Beratungsanbietern in deutschen Kommunalverwaltungen empirisch tatsächlich dar? Lassen sich bestimmte Nachfragetypen identifizieren? Gibt es Determinanten des kommunalen Beraternachfrageverhaltens, aus denen sich Prognosen für die zukünftige Nachfrageentwicklung ableiten lassen?

Die Arbeit umfasst insgesamt vier Kapitel. Zunächst wird in *Kapitel 1 der Stand der Forschung* in den Politik- und Verwaltungswissenschaften sowie in den Wirtschafts- und Sozialwissenschaften knapp skizziert. Der Fokus liegt hierbei auf der pointierten Aufarbeitung des Stands der thematisch einschlägigen Literatur im deutschsprachigen Raum. Auf der Grundlage dieser Literaturschau soll deutlich werden, dass dem Phänomen ‚Behördenberatung' bislang weder in der deutschen Verwaltungs- noch in der Beratungsforschung ausreichend Aufmerksamkeit zuteil wurde.

Kapitel 2 widmet sich relativ ausführlich der rekonstruktiven Darstellung und der (meta-) theoretischen Beurteilung zentraler gesellschafts-, organisations- und beratungstheoretischer Figuren, die im Laufe des letzten Jahrhunderts innerhalb von drei ausgewählten sozialwissenschaftlichen Paradigmen entstanden sind: der (institutionen-) ökonomischen Perspektive, der klassentheoretisch-(post)marxistischen Perspektive und der sozialanthropologisch-(system)funktionalistischen Perspektive. Da theoretische Abstraktion und methodologische Reflektiertheit die beiden einzigen Mittel sind, mit denen man sich als Sozialwissenschaftler gegenüber anderen Fremdbeschreibungen von scheinbar Alltäglichem differenzieren kann, erscheint es gerade im Fall eines stark moralisiert bzw. politisiert diskutierten Phänomenbereichs wie Politik- bzw. Behördenberatung unabdingbar, sich der theoriegeschichtlich gewachsenen paradigmatischen Standpunktgebundenheit des eigenen Reflektierens bewusst zu werden. Unter den scheinbar längst veralteten Texten finden sich zudem einige Perlen, die man bei diesem theoriegeschichtlichen Rundgang für die aktuelle Verwaltungs- und Beratungsforschung (wieder-) entdecken kann.

Die von den ‚grand theories' aus Kapitel 2 nahegelegten Perspektiven auf (Organisations-) Beratung werden in *Kapitel 3* ergänzt durch einige Theorien mittlerer Reichweite, denen gemeinsam ist, dass sie puzzleartig Beiträge zur *Erklärung der Emergenz eines Spezialmarkts für Behördenberatung in Deutschland* liefern. Weiterhin unternimmt der Verfasser hier den Versuch, durch eine Rekonstruktion der historischen Abfolge von phänomenbezogen möglicherweise erklärungsrelevanten Einzelereignissen und Trends eine sozio- bzw. polithistorische Komplementärerklärung zu den ansonsten vorwiegend universal-theoretisch ansetzenden Erklärungsansätzen in Ökonomie und Soziologie beizusteuern.

In *Kapitel 4* werden ausgewählte Ergebnisse einer im Jahr 2007 durchgeführten, postalischen Klientenbefragung zunächst deskriptiv vorgestellt. Im Anschluss daran wird der Versuch unternommen, unter Verwendung cluster- und regressionsanalytischer Auswertungsverfahren auf der Basis dieser und einiger hinzugematchter Daten mit einer eher theoretisch-explorativ orientierten Auswertungsstrategie *statistisch abgesicherte (Wahrscheinlichkeits-) Aussagen über mögliche Determinanten des derzeitigen und zukünftigen Beraternachfrageverhaltens von deutschen Kommunen* abzuleiten.

Im *Schlussteil* werden nach einem kurzen Ausblick auch einige normative Implikationen für die Behörden(beratungs)praxis thematisiert.

1 Stand der Forschung

Wenn Sprache das wichtigste Mittel der (kognitiven) Welterschließung ist, dann tragen forschungsorientierte Lehrveranstaltungen, Ergebnisberichte von (Auftrags-) Forschung und professorale Vorträge auf Veranstaltungen mit nichtwissenschaftlichem Publikum nach einer gewissen Inkubationszeit nichtkausal zu einer kreativen Veränderung der gesellschaftlichen Sprachpraxis bei.[1] Aber auch wissenschaftsintern können sich um neu eingeführte Begriffe herum ganze Forscher-Communities bilden.[2] Im Umkehrschluss bedeutet dann aber eine begriffsbedingte Ausblendung bestimmter Wirklichkeitsdimensionen, dass es in besagtem Phänomenbereich u. U. kaum (geförderte) Forschung, wenige Publikationen und womöglich noch weniger Implikationen für Lehrveranstaltungen, Vorträge und die Erfindung neuer Berufsfelder gibt. Im Folgenden soll gezeigt werden, dass man sich bislang weder in den Politik- und Verwaltungswissenschaften noch in den Wirtschafts- und Sozialwissenschaften theoretisch und empirisch angemessen mit dem beschäftigt hat, was der Verfasser als ‚Behördenberatung' bezeichnet.

1.1 In den Politik- und Verwaltungswissenschaften

In der deutschsprachigen Literatur, die man den Politik-, Verwaltungs- oder Kommunalwissenschaften zurechnen kann, erhält man auf der Basis von Suchbegriffen wie ‚Behördenberatung', ‚Verwaltungsberatung' oder englischen Varianten wie ‚Public Management Consulting' in Wörterbüchern[3] und Datenbanken mit überwiegend wissenschaftlichen Texten bislang vergleichsweise wenige Einträge. Erst wenn man den kleinen Umweg über die bislang vor allem von

---

1   Man denke hier exemplarisch an politisch verwendete Begriffe wie ‚Prekariat' und ‚Unterschicht'.

2   In jüngerer Zeit: ‚Governance' und ‚Gouvernementalität'

3   ‚Behördenberatung' bzw. ‚Verwaltungsberatung' konnten sich auch im ‚Verwaltungslexikon' nicht als eigenständige Begriffe durchsetzen, obwohl Carl Böhret unter dem Stichwort ‚Politikberatung' klarstellt: „P[olitikberatung]. ist in Deutschland in aller Regel Verwaltungsberatung. Die direkten Adressaten sind eher selten gewählte Politiker, sondern die Ergebnisse von P. werden vorwiegend von der Verwaltung nachgefragt, verarbeitet und dann ggf. für die Politik zusammengefasst und aufgearbeitet". Vgl. Böhret (2003: 816).

Wirtschafts- und Politikwissenschaftlern dominierte Literatur zum Stichwort
‚Politikberatung' geht, findet man eine durchaus beachtliche Anzahl von Publikationen, in denen es im Hinblick auf das jeweils beschriebene Phänomen zumindest auch um Behördenberatung geht – obwohl dort fast ausschließlich von
‚Politikberatung' die Rede ist. So betitelt etwa Kersting seinen ansonsten durchaus anregenden Überblicksbeitrag, bei dem es inhaltlich in erster Linie um Fragen der externen Beratung von (Kommunal-) Verwaltungen geht, mit dem vergleichsweise allgemein gehaltenen Titel ‚Politikberatung und Verwaltungsreform' (vgl. Kersting 2002). Die bislang differenzierteste Typologie verschiedener Beratungstypen findet sich in einem politikwissenschaftlichen Lehrbuch
aus dem Jahre 2003. Bezeichnenderweise ist der Autor trotz Doktortitel nicht in
der Wissenschaft geblieben, sondern kann zwischenzeitlich auf eine beachtliche
Karriere in Ministerien auf Landes- und Bundesebene zurückblicken. Göttrik
Wewer unterscheidet idealtypisch vier ‚Felder' der Politikberatung: betriebswirtschaftliche Organisationsberatung, technische Fachberatung, materielle Politikberatung und kompetitiv Programmberatung (so Wewer 2003: 370). Er teilt
mit dem Verfasser die Einschätzung, dass „die meisten Ratschläge, die Politiker
bekommen, [...] – jedenfalls im strengen Sinne – ‚unwissenschaftlich' sein"
dürften (Wewer 2003: 367). Den ‚betriebswirtschaftlichen Organisationsunter-
suchungen' – also dem, was ‚Behördenberatung' am nächsten kommt, widmet
er im Rest des Beitrags allerdings nur drei Sätze.

1.1.1 Theoretische Beschäftigung mit dem Phänomen ‚Behördenberatung'

Die Mehrheit der deutschen Politik- und Verwaltungswissenschaftler hält es bislang
kaum für notwendig, die verschiedenen Typen von empirisch beobachtbarer,
außerwissenschaftlicher Behörden- bzw. Verwaltungsberatung von der ‚wissenschaftlichen Politikberatung' abzugrenzen. Der erste und nach Recherchestand des
Verfassers vor dem Jahr 2000 in der BRD einmalig gebliebene Versuch einer gro-
ben Typologisierung von ‚Politikberatung' stammt von Carl Böhret.[4] Unter deutschen Politik- und Verwaltungswissenschaftlern hofft man offenbar bis in die Ge-

---

4   Dazu Böhret: „Es kommt sehr darauf an, die drei Ebenen der Beratung zu erkennen und rich-
     tig zu nutzen: die individuelle Beratung politischer Entscheidungsträger (Coaching durch den
     ‚Neo-Narren'), die mehr oder weniger straff institutionalisierte Beratung in und durch Gre-
     mien (wie Modernisierungskommissionen) oder die über Gutachten und/oder Transfermitwir-
     kung beratenden externen Consultants. Je politiknäher der Beratungsdruck, desto eher wird
     die individuelle Beratung nutzen, je verwaltungsbezogener, desto eher können die institutiona-
     lisierte und die externe Beratung hilfreich sein" (Böhret 1997: 95).

genwart hinein, dass man sich auch in Zukunft nicht nur innerhalb der universitären Wissenschaft, sondern auch in der deutschen bzw. europäischen Politik und Verwaltung sowohl als Wissenschaftler als auch als lösungsorientierter Politikberater behaupten können wird.[5] So setzt sich auch Heinrich Mäding, immerhin von 1992 bis 2006 (!) Leiter des Deutschen Instituts für Urbanistik (DIfU), in einem jüngst erschienenen Beitrag ausschließlich mit ‚wissenschaftlicher' Beratung von Kommunen auseinander. Allerdings definiert Mäding ‚wissenschaftliche Beratung' kurzerhand auf eine Weise (um), dass hierunter auch die Beratungsleistungen kommerzieller Beratungsunternehmen fallen (Mäding 2007: 44). Klar auch, dass er in der Folge die (Weiter-) Existenz des DIfU und der KGSt als „interdisziplinäre und praxisorientierte wissenschaftliche Einrichtungen" (Mäding 2007: 50-51) in unmittelbaren Zusammenhang mit der in Deutschland starken Tradition der kommunalen Selbstverwaltung bringt. Immerhin kommt Mäding aber abschließend zu der vermutlich praxisgetränkten Prognose, dass der Beratungsbedarf der Kommunen zumindest auf den Gebieten der Fach- und der Verwaltungspolitik auch angesichts steigender Risiken von Fehlentscheidungen und einer Tendenz, die Verwaltung mittels sukzessivem Personalabbau auf ihre Kernaufgaben zu beschränken, ‚objektiv' voraussichtlich weiter wachsen wird (Mäding 2007: 53). Fraglich ist jedoch, ob bzw. bis zu welchem Grad die Kommunen sich für externe Unterstützungsleistungen (weiterhin) an tatsächlich wissenschaftsnahe Einrichtungen wie das DIfU oder verbandsnahe Einrichtungen wie die KGSt wenden werden. Vor dem Hintergrund einer wissenschaftsintern, seit längerem beobachtbaren Ausdifferenzierung von Wissenschaft und Beratung ist dies jedenfalls eine optimistische Annahme, der man zumindest in der Politikwissenschaft, der Ökonomie und sogar der ‚artverwandten' Betriebswirtschaftslehre schon seit einiger Zeit eher skeptisch gegenübersteht.[6]

So sind es bezeichnenderweise Holger Bill und Svenja Falk, zwei hauptberuflich im Public-Sector-Bereich der Unternehmensberatung ‚Accenture' tätige Herausgeber (pseudo-) verwaltungswissenschaftlicher Bände, die sich im Kontext der Erörterung der Frage, welche wirtschaftliche Bedeutung ‚Politikberatung' für kommerzielle Unternehmensberatungen hat, explizit für die Unterscheidung ‚Politikberatung' vs. ‚Verwaltungsberatung' einsetzen (Bill/Falk

---

5   Ein früher Sammelband zu (wissenschaftlicher) ‚Politikberatung' wurde von Murswieck (1994) herausgegeben. Im englischsprachigen Raum etwa zeitgleich: Peters/Barker (1993). Einem internationalen Publikum gibt Thunert (2001) einen interessanten Überblick über den Status und vermuteten ‚Impact'-Faktor der verschiedenen in der BRD aktiven ‚Alternative Policy Advisory Organizations' (APAOs). In späteren Veröffentlichungen konzentriert letzterer sich dann aber – wie die meisten seiner Fachkollegen – wieder ausschließlich auf die historische Rekonstruktion von wissenschaftsnaher ‚Politikberatung'. So Thunert (2004).

6   Weiss (1977); Mayntz (1978); Weingart (2001); Nicolai (2002); Priddat (2004); Kieser (2004).

2006: 291). Diese Unterscheidung sei analytisch sinnvoll, auch wenn in der Beratungspraxis eine genaue Grenzziehung häufig nicht ganz einfach falle.
Aus Sicht von Unternehmensberatern, so Bill und Falk weiter, sei Politikberatung als solche allerdings ohnehin eher eine Art Eintrittskarte für lukrativere
Formen der Beratung öffentlicher Gebietskörperschaften. Interessant dazu auch
folgende Anmerkung:

> Dies hat gute Gründe, denn Politikberatung als homogenes Serviceangebot eines klar
> identifizierbaren Anbietersegments gibt es nicht. Vielmehr sind [...] Beratungshäuser
> politikberatend aktiv, um die Marke im Markt zu positionieren, Kundenbeziehungen zu
> entwickeln und Multiplikatorennetze aufzubauen [...]. Politikberatung ist ein Bestand-
> teil des Beratungsgeschäfts insgesamt geworden und findet vorrangig vor der operatio-
> nalen Umsetzung einer politischen Entscheidung statt (Bill/Falk 2006: 299).

Zumindest kommerzielle Beratungsanbieter machen Bill und Falk zufolge ihr
Geschäft im öffentlichen Sektor nicht primär durch ‚Politikberatung‘, sondern
vor allem über die sich hieraus u. U. ergebenden Beraterverträge, die aber hinsichtlich des erwarteten Tätigkeitsspektrums eher im Bereich ‚Public Affairs‘[7]
oder aber im Bereich ‚Behördenberatung‘ zu verorten sind. Auch Tobias Raffel,
Autor einer jüngeren Dissertation über ‚Unternehmensberater in der Politikberatung‘, ist sich dieser indirekten Auftragslogik bewusst (siehe Raffel 2006: 92ff.).
Dass er die von seinem Arbeitgeber, Roland Berger, kofinanzierte Doktorarbeit
aber trotzdem explizit auf die Untersuchung des für kommerzielle Unternehmensberater offensichtlich vergleichsweise umsatzschwachen Geschäftsfelds
der ‚Politikberatung‘ beschränkt, begründet er mit der – empirisch allerdings
nicht weiter belegten – These, Unternehmensberater hätten sich im Laufe der
letzten Jahrzehnte – gegen den Uhrzeigersinn des Policy Cycle – nach und nach
von der Beratung öffentlicher Unternehmen, über die Beratung öffentlicher
Verwaltungen bis zu inhaltlicher Politik(feld)-Beratung ‚hochgearbeitet‘ (Raffel
2006: 74f.). Raffel behauptet weiter, dass Politikberatung in der BRD – ganz
anders als in vielen anderen europäischen Ländern – auch aufgrund der im Jahr
2004 medial inszenierten Beraterschelte für kommerzielle Beratungsanbieter
wie Roland Berger ein bislang noch vergleichsweise wenig attraktives Ge-
schäftsfeld darstelle. Eher implizit als explizit vermittelt die Studie jedoch den
Eindruck, dass die kommerzielle Beratung von öffentlichen Verwaltungen und
Unternehmen in Europa nicht nur bereits wohl etabliert ist, sondern aufgrund
der im Policy Cycle eher nachgeordneten Stellung von öffentlichen Verwaltun-

---

7   Zur ähnlich schwierigen begrifflichen Abgrenzung zwischen Public Affairs und Public Relati-
     ons siehe Althaus (2004).

gen und Unternehmen auch in demokratietheoretischer Hinsicht als vollkommen unbedenklich eingestuft werden kann. Auch wenn man Raffels methodologischer Hoffnung, den Beratungspraktikern mit Hilfe von Experteninterviews neue Einsichten entlocken zu können, an verschiedensten Stellen kritisch gegenüber stehen kann, so ist es im Zusammenhang der vorliegenden Arbeit zumindest aufschlussreich, von einem praktizierenden Junior Consultant zu erfahren, mit welchen Strategien Unternehmensberater angeblich versuchen, die öffentliche Nachfrage nach Politikberatung zu stimulieren:[8]

> Unternehmensberater versuchen erstens, während der Projektarbeit in der Verwaltung ihren Projektpartnern aus Politik und Verwaltung zusätzliche Projektmodule schmackhaft zu machen, die sie in das Feld der Politikberatung bringen würden. Sie versuchen zweitens, über ihre Kontakte zu politischen Entscheidungsträgern Themen und Ideen zu platzieren, die sie für politische Auftraggeber interessant werden lassen. Schließlich versuchen Unternehmensberater drittens, in der Öffentlichkeit als kompetente Akteure auch in Policy-Fragestellungen anerkannt zu werden, was wiederum das Interesse von politischen Akteuren steigern soll und kann (Raffel 2006: 152).

Abgesehen von diesen neueren Monographien, die offensichtlich im diffusen Grenzgebiet zwischen akademischer Verwaltungswissenschaft und kommerzieller Unternehmensberatung entstanden sind, wird die im Kontext der Verwaltungs- und Kommunalwissenschaft der letzten 15 Jahre veröffentlichte Literatur aus Sicht eines soziologischen Fremdbeobachters weitgehend von einer überschaubaren Menge von Vertretern der Ökonomie, der öffentlichen Betriebswirtschaftslehre und der Verwaltungswissenschaft dominiert, die sich zudem mehrheitlich nebenberuflich auf die eine oder andere Art und Weise selbst als ‚Politikberater' betätigen. Es verwundert daher nicht, dass man sich als Vertreter solcher Disziplinen auch innerakademisch lieber mit normativen Konzepten ‚(wissenschaftlicher) Politikberatung' beschäftigt hat als mit der positiv-empirischen Erforschung des Verbreitungsgrads und der Funktion von (auch kommerzieller) Behördenberatung für spätmoderne Staatstätigkeit.[9] In anderen Ländern wird die Entstehung eines Spezialmarkts für Public Sector Consulting zum Teil bereits deutlich früher registriert. So befassen sich in den USA bereits

---

8 Wie in einem späteren Abschnitt dieser Arbeit gezeigt werden wird, ist die folgende eher betriebswirtschaftlich-phänomenale Beschreibung einer beraterseitigen Markteintrittsstrategie kompatibel mit einem netzwerktheoretischen Erklärungsversuch für die jüngst zu beobachtende Expansion der Beraterbranche in der Privatwirtschaft.

9 Eine einseitige Ausrichtung auf die Erstellung und Verbreitung normativer Konzepte beobachtet und kritisiert auch Derlien (1996) in der neueren Verwaltungswissenschaft. Auch andere soziologische Autoren wundern sich über die implizite Gleichsetzung von Politikberatung mit wissenschaftlicher Politikberatung. Vgl neuerdings Kusche (2008: 261).

Mitte der 1970er Jahre zwei Staatsanwälte in einem Buch mit der Frage, warum
die Regierung so viel Geld für externe Beratungsanbieter und Think Tanks aus-
gibt (vgl. Guttman/Willner 1976). Nach etwa 10 Jahren NPM-Erfahrung merkt
der Australier Martin an, dass „[...] there are differences between the use of
consultants as management change agents and their use as policy reviewers"
(siehe Martin 1998: 7). Obwohl er sich in seiner eigenen Arbeit vorwiegend für
die Rolle von Unternehmensberatern bei der Politikformulierung interessiert,
sollten seiner Ansicht nach auch die Aktivitäten der Anbieter von ‚Verwaltungsberatung‘ genauer untersucht werden, weil sie – über Beratungen im Hinblick auf den Implementationsprozess – auch den Output von Politikprozessen
beeinflussen würden (Martin 1998: 13-14). Der erste Nachweis einer wissenschaftlichen Auseinandersetzung mit dem Phänomen in Europa ist nach Recherchestand des Verfassers das leider nur in schwedischer Sprache zugängliche Arbeitspapier eines Forscherteams, das im Jahr 1985 am Staatswissenschaftlichen
Institut der Universität Stockholm veröffentlicht wurde (vgl. Premfors/Eklund/
Larsson 1985). Spätestens seit Anfang der 1990er Jahre diskutieren im angelsächsischen Raum ernstzunehmende Politikwissenschaftler – zumeist normativ – über die demokratietheoretischen Implikationen einer sich möglicherweise
etablierenden ‚consultocracy‘.[10] Um die Jahrtausendwende sind vor allem in
Kanada zwei interessante Veröffentlichungen erschienen, die sich länderver-
gleichend mit der wachsenden Rolle von externen Beratungsanbietern für Staaten beschäftigen.[11]

Zusammenfassend kann gesagt werden, dass innerhalb der deutschen Poli-
tik- und Verwaltungswissenschaft das in der vorliegenden Arbeit interessierende
Phänomen bis vor wenigen Jahren fast ausschließlich unter dem eher allgemeinen Begriff ‚Politikberatung‘ diskutiert worden ist. Zumindest in den 1990er
Jahren dachte man dabei innerwissenschaftlich vor allem an ‚wissenschaftliche
Politikberatung‘. Erst in jüngeren Publikationen, die vor allem von Grenzgängern zwischen (wissenschaftlicher) Politik- und (kommerzieller) Unternehmensberatung dominiert werden, wird erwähnt, dass es neben ‚wissenschaftlicher Politikberatung‘ womöglich noch andere Formen der Behördenberatung gibt.

---

10   Vgl. bereits rückblickend Saint-Martin (2004: 19f.).
11   Siehe Bakvis (1997) und Saint-Martin (1999; 2004). Letzterer ausführlicher weiter unten.

1.1.2 Empirische Studien

Der quantitativ ausgerichtete Verwaltungswissenschaftler Hans-Ulrich Derlien stellt in seinem im Jahr 2000 veröffentlichten Überblicksbeitrag zum Stand der empirischen Verwaltungsforschung zwar fest, dass die deutsche Verwaltungs- und Kommunalwissenschaft in den 1990er Jahren eine Vielzahl von Publikationen mit normativen Konzepten produziert habe,

> allerdings zu grundlegenden empirischen Untersuchungen ist es in diesem Zusammenhang nicht gekommen [...] Das wenige, was wir empirisch exakt wissen, entstammt Umfragen des Deutschen Städtetags (1995, 1996, 1997) zum Umfang der Verwirklichung des Neuen Steuerungsmodells (Derlien 2000: 23).

An diesem Defizit an quantitativer Empirie, so ließe sich ergänzen, hat sich auch in der ersten Hälfte des ersten Jahrzehnts des neuen Jahrtausends wenig geändert. Im Zentrum der meisten nach 2000 veröffentlichten (Evaluations-) Studien steht noch immer der Versuch festzustellen, bis zu welchem Grad bestimmte einige Jahre zuvor – vor allem im Kontext des Neuen Steuerungsmodells – normativ propagierte Maßnahmen der Verwaltungsmodernisierung in den jeweils untersuchten Behörden bereits implementiert worden sind.[12]

Die ersten empirischen Hinweise auf eine tatsächlich wachsende Inanspruchnahme der Leistungen externer Beratungsanbieter – zumindest auf kommunaler Ebene – finden sich in den Ergebnisberichten der vom Deutschen Städtetag (DSt) in den Jahren 1994 und 1996 durchgeführten Mitgliederbefragungen.[13] In seinem Versuch, die wesentlichen Ergebnisse der Studien zusammenfassend darzustellen, unterscheidet Stucke zunächst drei in den Teilnehmerstädten angeblich beobachtbare Hauptströmungen der Umsetzung der von Vertretern des Neuen Steuerungsmodells propagierten Modernisierungskonzepte: 1) die Strategie der Verfolgung eines ganzheitlichen Ansatzes, 2) die Strategie der schrittweisen Implementation einzelner ausgesuchter Maßnahmen, die für alle Geschäftsbereiche gleichzeitig eingeführt werden, und 3) die Einführung eines umfassend aufeinander abgestimmten Maßnahmenkatalogs auf zunächst einzelne Pilotämter mit der Option, die gewonnenen Erfahrungen auf andere Geschäftsbereiche zu übertragen (Stucke 1998: 181). Nachfragen in den Städten, so Stucke weiter, hätten ergeben, „daß vor allem die Städte, die den

---

12 Am ehesten hegt Bogumil in jüngeren Publikationen Zweifel daran, ob es angesichts der mikropolitischen Realverhältnisse in Behörden überhaupt sinnvoll erscheint, normativ an einem einheitlichen Modernisierungsfahrplan festzuhalten. Vgl. Bogumil (2002).

13 Vgl. Stucke (1998); Sperling (1999: 24f.).

Weg der vollständigen Umstrukturierung der Gesamtverwaltung eingeschlagen haben, häufig zu externen Beratern greifen. Doch auch größere Städte, die den Weg der Pilotämter eingeschlagen haben, nutzen inzwischen die Dienste externer Fachleute" (Stucke 1998: 182). Im Fokus der kommunalen Reformwelle der 1990er Jahre hätten dabei mit absteigender Wichtigkeit die Bereiche ‚Haushalts- und Rechnungswesen' (80%), ‚Personal und Organisation' (57%), ‚kommunale Beteiligungssteuerung' (27%) und das ‚Verhältnis zwischen Rat und Verwaltung' (26%) gestanden (Stucke 1998: 182-183). Da Mitte der 1990er Jahre vom DSt mehrere Jahre in Folge vergleichbare Studien durchgeführt wurden, lässt sich Stucke zufolge auch empirisch belegen, dass es in den Städten im Hinblick auf die geschätzte Dauer des Reformprozesses innerhalb nur weniger Jahre zu einem Stimmungswandel gekommen sei:[14]

> 53% der Städte, im Vorjahr waren es noch 38%, glauben inzwischen, die Umstrukturierung erst in 6-10 Jahren vornehmen zu können. Mit 2-5 Jahren auszukommen nehmen noch 41% der Städte an [...] Die Zahl der Städte in Westdeutschland, die sogar mehr als 10 Jahre benötigten, hat sich von drei Städten (2,7%) auf 7 Städte (5,5%) 1996 mehr als verdoppelt (Stucke 1998: 184).

In einem Reflexionsbericht zu einer selbst durchgeführten Kommunalberatung versucht Uwe Wilkesmann, ein Verwaltungswissenschaftler soziologischer (!) Provenienz, aus kommunalwissenschaftlicher Sicht den Beratungsmarkt der späten 1990er Jahre zu charakterisieren. Seiner Ansicht nach wurde bis dahin der Beratungsmarkt für kommunale Verwaltungen im Wesentlichen durch zwei Ansätze dominiert:

> 1. Der Ansatz der KGSt-Consult, in dem eine Applikation des Neuen Steuerungsmodells erfolgt.
> 2. Das von der Bertelsmann Stiftung initiierte und bezahlte Projekt, das durch die Beratungsfirmen von Mummert und Partner sowie Zuendel und Partner durchgeführt wird. Hier wird ein stark beteiligungsorientierter Ansatz praktiziert (Wilkesmann 2000: 13).

Darüber hinaus, so Wilkesmann weiter, hätten jedoch zwischenzeitlich auch viele der marktführenden Beratungsfirmen Beratungsmodule für die öffentliche

---

14   Methodologisch muss hier allerdings kritisch angemerkt werden, dass die gemessenen Unterschiede nicht zwangsläufig auf eine tatsächliche Einschätzungsänderung in den Städten schließen lassen – zumal aus der zitierten Quelle nicht ersichtlich wird, ob mit den aufeinanderfolgenden Studien ein wiederholtes Querschnittsdesign oder aber – was die Aussagekraft der gemessenen Unterschiede deutlich erhöhen würde – ein Paneldesign samt persönlicher Adressierung derselben Stadtverantwortlichen realisiert worden ist.

Verwaltung in ihr Programm aufgenommen. Explizit nennt er ‚Roland Berger'
und ‚Technopart – Dr. Joachim Hiebel'. In demselben Beitrag thematisiert Wilkesmann, dass bei einer Übertragung von Beratungsmodellen, die für privatwirtschaftliche Unternehmen konzipiert worden sind,

> die Differenzen zwischen öffentlicher Verwaltung und Unternehmen nicht vergessen
> werden [dürfen]: Beratung der kommunalen Verwaltung hat die Besonderheiten des öf-
> fentlichen Dienstes zu berücksichtigen. Als wichtigste Faktoren sind zu nennen: weit-
> gehende Arbeitsplatzsicherheit, Beamtenrecht und BAT, Gewinn als Effizienzkriterium
> entfällt häufig (politisch gewollt), alternative Bezugsquellen für viele Dienstleistungen
> existieren nicht, Ziel und Produktbestimmungen werden z. T. extern vorgegeben, die
> Personalrekrutierung im öffentlichen Dienst reproduziert bestimmte Mentalitäten. Die-
> se Rahmenbedingungen verändern Beratung im öffentlichen Dienst gegenüber dem
> Unternehmensbereich (Wilkesmann 2000: 12).

Die vergleichsweise überschaubare Zahl von Sammelbandbeiträgen und Dissertati-
onen, die nach dem Jahr 2000 zum Themenfeld ‚Politikberatung' erschienen sind,
blendet derartige, von Wilkesmann aufgeworfene Grundsatzfragen aber größtenteils
aus. Zusammenfassend kann gesagt werden, dass die deutsche Politik- und Verwaltungswissenschaft bislang weder in theoretischer noch in empirischer Hinsicht ein
verstärktes Interesse an der systematischen Beschreibung, Quantifizierung und Be-
wertung der Tätigkeiten und Folgen von nicht-wissenschaftlichen Behörden- bzw.
Verwaltungsberatern gezeigt hat. Wenn überhaupt, dann untersucht man Formen
wissenschaftlicher oder verbandlicher Behördenberatung.

1.2 In den Wirtschafts- und Sozialwissenschaften

Die wirtschafts- bzw. sozialwissenschaftliche Beratungsforschung ist zumindest in
der BRD spätestens seit den 1960er Jahren ein multidisziplinäres, aber bis zum
heutigen Tag vergleichsweise gering institutionalisiertes Forschungsgebiet, das
dem in jüngerer Vergangenheit insbesondere durch die Betriebswirtschaftslehre
und die Soziologie vorangetrieben wurde.[1] Ein beträchtlicher Teil der Publikationen, die seit den 1960er Jahren[2] zum Thema (Organisations-) Beratung erschienen
sind, tritt nicht mit dem Anspruch auf, wissenschaftliche Daten, Beschreibungen
und Erklärungen rund um den gesellschaftlichen Einsatz von (Organisations-) Beratern bereitzustellen. Stattdessen geht es vielen Autoren, die häufig selbst als Un-

---

1 Rosenstiel (1991) plädiert ergänzend für eine organisationspsychologische Perspektive auf
  Beratung.
2 Frühe Abhandlungen finden sich insbesondere bei Dahl (1966) und Ferguson (1970).

ternehmensberater Erfahrung gesammelt haben, in erster Linie darum, Beratungs-
interessenten normative Ratschläge zum optimalen Einsatz von (Organisations-)
Beratern zu geben oder aber Interesse für den von ihnen selbst favorisierten Berateransatz zu wecken.

1.2.1 Theoretische Beschäftigung mit dem Phänomen ‚Behördenberatung'

In der betriebswirtschaftlichen Beraterforschungsliteratur wird in regelmäßigen
Abständen ein Theoriedefizit festgestellt. So kommt etwa Nissen nach einer
Auflistung der verschiedenen in der Literatur der 1990er Jahre auffindbaren Ansätze in der Einleitung zu seinem jüngst erschienenen Sammelband zu ‚Consulting Research' zu folgender Einschätzung:

> Zum gegenwärtigen Zeitpunkt ist keine geschlossene Universaltheorie der Unterneh-
> mensberatung oder auch nur die Überlegenheit einer bestimmten theoretischen Fundie-
> rung nachzuweisen. Die Suche nach einer universalen, zeitlos gültigen Theorie kann
> man im Sinne Feyerabends [.] ohnehin kritisch beurteilen. Bei einer Vielzahl alternati-
> ver theoretischer Zugänge kann jedoch auch schnell der Eindruck der Beliebigkeit ent-
> stehen. Ebenso wird es durch die isolierten und teils widersprüchlichen Ergebnisse ver-
> schiedener Ansätze schwerer, Anschlussfähigkeit in der Beratungspraxis zu erreichen
> (Nissen 2007: 30).

Dieses Zitat spiegelt gut die divergierenden Erwartungshaltungen vieler deutscher ‚Beratungsforscher' wider: während man sich in seiner Rolle als Wissenschaftler insgeheim doch nach einer einzigen, soliden Theorie der (Organisati-
ons-) Beratung sehnt, muss man als wissenschaftlicher Berater von Beratungspraktikern vor allem darum bemüht sein, mit der eigenen Theoriebildung und
Forschung für die Beratungspraxis ‚anschlussfähig' zu bleiben. Dass sich dieses
Dilemma womöglich – zumindest zeitgleich – nur entweder in die eine oder in
die andere Richtung auflösen lässt, hat bereits Alfred Kieser herausgearbeitet.[3]
In der wirtschaftswissenschaftlichen Literatur neigt man dagegen – ähnlich wie
in der Politikwissenschaft – dazu, Politikberatung als wirtschaftswissenschaftli-
che Policy- bzw. Programmberatung in (praktischer) Verlängerung des VWL-
Faches ‚Wirtschaftspolitik' zu begreifen.[4]

Auch die deutsche Soziologie beschäftigt sich spätestens seit Mitte der
1990er Jahre verstärkt mit dem Phänomen ‚Organisationsberatung'. Vor allem
VertreterInnen einer berufsorientierteren Ausrichtung soziologischer Studiengän-

---

3   Vgl. Kieser (2002) bzw. Kieser (2005).
4   Vgl. z. B. Frey/Kirchgässner (2002). Erfrischend desillusionierend dagegen: Priddat (2004; 2008).

ge haben in zahlreichen Publikationen bei Soziologie-StudentInnen die Hoffnung geweckt, dass ihnen auf der Grundlage eines möglicherweise inhaltlich modifizierten universitären Studienabschlusses das Berufsfeld einer genuin soziologischen (Organisations-) Beratungstätigkeit offen stünde.[5] Parallel zu diesen Veröffentlichungen in professionspolitischer Absicht sind im Schnittfeld zwischen Industrie-, Professions- und Organisationssoziologie in z. T. kritischer Auseinandersetzung mit dem Beratungsverständnis der sog. ‚Organisationsentwicklung‘ und der ‚systemischen Beratung‘ einige Beiträge zu einer genuin soziologischen Sicht auf die Praxis von (Organisations-) Beratungsprozessen entstanden.[6] Im interdisziplinären Grenzgebiet zwischen soziologisch informierter Betriebswirtschaftslehre und betriebswirtschaftlich informierter Industriesoziologie lassen sich neuerdings Formen institutionalisierter Zusammenarbeit in Beratungsforschung und Beratungspraxis beobachten (vgl. Moldaschl 2007). Noch dezidierter als in der deutschen Industriesoziologie hat sich auch im angelsächsischen Raum eine ‚critical perspective‘ auf die Beratungsbranche herausgebildet.[7] Seit einem kurzen Publikationshoch um die Jahrtausendwende sind hier in den letzten Jahren allerdings nur noch wenige neue Publikationen entstanden.[8]

In der jüngeren Beratungsforschungsliteratur ist bereits mehrfach der Versuch unternommen worden, für die beachtliche Steigerung der Nachfrage nach Beratungsdienstleistungen seit Mitte der 1980er Jahre eine hinreichende theoretische Erklärung zu finden.[9] Der Fokus der Bemühungen liegt dabei allerdings fast durchweg in der Herausarbeitung von Argumentationsfiguren, mit denen man sich zwar den jüngeren Anstieg der Beraternachfrage von Managern deutscher Wirtschaftsunternehmen, aber nicht automatisch auch den Wandel der Beraternachfrage von Behörden erklären kann. Einige jüngere Arbeiten interessieren sich darüber hinaus auch – in der Regel sozial- bzw. gesellschaftstheoretisch motiviert – für andere Formen der Beratung.[10] Die Erforschung des seit einiger Zeit womöglich empirisch ähnlich stark wachsenden Feldes der Behördenberatung wird von Seiten soziologischer Beratungsforscher dagegen bislang praktisch nicht in Angriff genommen.[11] Hierfür lassen sich nach Ansicht des Verfassers inbesondere zwei Gründe finden: Zum einen wird Behördenberatung

---

5   Vgl. exemplarisch die Beiträge in Alemann/Vogel (1996) und Blättel-Mink/Katz (2004).
6   So z. B. Faust (2000) und Iding (2001).
7   Vgl. Fincham/Clark (2002); Sahlin-Andersson/Engwall (2002); Kipping/Engwall (2002).
8   Siehe aber Armbrüster (2006) und – eher historisch rückblickend als theoretisch-systematisierend – McKenna (2006).
9   Faust (2000); Ernst/Kieser (2002); Ruef (2002); Bohler/Kellner (2004); Armbrüster (2006).
10 Bergmann et al. (1998); Schützeichel/Brüsemeister (2004); Baecker (2006).
11 Vgl. aber neuerdings: Schützeichel (2008) und Kusche (2008).

bislang als ein vergleichsweise unattraktiver Nischenmarkt betrachtet, den zudem schon zahlreiche Verwaltungswissenschaftler und öffentliche Betriebswirte
bedienen. Zum anderen, und dies wird in den folgenden Kapiteln noch näher
auszuführen sein, gehen wirtschaftswissenschaftlich bzw. soziologisch informierte Beratungsforscher aufgrund einer entsprechenden organisationstheoretischen
Vorprägung in der Regel davon aus, dass sich *Behörden als Organisationen* nur
unwesentlich von *Wirtschaftsunternehmen als Organisationen* unterscheiden –
und dass sich folglich Erkenntnisse, die etwa bei Beratungsprojekten in Dienstleistungsunternehmen gesammelt werden konnten, mehr oder weniger eins zu
eins auf Behörden übertragen lassen.

Insgesamt lässt sich feststellen, dass die wirtschafts- und sozialwissenschaftliche Beratungsforschungsliteratur um die Jahrtausendwende ein kurzes
Publikationshoch erlebt hat und in den letzten Jahren nach Möglichkeiten sucht,
sich innerhalb und außerhalb universitärer Forschungsinstitute zu institutionali-
sieren. Die Zahl der regelmäßig veröffentlichenden Forscher ist weltweit vergleichsweise überschaubar. Die Literatur hat sich bislang vor allem auf die his-
torisch-institutionalistische oder ländervergleichend-kritische Analyse der Strategien von Unternehmensberatungen in Relation zu ihren privatwirtschaftlichen
Klientenorganisationen konzentriert. Für die Beschreibung bzw. Erklärung von
etwaigen Besonderheiten im Bereich der Politik-, Verwaltungs- oder Behördenberatung fühlt man sich bislang kaum zuständig.

1.2.2 Empirische Studien

Steyrer gibt einen relativ umfassenden Überblick über den Stand der empirisch
ausgerichteten, deutschen Beratungsforschung bis Ende der 1980er Jahre (vgl.
Steyrer 1991). Auffallend ist für Steyrer, dass 16 der 22 seit Beginn der 1970er
Jahre veröffentlichten empirischen Studien erst im Laufe der 1980er Jahre
durchgeführt worden sind. Die empirische Forschung zum Thema Unternehmensberatung ist demnach erst in den 1980er Jahren richtig in Gang gekommen.
In einem neueren Überblicksbeitrag führt Mohe auf der Basis der Forschungsda-
tenbanken Wiso 1 und Wiso 3 eine ‚Meta-Analyse' über die seit den 1980er Jahren erschienenen Beiträge zur empirischen Beratungsforschung durch (Mohe
2003). Im Hinblick auf die Anzahl der beratungsforschungsrelevanten Veröffentlichungen pro Jahr lässt sich demnach rein quantitativ ein zyklischer Verlauf
mit bislang drei, jeweils über 2-3 Jahre anhaltenden Maxima feststellen: Der
erste Publikations-Peak erfolgte im Jahr 1990, der zweite, weniger starke Peak

in den Jahren 1993/1994 und der dritte und bislang am längsten anhaltende Peak in den Jahren 1999 bis 2002. Obwohl man auch in Wiso 3 seit Ende der 1990er Jahre ein leichtes Ansteigen der beratungsbezogenen Publikationen beobachten kann, stellen Mohe zufolge die genuin soziologischen Beiträge zur Beratungsforschung zumindest quantitativ betrachtet bis zum Jahr 2003 eine vernachlässigbare Größe dar. Seinen Metaanalysen zufolge dominieren in den 1990er Jahren empirisch-quantitative Studien mit wirtschaftswissenschaftlichem Erkenntnisinteresse und „einem positivistischen Wissenschaftsverständnis", welche sich, so Mohe, unter Vernachlässigung latenter Beratungsfunktionen weitestgehend auf die ‚objektive' Messung von manifesten Erfolgsfaktoren beschränken würden. Latente Beratungsfunktionen seien „durch quantitative Erhebungsmethoden nur schwer in den Blick zu bekommen" (Mohe 2003: 5). Dieser Überhang an wirtschaftswissenschaftlich motivierten Arbeiten dürfte wohl ein wesentlicher Grund für die Tatsache sein, dass sich auch unter den von Mohe im Anhang aufgeführten 37 neueren empirischen Studien nur eine einzige (!) Forschungsarbeit befindet, bei der ‚öffentliche Verwaltungen' bzw. öffentliche Unternehmen der Bundesrepublik Deutschland eine Rolle spielen.[12]

Was lässt sich bislang im Hinblick auf die Verbreitung von ‚Behördenberatung' einigermaßen verlässlich aussagen? Laut einer relativ häufig zitierten Beraterstudie aus den 1980er Jahren beziffert der Berufsverband Deutscher Unternehmensberater (BDU) den Anteil, den öffentliche Auftraggeber am Honoraufkommen von BDU-Mitgliedsberatungen haben, bereits Ende der 1970er Jahre großzügig auf etwa 20% (siehe Elfgen/Klaile 1987: 166). Auch Jeschke behauptet im Kontext eines recht umfangreichen historischen Rückblicks, dass Ende der 1970er Jahre wesentliche Wachstumsimpulse für die Beraterbranche „auch von öffentlichen Dienstleistungsunternehmen sowie Verwaltungsorganisationen" ausgegangen seien (Jeschke 2004: 16). Die Aussagen beruhen jedoch mehr auf – teils auch verbandspolitisch motivierten – Schätzungen als auf verlässlichen Daten. Erstmals einigermaßen systematisch können Forscher des Instituts für Arbeit und Technik der FH Gelsenkirchen eine erhöhte Nachfrage nach externen Beratungsleistungen mit Hilfe einer mit einem Stichprobenumfang von n=190[13] vergleichsweise großangelegten schriftlichen Befragung auf

---

12 Hierbei handelt es sich um die Studie von Stöbe-Blossey und Hübner. Ergänzt werden müsste diese magere Liste aus heutiger Sicht lediglich um den ausschließlich im Internet verfügbaren Ergebnisbericht einer studentischen Befragungsstudie, die im Jahr 2002 und 2003 an der FHTW Berlin durchgeführt worden ist. Mehr dazu im Folgenden.

13 Leider wird aus den beiden öffentlich zugänglichen Publikationen nicht ersichtlich, welche Form der Teilnahme-Incentivierung zu einer für schriftliche Befragungen überdurchschnittlich hohen Rücklaufquote von 57%, also 108 auswertbare Fragebögen, geführt hat.

der Ebene von Bundes- und Landesbehörden nachweisen (siehe Stöbe/Hübner 1997). Dass auch und vor allem Kommunalverwaltungen immer häufiger zu den Kunden kommerzieller Beratungsanbieter zählen, konstatieren ein Jahr später die Autoren von zwei eher qualitativen Überblicksstudien.[14] Schließlich hat im Jahr 2002 eine studentische Projektgruppe der FHTW Berlin unter der Leitung von Martin Brüggemeier eine Projektstudie zum ‚PuMa-Consulting‘ durchgeführt (siehe Diedrich et al. 2003). Innovativ an dieser Studie ist vor allem, dass erstmals versucht wird, in einer verhältnismäßig großangelegten, standardisierten Briefbefragung sowohl Einstellungen und Verhaltensweisen auf Seiten der Beratungsanbieter (n=183) als auch auf Seiten der öffentlichen Verwaltung (n=489) bzw. Non-Profit-Organisationen (n=425) im Hinblick auf mögliche Konvergenzen und Divergenzen miteinander zu vergleichen. Leider beschränkt sich die aus öffentlichen Verwaltungen der BRD faktisch realisierte Stichprobe auf 59 Befragte (Diedrich et al. 2003: 22), was einer verwaltungsbezogenen Rücklaufquote von gerade einmal 12,1% entspricht. Da neben Kommunalverwaltungen – offenbar nicht auf der Basis einer Zufallsziehung – auch Bundes- und Länderverwaltungen der verschiedensten Verwaltungsebenen angeschrieben wurden, beschränkt sich die Anzahl der letztlich in der Auswertung berücksichtigbaren Befragungsteilnehmer mit kommunalem Erfahrungshintergrund auf gerade einmal 18 Personen.[15] Es verwundert daher nicht, dass das Autorenteam bei der Darstellung der Befragungsergebnisse nur in sehr wenigen Abschnitten überhaupt auf die Möglichkeit der Analyse bivariater Zusammenhänge bzw. des Vergleichs von Gruppenmittelwerten zurückgreift und in diesen Abschnitten die Möglichkeit extremer Within-group-Varianzen nicht thematisiert. In der mit dem Projektabschlussbericht vorliegenden Form eignet sich die Studie daher bestenfalls für zwei Dinge: Zum einen deuten die Studienergebnisse darauf hin, dass es nicht nur zwischen Beratungsanbietern und ihren (potentiellen) Klienten aus privatwirtschaftlichen Wirtschaftsunternehmen, sondern auch zwischen ‚Public Management Consultants‘ und ihren öffentlichen bzw. Non-Profit-Klientenorganisationen hinsichtlich einer Reihe von Aspekten deutlich abweichende Meinungen, Einstellungen und Verhaltensweisen gibt. Zum anderen – und dies scheint angesichts der Publikationsstrategien von Brüggemeier im

---

14 Vgl. Sperling/Ittermann (1998: 40ff.) sowie Sperling (1999).
15 Unter den hierbei zugrundegelegten n=75 Verwaltungsmitarbeitern befinden sich zudem 16 Befragte, bei denen aufgrund der explizit erlaubten Möglichkeit von Mehrfachantworten nicht ermittelt werden kann, ob sich deren Beratererfahrung primär auf die kommunale Ebene oder primär auf etwaig angegebene andere Verwaltungsebene bezieht. Streng genommen würde sich damit der Kreis der auswertbaren Fälle aus öffentlichen Verwaltungen sogar auf n1=59 und damit die auswertbaren Fälle aus Kommunalverwaltungen auf n2=14 reduzieren.

deutschen Politikberater-Medien-Bashing-Jahr 2004 sogar wahrscheinlicher – wird mit der Durchführung derartiger Studien von Seiten der Projektbeteiligten womöglich die Hoffnung verbunden, dass sich im Falle von anti-zyklisch-beraterfreundlichen Stellungnahmen[16] der Reputationsgrad des an der betreffenden Hochschuleinrichtung angebotenen Studiengangs – und seiner AbsolventInnen – bei Anbietern und Nachfragern von Behördenberatung gleichermaßen erhöht. Jenseits dieser beiden Studien existieren bislang – abgesehen von den jährlich vom Branchenverband BDU veröffentlichten Mitgliederstatistiken – keine quantitativ belebaren Erkenntnisse über diesen (Spezial-) Markt.

Zusammenfassend kann festgestellt werden, dass sich zumindest in der BRD auch die wirtschafts- bzw. sozialwissenschaftlich motivierte Beratungsforschungsliteratur bislang kaum mit dem Phänomen der Behörden- bzw. Verwaltungsberatung beschäftigt hat. Die beiden einzigen quantitativen Studien, die mit Behörden der Bundesrepublik Deutschland durchgeführt wurden, konzentrieren sich entweder vollständig auf die Situation, wie sie sich Mitte der 1990er Jahre auf der Ebene von Bundes- und Landesverwaltungen zeigt und/ oder sie bleiben unterhalb der methodischen Standards, die man im Hinblick auf das Forschungsdesign, das Erhebungsinstrument und die (multivariate) Datenauswertung heutzutage von wissenschaftlichen Studien normalerweise erwartet. Vor dem Hintergrund eines Defizits an verlässlich quantifizierbaren Daten für die kommunale Ebene erscheint es daher auch forschungsökonomisch rechtfertigbar, dass für den empirischen Teil der vorliegenden Arbeit erstmals eine schriftliche Befragung der Kommunalverwaltungen aller deutschen (Groß-) Städte über 30.000 Einwohner durchgeführt wurde.

---

16 Vgl. Brüggemeier (2004); Brüggemeier (2005).

2   (Gesellschafts-) Theorien der Organisationsberatung

In einer Arbeit, die primär der wissenschaftlichen Qualifizierung dient, kann es weder darum gehen, einen neuen Berateransatz speziell für Behördenberater zu entwickeln, noch auf der Basis eines bereits wohletablierten Beraternansatzes normative Ratschläge für Behördenberater oder deren Klienten abzuleiten. Wissenschaftliche Arbeit erfordert größtmögliche Distanznahme vom Objekt der Anschauung oder – in systemtheoretischer Sprache ausgedrückt – den Umstieg von entscheidungs- und erfolgsabhängiger Selbstbeschreibung der beteiligten Akteure auf die vergleichsweise handlungsentlastete Fremdbeschreibung eines Sozialforschers. Wie in vielen anderen Bereichen des gesellschaftlichen Lebens sind Sozialwissenschaftler allerdings auch im Falle der Organisations- bzw. Behördenberatung nicht (mehr) die einzigen Fremdbeobachter. Unter spätmodernen Bedingungen konkurriert ihr Beschreibungsangebot mindestens mit zwei alternativen Beschreibungsformen: 1. der journalistischen Fremdbeschreibung[1] und 2. der Selbst- und Fremdbeschreibungsangebote von Beratungsanbietern selbst.

Die journalistische Fremdbeschreibung von Beratung hat aufgrund ihrer unmittelbaren Anbindung an massenmediale Verbreitungsmedien deutlich höhere Chancen einer physischen Kontaktierung mit einer großen Anzahl von Zuschauern, Zuhörern und Lesern als eine wissenschaftliche Publikation. Aufgrund der auch medienfilterbedingten Notwendigkeit zur tendenziell pauschalisierenden und/oder moralisierenden Aufbereitung von Fakten und Neuigkeiten steht aber selbst ein ‚investigativ' recherchierter Zeitungsbeitrag nicht unmittelbar in Konkurrenz zu einem wissenschaftlichen Journal-Beitrag. Demgegenüber muss bei der Entwicklung und Verbreitung einer neuen Beraterphilosophie von Anfang an mit einkalkuliert werden, dass auch die primären Zieladressaten im Top-Management von Unternehmen oder Behörden im Zuge von wisssenschaftsnahen Aus- und/oder Weiterbildungsmaßnahmen – oder aber vergangenen Beraterinterventionen – in eine bestimmte Begriffs- und Denkwelt hineinsozialisiert worden sind. In jüngerer Vergangenheit gelingt es zudem einer wachsenden Zahl von Grenzgängern zwischen Wissenschaft und Organisationsberatung, die Ergebnisse ihrer Selbst- und Fremdbeschreibungsbemühungen er-

---

1   In der BRD vor allem Rügemer (2004) und Leif (2006).

folgreich in wissenschaftlichen oder zumindest wissenschaftsnahen Publikationsorganen zu platzieren.[2]

Wer sich als Jungforscher auf die Suche nach geeigneten Kandidaten für eine Theorie der Beratung macht, setzt sich daher einem gewissen Risiko aus, selbst Opfer der Publikationsrhetorik bestimmter, von Grenzgängern zwischen Wissenschaft und Beratung verfasster Selbst- und Fremdbeschreibungsangebote zu werden.[3] Um dieses Risiko zu minimieren, bot es sich im Rahmen der Recherchen für den theoretischen Teil der Arbeit an, das gefundene Material von Anfang an mit zwei Fragen zu konfrontieren: 1) Lässt sich die gefundene Theorie der Beratung bzw. das Erklärungsangebot einem bereits länger etablierten sozialwissenschaftlichen Paradigma bzw. einer wissenschaftsintern anerkannten Theorie-Schule zuordnen? und 2) Aus welcher ‚Systemreferenz' heraus erfolgt die theoretische Argumentationslinie? Konsequenterweise stellt sich abschließend zugleich die meta-theoretische Frage, was jeweils ausgeblendet wird?

Den im Folgenden dargestellten Theorien ist trotz aller Unterschiede im Detail gemeinsam, dass in ihnen das Phänomen Organisations- bzw. Behördenberatung vor dem Hintergrund einer mehr oder weniger ausgearbeiteten Gesellschafts- und/oder Organisationstheorie als Explanandum behandelt wird.[4] Konkret geht es darum, systematisch darzustellen, wie sich Theorien der Beratung, die im Laufe des vergangenen Jahrhunderts innerhalb von drei wohletablierten sozialwissenschaftlichen Paradigmen[5] entwickelt worden sind, folgenden Grundsatzfragen gegenüber positionieren:

---

2   Besonders sympathisch – und damit in einer wissenschaftlichen Qualifizierungsarbeit mit besonderer Vorsicht zu behandeln – wirkt etwa der der soziologischen Systemtheorie nahestehende Ansatz einer ‚systemischen Beratung'. Vgl. etwa Wimmer (1995).

3   Obwohl dem Verfasser die einschlägige Literatur zur Typologisierung und Abgrenzung bestimmter ‚Beratungsansätze' durchaus bekannt ist, können diese Positionsbestimmungen, denen in der Regel auch ein normativer Gehalt innewohnt, nicht Ausgangspunkt einer wissenschaftlichen Arbeit sein. Vgl. etwa Walger (1995).

4   Brachewitz/Armbrüster (2004) und Armbrüster (2006) bemühen sich ebenfalls um eine multiparadigmatisch-multidisziplinäre Sichtweise auf das Phänomen Unternehmensberatung. Anders als in der vorliegenden Arbeit wird dort jedoch in erster Linie ein betriebswirtschaftlich-ekklektizistischer Ansatz verfolgt. Mit Ausnahme einiger unbeabsichtigter Überschneidungen bei der Darstellung der institutionenökonomischen Perspektive lässt sich der theoretische Teil der vorliegenden Arbeit daher weitestgehend komplementär lesen.

5   Andere Autoren haben sich in anderen Zusammenhängen um ähnliche Theorievergleiche bemüht. So gibt etwa Renate Mayntz in ihrer ‚Soziologie der öffentlichen Verwaltung' auf allerdings nur 7 Seiten eine Kurzdarstellung der systemtheoretischen, ökonomischen und politökonomischen Perspektive auf öffentliche Verwaltung. Vgl. Mayntz (1985: 35-42).

1. (Warum) Gibt es überhaupt Wirtschaft und Politik als zwei voneinander unterscheidbare Sphären? Wenn ja, worin liegt der wesentliche Unterschied?
2. In welchen Hinsichten gleichen bzw. unterscheiden sich Wirtschaftsunternehmen und öffentliche Verwaltungen als Organisationen?
3. Unter welchen Bedingungen kann es für Wirtschaftsunternehmen bzw. öffentliche Verwaltungen sinnvoll bzw. wünschenswert sein, die Dienstleistungen externer Unternehmens- bzw. Behördenberater einzukaufen?

Im Folgenden wird zunächst das ökonomische, dann das klassentheoretische und schließlich das funktionalistische Paradigma hiernach befragt werden. Daran anschließend erfolgt eine kurze metatheoretische Kritik.

2.1   (Institutionen-) ökonomische Perspektive

In Reaktion auf eine grundsätzliche Kritik an den ‚wirklichkeitsfernen' Axiomen des von Walras, Jevons und Menger begründeten, neoklassischen Grenznutzen-Paradigmas hat sich nicht zuletzt auf der Grundlage der bahnbrechenden Arbeiten von Ronald S. Coase, Oliver E. Williamson und einigen weiteren, vorwiegend US-amerikanischen Ökonomen der zweiten Hälfte des 20. Jahrhunderts, ein (institutionen-) ökonomisches Paradigma herausgebildet, mit dem es möglich geworden ist, zentrale Einwände gegen die von der Neoklassik dominierte Ökonomik zu entkräften, ohne deren grundlegende Einsichten und modelltheoretische Methodik notwendigerweise vollständig über Bord werfen zu müssen. Den unter dem gemeinsamen Label ‚Neue Institutionenökonomik' zusammengefassten Theorien ist trotz aller Unterschiede im Detail die Annahme gemeinsam, dass bei Transaktionen, also bei Übertragungen von Verfügungsrechten, neben Produktionskosten zusätzliche Kosten in Form von Agentur- oder Transaktionskosten anfallen können. Während man allerdings mit der Theorie der Verfügungsrechte und der Prinzipal-Agent-Theorie noch an der näherungsweisen (positiven) Erreichbarkeit bzw. (normativen) Wünschbarkeit eines modelltheoretischen Zustands gesamtwirtschaftlicher Pareto-Effizienz auch unter realwirtschaftlichen Bedingungen festhalten kann, verliert die Vorstellung der spontanen Erreichbarkeit von Gleichgewichtszuständen bei einem konsequenten Verzicht auf die neoklassische Annahme der vollständigen Information und der Allgegenwart von Transaktionskosten im Falle einer konsequent transaktionskostentheoretischen Perspektive weitgehend ihren modelltheoretisch-statischen und normativ-teleologischen Sinn.[6]

---

6   So auch die Autoren eines bekannten Lehrbuchs der Institutionenökonomik: „Eine andere Folge von

Oliver E. Williamson, Hauptvertreter der Transaktionskostenökonomik, plädiert konsequenterweise für einen Vergleich diskreter Strukturalternativen und empfiehlt dem nicht mehr ganz so vollständig informierten und nur noch begrenzt rational kalkulierenden Wirtschaftssubjekt situativ jeweils die Wahl derjenigen diskreten Strukturalternative, die vor dem Hintergrund bestimmter Effizienzkriterien voraussichtlich mit den relativ geringsten Governance-Gesamtkosten verbunden sein wird. Eine ähnliche Tendenz zur Abschwächung der rigiden Modellannahmen zugunsten einer größeren Empirienähe kann man auch bei einzelnen Vertretern der spieltheoretischen Community beobachten.[1] Sobald man auf die idealisierte Annahme hyperrationaler Akteure verzichtet, eignet sich die Figur des Nash-Gleichgewichts nur noch eingeschränkt für die empirische Prognose bzw. normative Beurteilung bestimmter Koordinationslösungen.[2]

Wie eingangs bereits angedeutet, soll hier und in den folgenden Abschnitten jeweils dargestellt werden, ob – und ggf. in welchen Hinsichten – aus der Perspektive des jeweiligen Paradigmas zwischen den gesellschaftlichen Sphären Wirtschaft und Politik im Allgemeinen und den Organisationstypen ‚Wirtschaftsunternehmen' und ‚Behörde' im Besonderen ein grundsätzlicher Unterschied besteht. Im jeweils letzten Unterabschnitt wird es dann um die Darstellung von Ansätzen gehen, die eine mehr oder weniger plausible Antwort darauf geben,warum bzw. unter welchen Randbedingungen der Einsatz externer Unternehmens- bzw. Behördenberatung sinnvoll bzw. problematisch sein kann.

2.1.1   Wirtschaft und Politik

Im Zentrum ökonomischer Analysen steht bekanntlich der Tausch von Gütern unter der Bedingung von Knappheit. Im neoklasssischen Paradigma wird die Existenz eines liberalen Rechtsstaats als kostenneutrale und zugleich effektive ‚third party' zur jederzeitigen Sicherstellung der Einklagbarkeit im Falle der Verletzung von Eigentumsrechten oder der Nichterfüllung von gemeinsam vertraglich vereinbarten Bestimmungen axiomatisch vorausgesetzt. Oberstes Kriterium der Wohlfahrtsökonomik ist eine möglichst effiziente Ressourcen-Allokation, die sich allerdings nur unter privatwirtschaftlichen Wettbewerbsbedingungen erzie-

---

1   Hier und im Folgenden soll vor allem die Position des Politologen Fritz W. Scharpf referiert werden, dessen Einbettung spieltheoretischer Erklärungsmuster in einen – zusammen mit Renate Mayntz vertretenen – ‚akteurszentrierten Institutionalismus' auch international und über die engere Spieltheorie-Community hinaus Beachtung gefunden hat.

2   So hat Scharpf im Laufe der 1990er Jahre unter dem Motto ‚Games real actors could play' eine Serie von Aufsätzen veröffentlicht. Zusammenfassend siehe auch Scharpf (2000: 180ff.).

len lässt. Lediglich im Ausnahmefall von sog. öffentlichen Gütern, bei denen ‚naturbedingt' weder das Kriterium der Ausschließbarkeit vom Konsum noch das Kriterium der Rivalität im Konsum anwendbar sind, kann dem Staat ausnahmsweise die Rolle eines Produzenten öffentlicher Güter zuerkannt werden.[3] Allerdings nur, sofern die Mehrheit der Wirtschaftssubjekte einer Volkswirtschaft ihrem politischen Machthaber dazu explizit den Auftrag erteilt, weil individuelle Egoismen sie daran hindern, die entsprechenden Güter zu effizienten Konditionen privatwirtschaftlich zu produzieren bzw. bereitzustellen.

Dass eine derartige Delegation der Bereitstellung oder gar Produktion von (öffentlichen) Gütern von Wählern an den Staat jedoch mit einer Reihe von unerwünschten Folgeproblemen einhergehen kann, versuchen Vertreter des sog. Public Choice bzw. der Neuen Politischen Ökonomie mit theoretischen Mitteln aufzuzeigen. Im vorliegenden Zusammenhang interessant ist vor allem die Public-Choice-Analyse der Bürokratie von Niskanen als einem der wenigen explizit ökonomischen Versuche[4] der Erklärung der Entstehung von und der Verhaltensweisen in öffentlich finanzierten ‚bureaus'. Dass es überhaupt so etwas wie eine öffentliche Verwaltung gibt, liegt Niskanen zufolge in erster Linie darin begründet, dass es in ihrer Umwelt eine ‚collective organization' gibt, der es zunächst wichtig ist, dass bestimmte Dienstleistungen über die regulär auf dem Markt verfügbare Angebotshöhe hinaus zur Verfügung gestellt werden, welche aber zugleich nicht bereit ist, zum Zweck der künstlichen Erhöhung des Angebots einen entsprechenden Vertrag mit einem gewinnorientierten Unternehmen zu schließen (Niskanen 1971: 20). Auf diese Weise kommt es zur Situation eines bilateralen Monopols zwischen einem Büro und seinem Sponsor. In der ursprünglichen modelltheoretischen Darstellung des Beziehungsverhältnisses zwischen Sponsor und Büro sieht Niskanen das Büro als Budget-Maximierer in einer vorteilhafteren Verhandlungssituation, weil es dem Sponsor Budget-Output-Vorschläge unterbreiten kann, die letzterer in der Regel nur pauschal annehmen oder ablehnen wird. Erschwerend komme hinzu, dass der Sponsor von einer allgemeinen Erhöhung der Effizienz bestenfalls partiell profitiert und dass dieser sich folglich in seinen Überwachungsaktivitäten auf die Maximierung des Outputs im Hinblick auf diese, vom Sponsor definierten Erfolgsdimensionen konzentriert. Diese Fokussierung auf sponsoreigene Erfolgskriterien gehe zumindest z. T. auf Kosten derjenigen Kriterien, die aus Sicht der Legislative bzw. der breiteren Allgemeinheit wohlfahrtsökonomisch nützlich wären (Niskanen 1993:

---

3   Vgl. zwischenzeitlich klassisch: Musgrave/Musgrave/Kullmer (1984).
4   Als weiterer wichtiger Vertreter, auf den an dieser Stelle aber nicht näher eingegangen werden kann, erwähnenswert: Anthony Downs (1997).

272.). In einem bereits rückblickenden ‚Reassessment' aus dem Jahr 1993 kommt Niskanen dann jedoch zu folgender etwas veränderter Einschätzung:

> In summary, bureaus are inefficient suppliers of government services as measured by the interests of members of the general population, though not in terms of the interests of members of the legislature. In that sense, Fiorina, Noll, Weingast, and others are correct: most of the problems often attributed to bureaus are more fundamentally caused by the structure and decision rules of the legislature, for which bureaus are merely their preferred agents [...] The behavior of bureaus must be evaluated in the context of the specific political market to which they supply services (Niskanen 1993: 278).

In der neueren ökonomischen und politikwissenschaftlichen Literatur ist es daher üblich geworden, angesichts der vermuteten Strukturähnlichkeiten zwischen der wirtschaftlichen und politischen Konkurrenz von politischen Märkten, politischem Tausch und politischen Transaktionen zu sprechen.[5] Theoriebautechnisch vollzieht die Neue Institutionenökonomik damit eine Generalisierung des Markt-, Tausch- und insbesondere des Transaktions-Begriffs über den engeren ökonomischen Beschreibungskontext hinaus. Politik wird als Veranstaltung zur Verfolgung individueller (Einkommens-) Interessen verstanden, als eine Art Markt für kollektiv auszuhandelnde Güterproduktionen und -distributionen. Forschungsgegenstand der ökonomischen Analyse sind dann

> nicht nur ökonomische Transaktionen, sondern auch ‚soziales Handeln' [...]. In diesem Sinne sind ökonomische Transaktionen ein Sonderfall sozialer Transaktionen, d. h. sozialer Handlungen, die erforderlich sind für die Gründung, Erhaltung usw. des institutionellen Rahmens, in dem die Wirtschaftstätigkeit erfolgt. Hierher gehören formale und informelle Regeln und deren Durchsetzungsinstrumente. Politische Transaktionen dürften dabei besonders bedeutsam sein (Richter/Furubotn 2003: 56-57).

Wenn Richter und Furubotn hiermit richtig liegen, dann gibt es tendenziell keine sozio-historisch gewordenen sozialen Gebilde mehr, die nicht auch unter dem institutionenökonomischen Vergleichsgesichtspunkt der relativen Höhe der mit ihrer Aufrechterhaltung für bestimmte Akteure verbundenen Transaktions- bzw. Governance-Kosten miteinander verglichen werden könnten.[6] Der entscheidende Unterschied zwischen politischem und wirtschaftlichem Wettbewerb besteht dann womöglich darin, „[...] daß der wirtschaftliche Wettbewerb der Kampf um wirtschaftliche Vorteile im Wege wirtschaftlichen Tausches ist", während der politische Wettbewerb „der Kampf um Autorität [ist], das heißt um die Macht,

---

5   So auch bei Richter/Furubotn (2003: 521ff.).
6   Hier zeigen sich interessante Parallelen zur systemtheoretischen Methode des funktionalen Vergleichs.

eben diese Verfügungsrechte zu verändern: und zwar einseitig, ohne die geringste wirtschaftliche Gegenleistung" (Richter/Furubotn 2003: 521).

Innerhalb der institutionenökonomischen Mainstream-Literatur ist weniger umstritten, ob Politik überhaupt nach ökonomischen Effizienzkriterien beurteilt werden kann; es besteht allenfalls Uneinigkeit darin, welches Effizienzkriterium dabei heranzuziehen ist. Während etwa North die Effizienz von Politik danach beurteilt, wie nahe das auf einem politischen Markt faktisch erzielbare Ergebnis dem modelltheoretischen Ideal einer neoklassischen Effizienzlösung ohne Transaktionskosten kommt (North 1990: 361), plädiert Williamson in einem neueren Beitrag für die Heranziehung des weicheren Kriteriums der ‚remediableness', demzufolge ein Organisationsmodus dann als effizient anzunehmen ist, sofern es (historisch-situativ) nicht möglich ist, eine ähnlich praktikable und hinsichtlich der erwartbaren Nettogewinne zugleich überlegenere Alternativlösung zu beschreiben und zu implementieren (Williamson 1997: 316).

Spätestens seit Axelrods einflussreicher Tit-for-Tat-Simulationsstudie erfreuen sich bestimmte Varianten der ursprünglich in der Ökonomie entwickelten Spieltheorie auch in politikwissenschaftlichen und soziologischen Forschungskontexten einer wachsenden Beliebtheit (vgl. Axelrod 1984). In einer Reihe von ab Anfang der 1990er Jahre erschienenen Beiträgen nimmt der Politologe Fritz W. Scharpf Modifikationen am Annahmegefüge der klassischen Spieltheorie vor und erweitert diese – in kritischer Auseinandersetzung mit der Neuen Institutionenökonomik und dem sog. Coase-Theorem – auf eine Weise, die sie seiner Ansicht nach für die theoretische Generalisierung der empirischen Einzelergebnisse der am MPI für Gesellschaftsforschung in Köln durchgeführten Politikfeldanalysen brauchbar macht. Als Verhaltensannahme definiert er ein Mindestniveau an Rationalität, das erfüllt sein muss, damit das spieltheoretische Konzept des Nash-Gleichgewichts (gerade noch) zur historisch-situativen Erklärung – jedoch nicht mehr unbedingt zur zeit- und kontextübergreifenden Prognose – der Ergebnisse spezifischer Akteurskonstellationen herangezogen werden kann (Scharpf 2000: 186f.). Im Einzelnen unterscheidet er vier Interaktionsformen, die vor dem Hintergrund unterschiedlicher historisch-spezifischer institutioneller Rahmenbedingungen die spieltheoretisch erwartbare(n) Nash-Gleichgewichtslösung(en) unterschiedlich gut approximieren: 1) einseitiges Handeln; 2) Verhandlung; 3) Mehrheitsentscheidung und 4) hierarchische Steuerung. Scharpf zufolge sorgen in modernen Gesellschaften ‚minimale Institutionen' dafür, dass ein beträchtlicher Teil der empirisch beobachtbaren Akteurskonstellationen denen des spieltheoretischen Ideals des ‚Battle of the Sexes' (vgl. hierzu näher: Luce/Raiffa 1989: 90f.) bzw. sog. ‚mixed-motive'-Spiele (vgl. Schelling

2006) recht nahe kommen.[7] Vor dem Hintergrund von implementierten Straf-
und Zivilrechtssystemen, die Leben, Freiheit und Besitz wirksam vor einseitiger
Verletzung schützen, verwandle sich das andernfalls (bei Hobbes) erwartbare
einseitige Handeln zunächst einmal in einen Modus der ‚negativen Koordination' bzw. in den von der Neuen Institutionenökonomie als Normalfall unterstellten Modus von ‚spot-Verträgen'. Während jedoch der Mainstream der Neuen
Institutionenökonomik unter Verweis auf das sog. Coase-Theorem die im real-
politischen Kontext beobachtbaren, z. T. langwierigen Verhandlungen und Ab-
stimmungsvorgänge zwischen kollektiven Akteuren in einem direkten Kosten-
/Nutzen-Vergleich mit reinen, bilateralen Marktlösungen grundsätzlich als defizitär[8] beurteilt, begründet Scharpf das empirisch gehäufte Auftreten des nächst
höheren Interaktionsmodus ‚Verhandlung' als eine durchaus rationale Reaktion
der Spieler auf die historische Erfahrung, dass die Preisbildungs- und ‚spot'-
Vertragsverhandlungsbeziehungen zwischen einer Vielzahl von atomistischen
Einzelakteuren empirisch nicht zwangsläufig zu einem optimalen gesamtgesellschaftlichen Verteilungsergebnis führen. Seiner Ansicht nach wird dieser von
Vertretern rein ökonomischer Theorien der Politik bevorzugte Mechanismus der
‚negativen Koordination' nämlich regelmäßig „durch ‚kompetitive' Strategien
beeinträchtigt [.], mit denen die Parteien wechselseitig versuchen, ihre jeweiligen Wahrnehmungen der relativen Attraktivität der ihnen zur Verfügung stehenden externen Optionen oder ihrer eigenen Bewertungen der erreichbaren Ergebnisse zu beeinflussen".[9] Als Ergebnis vergangener Verteilungskonflikte und
deren Verhandlungslösungen hätten sich, so Scharpf, angesichts dieses vom
Coase-Theorem nicht vollständig erfassten Problems nach und nach auch höher-
stufigere Interaktionsmodi wie die ‚Mehrheitsentscheidung' und die ‚hierarchische Steuerung' herausgebildet. Auf die polithistorische Situation der Bundesrepublik Deutschland angewandt, konnte sich laut Scharpf in den ersten beiden
Jahrzehnten nach dem Zweiten Weltkrieg durch das komplexe Nebeneinander
verschiedener Interaktionsmodi zunächst ein korporatistischer Verhandlungs-
staat etablieren. Kennzeichen eines solchen ‚semisouveränen Staats' ist es nach
Scharpf, dass „ein Großteil effektiver Politik nicht im verfassungsmäßigen
Standardmodus hierarchischer und durch majoritäre Verantwortlichkeit legiti-
mierter Staatsgewalt produziert [wird], sondern vielmehr in Verbänden und

---

7   In neueren Veröffentlichungen, die der institutionellen Spieltheorie zugerechnet werden kön-
     nen, wird zunehmend mit der Idee sich selbst verstärkender Mechanismen experimentiert. So
     z. B. Greif/Laitin (2004) und Kabalak (2008).
8   Aufgrund zu hoher Transaktionskosten!
9   So Scharpf (2000: 210), in diesem Kontext die klassischen Studien von Lax/Sebenius (1985)
     sowie Young (1991) paraphrasierend.

durch Verhandlungen mit oder zwischen Organisationen, die formal Teil der Selbstorganisation der Zivilgesellschaft und nicht des Entscheidungssystems des Staates sind" (Scharpf 2000: 334). In der besonderen Nachkriegssituation sei es den nach außen hin territorial begrenzten Staaten gelungen, die in Verbänden organisierten individuellen und kollektiven Akteure mittels Verhandlungen zu wirksamen Selbstverpflichtungen zu bewegen. Dazu Scharpf:

> Die Tatsache, daß diese Verhandlungen in die hierarchische Autoritätsstruktur des Staates eingebettet waren, verschob die Lage des Nichteinigungspunkts weg vom Status quo. Wenn keine Verhandlungslösung gefunden wurde, mit der die Regierung zufrieden war, konnte die Industrie nicht davon ausgehen, daß sie weitermachen konnte wie bisher, sondern sie mußte mit dem einseitigen Erlaß von (möglicherweise schlecht informierten und ineffizienten) staatlichen Regulierungen rechnen. Für den Verband selbst veränderte diese Möglichkeit die Bedingungen, unter denen er das Verhalten seiner Mitglieder beeinflussen konnte. [...] Offensichtlich hing die Effektivität der Selbstregulierung davon ab, daß der Staat in den Augen der Verbände und ihrer Mitglieder rechtlich und politisch in der Lage war, gesetzliche Regeln zu verabschieden und zu implementieren, wenn die Verbände nicht kooperierten (Scharpf 2000: 331-332).

Seit Mitte der 1970er Jahre ist Scharpf zufolge jedoch „der Nationalstaat in ein immer dichteres Netz transnationaler Interdependenz eingebettet" (Scharpf 2000: 336).[10] Solange es keine neue, dem Nationalstaat vergleichbare, nach außen ökonomisch abgeschlossene hierarchische Autoritätsstruktur auf transnationaler Ebene gäbe, stünden den supranational agierenden staatlichen und nichtstaatlichen Akteuren im internationalen System nur die beiden Interaktionsmodi ‚einseitiges Handeln' bzw. ‚Verhandlungen' zur Lösung von Verteilungskonflikten zur Verfügung (Scharpf 2000: 342). Aber auch innerstaatlich habe der Staat seit Mitte der 1970er Jahre zunehmend sein einstiges Machtpotential, die organisierten Gruppen durch Androhung suboptimaler staatlicher Lösungen zu einer für alle Betroffenen akzeptablen Selbstverpflichtung zu bewegen, weitgehend verloren.

2.1.2 Wirtschaftsunternehmen und Behörden

Wie oben bereits angedeutet erklärt sich die Notwendigkeit von Politik als eigenständiger Sphäre aus institutionenökonomischer Sicht vor allem daraus, dass sie ein Großteil derjenigen allgemeinen Institutionen und Verfügungsrechtsstrukturen, vor deren Hintergrund wirtschaftlicher Tausch stattfinden kann, in kollektiv verbindliche Verfassungs- und Gesetzesform zu gießen ver-

---

10   Dazu mehr in Kapitel 3.

mag und dass sie diese vor dem Hintergrund des staatlichen Gewaltmonopols notfalls auch unter Einsatz von Sanktionsmitteln gegenüber einzelnen abweichenden Staatsbürgern durchsetzen – im Bedarfsfall legislativ auch an neue Verhältnisse anpassen – kann. Systematisch offen bleibt dabei allerdings die Frage, ob überhaupt und – sofern ja – in welchen Bereichen genau es aus Produktions- und Transaktionskostengesichtspunkten institutionenökonomisch sinnvoll ist, die per Mehrheitsentscheidung der Politik übertragenen Aufgaben des Aufbaus und der Durchsetzung von wirtschaftsfreundlichen formellen und informellen Regeln durch Behörden – und nicht etwa durch privatwirtschaftliche Agenten – erledigen zu lassen. Während man den Anteil der Produktionskosten der an politische Organisationen delegierten Aufgaben noch einigermaßen einfach in Geldwerten beziffern kann,[11] dürfte es bei der qualitativen Zurechnung oder gar bei der quantitativen Bezifferung der Höhe der mit bestimmten Auslagerungs- und Privatisierungsmaßnahmen verbundenen, nicht nur wirtschaftlichen, sondern auch politischen, Transaktionskosten ungleich schwieriger sein, intersubjektiv einen ähnlichen Übereinstimmungsgrad zu erzielen.

Anhänger des Public-Choice-Ansatzes heben hier gewöhnlich wettbewerbstheoretisch die positiven Kosteneffekte einer Zerschlagung des von Niskanen beschriebenen bilateralen Monopols zwischen Politik und Verwaltung zugunsten einer Vielzahl von Public-Private-Partnerships hervor oder plädieren zumindest agenturtheoretisch für die Einführung eines umfassenden Anreiz-, Kontrakt- und Informationsmanagements, so dass der Politik-Prinzipal seine Verwaltungs-Agenten mittelfristig zumindest näherungsweise zu effizientem Verhalten disziplinären kann. Am anderen Ende findet man z. B. den Politikwissenschaftler Terry Moe,[12] der es trotz seiner Sympathie gegenüber institutionenökonomischen Organisationsanalysen für unverzichtbar hält, eine eigenständige, spezifisch politikwissenschaftliche Theorie der öffentlichen Bürokratie,[13] zu entwi-

---

11 Die Einführung der Doppik in die bislang von der Kameralistik dominierten Buchhaltungsabteilungen von öffentlichen Verwaltungen könnte dazu beitragen, in monetärer Hinsicht eine (noch) leichtere Vergleichbarkeit mit Privatunternehmen herzustellen.

12 Weiterhin nennenswert: Christopher Hood, der bereits 1986 schreibt: „But public bureaucracy certainly has some features which usually differentiate it from private enterprise. By definition, public bureaucracy in its classic form involves (a) direct political direction of operations; and (b) public or community ownership" (Hood 1986: 128). Hood spricht sich auch im Hinblick auf andere Kriterien wie ‚user-friendliness' gegen vorschnelle Analogieschlüsse zwischen privaten Dienstleistungsunternehmen und hoheitlich agierenden öffentlichen Verwaltungen aus.

13 Auch unter den ansonsten theoretisch eher ekklektizistisch argumentierenden deutschen Verwaltungswissenschaftlern wächst die Einsicht, dass eine Theorie der öffentliche Verwaltungen „zugleich auch eine politische Theorie sein" (Schröter 2007: 180) muss.

ckeln.[14] Laut Moe sind die aktuell beobachtbaren Regime-Unterschiede im Hinblick auf die Anreiz- und Gelegenheitsstrukturen, denen sich Mitarbeiter öffentlicher Verwaltungen in ihrem Alltag gegenüber sehen, als das institutionell verfestigte polit-historische Ergebnis einer Vielzahl von vergangenen und gegenwärtigen Instrumentalisierungsversuchen der in dem jeweiligen politischen Markt relevanten Akteure zu verstehen:

> Public bureaucracy is a product of American democracy and, in particular, of the characteristic ways in which its political institutions shape the incentives and opportunities of those who exercise public authority. A theory of public bureaucracy is, at bottom, a theory about democratic politics and its consequences for bureaucratic organization. As such, it is unavoidably a theory about separation of powers, legislators and presidents, professionals, civil service, capture, subgovernments, and a range of topics immediately familiar to political scientists but absent from economic theories of organization (Moe 1990: 148).

Oliver E. Williamson, Hauptvertreter der Transaktionskostenökonomik, stimmt Moe in dessen Unbehagen gegenüber einer Gleichbehandlung von Politik und Wirtschaft zu, hält es aber unter der Voraussetzung einer Revision des zugrundelegenden Effizienzkriteriums weiterhin für zulässig, auch im Bereich der Politik die prinzipiell zur Wahl stehenden, diskreten Governance-Strukturalternativen im Hinblick auf deren komparative Kostenvorteile zu vergleichen (Williamson 1997: 308f.). An die Stelle des harten ‚zero transaction cost'-Effizienzkriteriums der Neoklassik solle aber das weichere ‚remediableness'-Effizienzkriterium treten (Williamson 1997: 316). Demzufolge ist es für begrenzt rationale Akteure auch im Bereich des Politischen möglich, bereits ex ante alle vorhersehbaren positiven und negativen Konsequenzen der Implementation der zur Wahl stehenden diskreten Governance-Strukturen in die (Kosten-) Kalkulationen mit einzubeziehen und auf diese Weise zu einer relativ effizienten Wahl zu gelangen. Williamson zufolge lassen sich (mindestens) sechs Arten von ‚public sector transactions' voneinander unterscheiden: 1) Beschaffungs-Transaktionen, 2) Umverteilungs-Transaktionen, 3) Regulierungs-Transaktionen, 4) souveräne Transaktionen, 5) richterliche Transaktionen und 6) Infrastruktur-Transaktionen. Weiterhin ist es seiner Ansicht nach erforderlich, das bislang auf Markt, Hybrid und (Firmen-) Hierarchie begrenzte Vertragsschema um die zwei neuen Governance-Modi ‚Regulation' und ‚Public Agency' zu er-

---

14   Vor dem Erfahrungshintergrund der frühen und offenbar besonders ideologiegetriebenen Verwaltungsreformen in Neuseeland plädiert bereits Boston dafür, dass der öffentliche Sektor „its own distinctive governance structures, employment relations, and monitoring procedures" (Boston 1991: 22) entwickeln sollte.

weitern. Zur Beantwortung der Frage, welcher Governance-Modus bei konkreten ,public sector transactions' mit den relativ geringsten Transaktionskosten
einhergeht, genügt es Williamson zufolge aber häufig nicht, lediglich die aus der
organisationsökonomischen Diskussion bekannten Vertragsrisiken der Kosten-
kontrolle (cost control) sowie der Faktorspezifität (asset specifity) heranzuziehen. Insbesondere bei ,souveränen Transaktionen' sei für das Auffinden des effizientesten Governance-Modus im Bereich des Politischen die Einbeziehung
eines weiteren Vertragsrisikos, namentlich dem der ,Redlichkeit',[15] von hoher
(Kostenbestimmungs-) Relevanz. Dazu Williamson:

> Expressed contractually, transactions for which probity is important are very long term
> (of a self-renewing, ongoing kind) and are highly incomplete. But many transactions
> are so described. What distinguishes 'probity transactions' are their needs for loyalty
> (to the leadership and to the mission) and process integrity. Because breach of con-
> tract/lapse of probity can place the system at risk, probity presents a condition of con-
> tractual hazard the mitigation of which cannot be realized through pecuniary penalty.
> Rather, breach against probity is better described as inexcusable incompetence or even
> betrayal. In the limit, such breach is punishable as treason (Williamson 1997: 324).

Im Kontext von auswärtigen Angelegenheiten versteht Williamson hierunter
den Grad der Loyalität und Rechtschaffenheit, mit der eine vom amerikanischen
Präsidenten initiierte ,foreign affairs transaction' von den dafür beauftragten
Mitarbeitern des Auswärtigen Amts ausgeführt wird. Williamson bestreitet
nicht, dass dieses 1997 neu eingeführte Vertragsrisiko letztlich nicht nur für
,public sector transactions', sondern potentiell für alle Arten von Transaktionen
von (Kostenbestimmungs-) Relevanz sein könnte, entschuldigt die theoriegeschichtlich durchaus späte Nachreichung dieses möglicherweise bereits bei
einer Reihe von vergangenen Governance-Vergleichsanalysen unberücksichtigt
gebliebenen Vertragsrisikos jedoch damit, dass es für ihn zur Entdeckung der
Bedeutung dieses Vertragsrisikos erst der Untersuchung eines Extremfalls wie
dem der souveränen Transaktionen bedurft habe (Williamson 1997: 322).
Schließlich klassifiziert Williamson die verschiedenen, diskreten Governance-
Modi danach, ob sie eher eine autonome Anpassung im Hayek'schen Sinne oder
eher eine kooperative Anpassung im Barnard'schen Sinne bieten. Während Governance-Modi, die ,autonome Anpassung' begünstigten, per Definition über
sehr gute ,cost control'-Eigenschaften verfügten, aber hinsichtlich der beiden

---

15 Im englischen Original: ,probity'. Mit der Entscheidung, ,Redlichkeit' als drittes Vertragsrisi-
    ko aufzunehmen, öffnet Williamson eine weitere Tür, um die Ergebnisse soziologischer Orga-
    nisations-, Management- und Professionsforschung in sein vertragstheoretisches Schema in-
    tegrieren zu können.

anderen Vertragsrisiken der bilateralen Abhängigkeit sowie der Redlichkeit eher schlecht abschnitten, seien Governance-Modi, die ‚kooperative Anpassung' unterstützen, hinsichtlich ihrer ‚cost control'-Eigenschaften eher schlecht, hätten dafür jedoch eindeutige Stärken hinsichtlich der Verringerung der Vertragsrisiken ‚bilaterale Abhängigkeit' und ‚Redlichkeit'. Williamson scheint zu hoffen, dass es trotz der soeben skizzenhaft dargestellten Einführung von neuartigen ‚public sector'-Transaktionstypen sowie der ebenfalls kurz skizzierten Erweiterungen des transaktionskostentheoretischen Vertrags-, Vertragsrisiko- und Governance-Schematisierungslogik für begrenzt rationale Akteure bei der ex-ante-Governance-Kostenberechnung weiterhin relativ leicht möglich sein wird, situativ jeweils den einen, relativ effizientesten Governance-Modus kalkulativ zu bestimmen und unter Berücksichigung der jeweils sinnvollsten vertraglichen Anreizstrukturen dann auch kosteneffizient zu implementieren.

Aus der Perspektive des Akteurszentrierten Institutionalismus heraus stellt ‚hierarchische Steuerung'[16] neben einseitigem Handeln, Verhandlungen und Mehrheitsentscheidungen eine der vier grundlegenden Interaktionsformen dar. Unter ‚hierarchischer Steuerung' versteht Scharpf in Anlehnung an March und Simon einen Interaktionsmodus, „bei dem Ego die Entscheidungen Alters – oder genauer: einige Entscheidungsprämissen Alters – bestimmen kann" (Scharpf 2000: 282). Obwohl dadurch asymmetrische Interaktion erleichtert würde, handele es sich dabei aber immer noch um eine Form der strategischen Interaktion. Scharpf unterscheidet analytisch individuelle, aggregierte, kollektive und korporative Akteure. Zu den kollektiven Akteuren zählt er Koalitionen, Clubs, soziale Bewegungen und Verbände. Nur im Falle von korporativen Akteuren, also formalen Organisationen, sei es möglich, kollektiv bindende Entscheidungen über hierarchische Steuerung notfalls auch gegen die Interessen und Präferenzen einzelner Teilnehmer durchzusetzen (Scharpf 2000: 105). Ähnlich wie die ökonomische Organisationstheorie sieht Scharpf im Kontext der hierarchischen Steuerung sowohl ein Informations- als auch ein Motivationsproblem. Anders als die ökonomische Organisationstheorie geht Scharpf jedoch davon aus, dass es allenfalls bei einem gewissen Teil der innerhalb von lokalen Organisationskontexten anfallenden interdependenten Aufgaben möglich ist, Konflikte zwischen formal Gleichrangigen über hierarchische Anweisungen von gemeinsamen Vorgesetzten zu lösen. Aus der Perspektive des Akteurszentrierten Institutionalismus könne man jedoch von der Koexistenz von einerseits eigeninteressiertem und andererseits normorientiertem Handeln ausgehen. In konkreten Interaktionen würden

---

16 Für einen aktuellen Überblick zum Entwicklungsstand einer auf dem RC-Paradigma basierenden ‚Organisationstheorie' siehe Voss (2003).

demnach neben expliziten Anreizen und Kontrollen immer auch internalisierte Normen den situativen Grad der Profit- oder Allgemeinwohlorientiertheit von Akteuren mitprägen (Scharpf 2000: 298).[17] Vor dem Hintergrund der Erfahrungen aus eigenen empirischen Analysen der Entscheidungsprozesse in Ministerien geht Scharpf im Kontext politischer Organisationen eher von einem ‚Geflecht‘ horizontaler Verhandlungen und einem selektiven ‚vertikalen Dialog‘ zwischen den formalen Ebenen aus. Scharpf beschreibt die Logik folgendermaßen:

> Die Einheiten auf den unteren Ebenen haben normalerweise [.] eine klare Vorstellung davon, für welche Positionen sie Unterstützung von seiten der politischen Führungsebene erwarten können, falls die horizontalen Verhandlungen scheitern sollten. Gleichzeitig sind sich jedoch alle beteiligten Parteien darüber im klaren, daß die obere Ebene nicht allzu häufig angerufen werden kann, ohne diese zu überlasten und dadurch willkürliche Entscheidungen zu produzieren. Überdies sind negative Bescheide der oberen Ebenen oder auch nur der Ruf, den Minister mit Fragen zu belästigen, die auch auf der unteren Ebene hätten gelöst werden können, für die Karriere eines Beamten fast ebenso schädlich wie die mangelnde Standfestigkeit in einer für den Minister wichtigen Frage. Daher ist der Einigungsdruck bei der horizontalen Selbstkoordination sehr hoch [...] (Scharpf 2000: 325).

Und:

> Daraus folgt nicht nur, daß Verhandlungen, die in eine hierarchische Struktur eingebettet sind, unter ansonsten gleichen Bedingungen eher zu einer Einigung führen als Verhandllungen außerhalb solcher Strukturen, sondern auch, daß diese Verhandlungen systematisch von der Antizipation einer möglichen Reaktion des Ministers beeinflußt werden. Mit anderen Worten: das Principal-Agent-Problem verschwindet weitgehend, wenn die Auftragnehmer nur handeln können, indem sie entweder eine Einigung untereinander erzielen oder den (einzigen) Auftraggeber anrufen (Scharpf 2000: 326).

Scharpf beschreibt konstitutionelle Demokratien als mehr oder weniger ‚korporatistisch‘ geprägte Verhandlungsregime, in denen der Staat in mehr oder weniger gesetzlich geregelter Form kontinuierlich in Verhandlungsbeziehungen mit organisierten Gruppen der Zivilgesellschaft steht und durch gelegentliche Androhung einer, in der Regel suboptimalen, hierarchischen Lösung die verschiedenen gesellschaftlichen Interessengruppen dazu bewegt, sich durch wechselseitige Zugeständnisse in horizontalen Verhandlungen untereinander auf Problemlösungen zu einigen, die bessere Resultate hervorbringen als die andernfalls hierarchisch auferlegte staatliche Lösung.

---

17 Angesichts der Mitberücksichtigung der Bedeutung von empirisch unterschiedlich verteilten, nicht-vertraglichen Institutionen bzw. Normen kann man den von Scharpf und Mayntz geprägten Akteurszentrierten Institutionalismus als Variante des soziologischen Rational-Choice auffassen.

2.1.3 Beraterkonsultation in Wirtschaftsunternehmen und Behörden

Nach Recherchestand des Verfassers existiert eine spezifisch institutionenökonomische Theorie der Beratung bislang allenfalls in mehreren, kaum auf einander Bezug nehmenden agenturtheoretischen Entwurfsfassungen[18] oder als ,Anwendungsfall' in Lehrbüchern der Wirtschaftspolitik (vgl. Frey/Kirchgässner 2002). Die folgenden Überlegungen gehen daher zum Teil auf Überlegungen des Verfassers zurück, die in der ökonomischen Literatur aber zumindest z. T. gestützt werden dürften.

Aus neoklassischer Perspektive, an die sich viele Vertreter der Neuen Institutionenökonomik noch relativ stark anlehnen, lässt sich nur mit Mühe erklären, warum es aus Kapitalgeber- und Manager-Sicht trotz einer effizienten Ausgestaltung von Arbeitsverträgen mit festen Organisationsmitgliedern ökonomisch sinnvoll sein sollte, für die Bezahlung von Beraterhonoraren zusätzliche, den Gewinn womöglich schmälernde, Kosten zu generieren. Nur dann, wenn durch die Beraterexpertise bzw. -Intervention die Produktionskosten absehbar deutlich stärker sinken als die Kosten für das Beraterhonorar, lässt sich eine Honorarzahlung rechtfertigen. Mit der Einführung der Annahme einer fundamentalen Informationsasymmetrie zwischen Agent und Prinzipal, wie ihn die institutionenökonomische Prinzipal-Agent-Theorie vollzogen hat, kann es für den Kapitalgeber-Prinzipal unter ökonomischen Gesichtspunkten weiterhin sinnvoll werden, vor sich selbst und vor seinen eigenen Prinzipalen heute einen beraterbedingten Kostenanstieg zu rechtfertigen. Dies gilt insbesondere dann, wenn der externe Beratungsanbieter verlässlich dazu beiträgt, dass sich der aktuell bestehende Grad an Informationsasymmetrie zwischen Kapitalgeber- bzw. Manager-Prinzipal einerseits und aktuellen bzw. potentiellen Mitarbeiter-Agenten andererseits morgen ,strukturell' zugunsten einer Verbesserung der Verhandlungsposition der Prinzipal-Seite verändern wird. Was allerdings nicht selten übersehen wird: Das Kontrollproblem und die damit zusammenhängenden Agenturkosten bestehen nicht nur zwischen Kapitalgeber- bzw. Manager-Prinzipal einerseits und den internen Mitarbeiter-Agenten andererseits, sondern im Falle der (nur) temporären Einbindung externer Berater verstärkt auch zwischen dem Manager-Prinzipal und den externen Berater-Agenten. Gerade wenn es um den Zugang zu unternehmenserfolgsrelevanten Informationen geht, müssten Manager-Prinzipale bei opportunistisch veranlagten Berater-Agenten mit klassischen bzw. relationalen Verträgen noch mehr Vorkehrungen treffen als bei Mitarbeiter-Agenten mit relationalen Verträgen (Frey/Kirchgässner 2002). Aus agenturtheoretischer Sicht dürfte folg-

---

18   Vgl. Weiershäuser (1996); Saam (2001); Haase (2002); Armbrüster (2006).

lich, verbal-analytisch formuliert, eine Konsultation externer Berater für einen Prinzipal nur in den Fällen ökonomisch sinnvoll sein, in denen die zukünftigen, auf aktuelles Beraterwirken zurechenbaren Unternehmenswert- und/oder Gewinnsteigerungen monetär signifikant höher ausfallen als der hierfür heute erforderliche, berater-bedingte Mehraufwand, etwa in Form einer temporär reduzierten Produktivität der Mitarbeiter-Agenten sowie der zusätzlichen (Agentur-) Kosten für die Kontrolle der externen Berater. Methodologische Forderungen nach einer möglichst quantifizierenden Messung und Kontrolle des Beratungserfolgs sind vor diesem Hintergrund durchaus nachvollziehbar,[19] verlagern das Problem aber nur auf die letztlich organisationspraktisch zu entscheidende Frage nach den richtigen Indikatoren sowie der angemessenen Gewichtung derselben im Rahmen eines Gesamtmodells.[20] Je mehr man auch Berater als eigennutz-orientierte, opportunistische Agenten modelliert, desto eher muss man aus Public-Choice-Sicht davon ausgehen, dass sich über Politikberatung gesamtwirtschaftlich eine optimale Allokation von (Beratungs-) Ressourcen nur noch gelegentlich einstellt.[21]

Wenn sich, wie weiter oben dargestellt, Wirtschaftsunternehmen und Behörden aus institutionenökonomischer Perspektive primär darin unterscheiden, dass deren Prinzipale unterschiedlichen ‚Marktlogiken' unterliegen, dann steht zu erwarten, dass sich dieser ‚kleine' Unterschied auch in den (Erfolgs-) Erwartungen der Politik- bzw. Verwaltungs-Prinzipale an ihre Verwaltungsmitarbeiter-Agenten einerseits und an mögliche Berater-Agenten andererseits widerspiegelt. Interessant wäre vor allem eine Klärung der Frage, auf welche Art und Weise sich die Teilnahme von Organisations-Prinzipalen an unterschiedlichen Arten von Wettbewerben auf deren jeweilige Vorstellungen von einer ‚erfolgreich' abgeschlossenen externen Beratungsleistung auswirken und auf welche Weise die Beratungsergebnisse kommunikativ in die jeweiligen Märkte zurück gespielt werden. Aus der Perspektive einer um das Vertragsrisiko ‚Redlichkeit' und den Governance-Modus ‚Public Sector' erweiterten Transaktionskostentheorie läge die Frage nahe, inwieweit es einem Politiker-Prinzipal durch Abschluss eines Beratervertrags gelingt, vor dem Hintergrund der bestehenden, möglicherweise ineffizienten vertrag-

---

19 So bereits Weiershäuser (1996: 187).
20 So scheitert etwa Haase auf hohem Niveau bei dem Versuch, mittels einer ‚verbalen' Ergänzung gängiger Adverse-Selection-Modelle für den Fall von ‚Unternehmensberatung' eine formal-mathematische Antwort auf die klassische Make-or-Buy-Frage herzuleiten. Nach 230 Seiten intensiver Erörterungen schließt er mit einer knappen tabellarischen Gegenüberstellung von Merksätzen und der vergleichsweise vagen Generalaussage, dass für Unternehmen gerade im Falle repetitiver Vertragsbeziehungen der Rückgriff auf interne Unternehmensberatungen tendenziell „eher geeignet" erscheint als das sich Einlassen auf Vertragsbeziehungen mit externen. Siehe Haase (2002: 229).
21 So auch Heine/Mause (2008: 162).

lichen Vereinbarungen mit einer Public Agency für bestimmte ‚public-sector'-
Transaktionen kosteneffizientere, diskrete Strukturalternativen ausfindig zu
machen und zu implementieren. Zur Auswahl stehen hier insbesondere Regulation
und Privatisierung. Stellt man allerdings das ‚probity'-Vertragsrisiko auch bei der
Suche nach dem besten Governance-Modus für den temporären Einkauf von als
opportunistisch anzunehmenden Unternehmens- bzw. Verwaltungsberatern angemessen in Rechnung, muss man als auf Wiederwahl hoffender Politiker-Prinzipal
im Einzelfall genau abwägen, wie viele politisch-administrative Interna man vor
dem Hintergrund welcher vertraglichen Vereinbarungen bereit ist, mit seinem
opportunistisch veranlagten Berater zu teilen.

Nach dem Recherchestand des Verfassers ist auf spieltheoretischer Basis bislang weder normativ noch positiv der Versuch unternommen worden, eine Erklärung für die Veränderungen in der (öffentlichen) Beraternachfrage zu finden.[22]
Aus Scharpfs Ansatz lässt sich aber zumindest ad hoc ableiten, dass er den gestie-
genen Beraterbedarf in Ministerien womöglich in einen direkten Zusammenhang
mit seiner Abwärtsspiralen-Hypothese bringen würde, die er angesichts des be-
haupteten Verlusts der hierarchischen Autorität der nationalen Regierungen gegenüber den ökonomischen Akteuren formuliert hat (Scharpf 2000: 340). Wenn es
dem Staat seit Mitte der 1970er Jahre zunehmend weniger gelingt, mittels legiti-
mierter hierarchischer Steuerung die alte Verhandlungsregime-Steuerungslogik
zur vollen Zufriedenheit der Zivilgesellschaft fortzusetzen, könnte ein erhöhter
Rückgriff auf die Dienstleistungen von externen Beratungsunternehmen als ein
Versuch staatlicher Behörden interpretiert werden, nach außen hin den verloren
gegangenen Einfluss auf die Verhandlungs- und Kompromissbereitschaft organi-
sierter Interessengruppen zu kompensieren und nach innen hin besser mit der
schwierigen Situation, tendenziell stagnierender bzw. schrumpfender Etats bei
gleichzeitig gewachsenem Aufgabenspektrum fertig zu werden.

Zusammenfassend kann festgestellt werden, dass sich die (institutionen-)
ökonomische Perspektive aufgrund ihres utilitaristischen Erbes erst nach und nach
dafür geöffnet hat, zunächst ‚firms' als hierarchisch koordinierten Zusammenschluss von einzelnen Marktteilnehmern, dann ‚public bureaus' als möglicherweise legitimiert angebotsmonopolistische Agenten politischer Nachfrager einer
komparativen Kosten-Analyse zugänglich zu machen. Die Frage, ob bzw. unter
welchen Voraussetzungen Unternehmen oder gar Behörden externe Beratungsanbieter konsultieren sollten, kann im institutionenökonomischen Rahmen grund-

---

22 Allerdings lässt sich – zumindest modelltechnisch – eine formal sauber definierte Principal-Agenten-
Konstellation in ein spieltheoretisches Modell überführen. Vgl. aber auch Kabalaks (2008) jüngste Überlegungen zu einer Modellierung von Einfluss in triadischen Situationen mit Alter, Tertius und Ego.

sätzlich entweder in eine Principal-Agenten-Situation oder aber in eine make-or-buy-Frage überführt und von dort aus ‚gelöst' werden. Die bisherigen Versuche, auf der Basis agentur- oder transaktionskostentheoretischer Theoriefiguren eine aussagekräftige Theorie der Unternehmens- oder gar der Behördenberatung zu begründen, können allerdings nur begrenzt überzeugen.[1] Dies liegt sicherlich zum Teil auch daran, dass sich die Guts- bzw. Transaktionscharakteristik des Vertrauens- bzw. Erfahrungsguts ‚Organisationsberatung' ex ante theoretisch schwer bestimmen lassen.[2] Auch der Akteurszentrierte Institutionalismus als positiv gewendete Variante der Spieltheorie hat bislang keine explizite Theorie der Beratung hervorgebracht. Die Ausweitung der öffentlichen Beraternachfrage lässt sich aber in den Kontext von Scharpfs Abwärts-Spiralen-Hypothese bringen.

2.2 Klassentheoretisch-(post-)marxistische Perspektive

Die in diesem Abschnitt darzustellende paradigmatische Perspektive zeichnet sich dadurch aus, dass sie sich in der Tradition ihres Gründervaters Karl Marx seit gut 150 Jahren programmatisch unter anderem auf die Fahnen geschrieben hat, Ideologiekritik im Allgemeinen und Kritik der wirtschaftswissenschaftlichen Fremdbeschreibungen der (Politischen) Ökonomie im Besonderen zu leisten, um auf diese Weise dem von Kant und Rousseau vorbereiteten Programm einer Aufklärung des Subjekts über die Bedingungen der Möglichkeit seiner historischen Vergesellschaftung doch noch zum gesellschaftspraktischen Durchbruch zu verhelfen. Wie weiter unten zu zeigen sein wird, finden sich trotz scheinbar fundamental gegensätzlicher Positionen in der Theoriegeschichte des ökonomischen und des marxistischen Paradigmas eine Reihe interessanter Parallelen bzw. Komplementaritäten.

2.2.1 Wirtschaft und Politik

Für Marx selbst sind ‚politische Einrichtungen' das historische Resultat einer spezifischen Form der Teilung der Arbeit und nicht – wie für den Mainstream der bürgerlichen Ökonomie – (nur) das Ergebnis einer freiwilligen vertraglichen

---

1 Damit soll nicht ausgedrückt werden, dass dies nicht in Zukunft möglich sein könnte. Die BWL neigt in dieser Frage bislang zum Theorienekklektizismus. Innerhalb der Ökonomik scheint es noch am ehesten erfolgsversprechend, neuere Entwicklungen im Bereich der Informations- bzw. Netzwerkökonomik weiterzuverfolgen. Vgl. Armbrüster (2006).

2 Von daher ist es konsequent, wenn Politik- bzw. Behördenberatung vorwiegend als informationsökonomisches Problem betrachtet wird. Vgl. Heine/Mause (2003).

Vereinbarung von liberalen Wirtschaftssubjekten, die jeweils individuell zu der Ansicht gekommen sind, dass sie insgesamt besser gestellt sind, wenn sie sich bestimmten, für alle gültigen staatlich durchgesetzten Regeln unterwerfen.[3] In einigen Passagen seines umfangreichen Werks geht Marx sogar so weit, dass er sich von einer revolutionären Aufhebung der Teilung der Arbeit zugleich eine ersatzlose (?) Beseitigung aller politischen Einrichtungen erhofft.[4] Der eigentliche Motor gesellschaftlicher Veränderungsdynamik sind hier die ‚Produktivkräfte'. Je nach zitierter Textstelle versteht Marx hierunter recht Unterschiedliches. In jedem Fall spielt dabei die historisch spezifische Teilung der Arbeit eine herausragende Rolle, wenngleich sich die Aufzählung möglicher Ressourcen, die er den Produktivkräften zurechnet, selten ausschließlich auf die Kategorie Arbeit reduzieren lässt. Im Gegensatz zum Annahmengefüge der aus der ökonomischen Neoklassik entstandenen institutionenökonomischen Perspektive basiert die Marx'sche Wirtschafts- bzw. Gesellschaftstheorie nicht auf einer subjektiven, sondern auf einer objektiven (Arbeits-) Werttheorie: Der Wert eines Gutes bestimme sich nicht danach, welchen Preis es zu einem bestimmten Zeitpunkt auf einem Markt subjektiv nutzenmaximierender Akteure erzielen kann, sondern primär danach, wie viel menschliche Arbeit für seine Herstellung ‚objektiv' erforderlich ist. Die menschliche Arbeitskraft ist Marx zufolge also als alleinige Kraft fähig, den bereits durch vergangene Arbeitsprozesse akkumulierten Kapitalbestand weiter zu vergrößern. Im Übergang von der vorkapitalistischen zur kapitalistischen Gesellschaft werden seiner Theorie zufolge nach und nach alle menschlichen Arbeitstätigkeiten zunächst formell und dann – im Zuge der massenhaften Umstellung auf die Produktion eines relativen Mehrwerts – zunehmend auch reell unter die Verwertungsprinzipien des Kapitals subsumiert.

Unter den heutigen Marx-Exegeten ist man sich allerdings nicht mehr ganz so einig, welche Rolle der Arbeit für die Vergesellschaftung kapitalistischer Gesellschaftsformationen beizumessen ist. Der spätmaterialistische Industriesoziologe Brandt hat gezeigt, dass das Marx'sche Vermächtnis mindestens zwei unterschiedliche Lesarten auf die wechselseitige Konstitutionsbeziehung zwischen Arbeit und Tausch – einer weiteren zentralen Kategorie – zulässt, die zudem zu unterschiedlichen Implikationen für die wissenschaftliche bzw. politische Praxis führen (Brandt 1990: 269ff.). Im von vielen ‚kritischen Theorien' heute favorisierten Subsumtionsmodell wird Arbeit zu einem historischen Moment und

---

3   Letztere Sicht ist eher typisch für Teile der ökonomischen Public-Choice-Literatur.
4   Vgl. etwa Marx im III. Teil der ‚Deutschen Ideologie': Marx (1971: 457). In der politischen Auseinandersetzung mit Bakunins Anarcho-Marxismus erweist sich Marx später aber doch ‚staatstragend'.

Produkt kapitalistischer Vergesellschaftung unter anderen. Brandt zufolge kann Marx die Verschmelzung dieser logisch widersprüchlichen Modelle, einerseits der basalen gesellschaftlichen Konstitution „von unten" (qua Arbeit) und andererseits der gesellschaftlichen Konstitution „von oben" (qua Subsumtion unter die kapitalistische Verwertungslogik des Tausches), nur durch einen spekulativen Kunstgriff erzielen, der der Hegel'schen Philosophie entstammt:

> Gemäß diesem Trugschluß und der ihm zugrundeliegenden ‚Logik der Vollendung' treibt der kapitalistische Modus sozialer Synthesis eben wegen seiner Vollendung die Entfremdung und Verelendung aller menschlichen Fähigkeiten auf die Spitze und löst dadurch die seine Beseitigung herbeiführende soziale Gegenbewegung aus, deren tragende Kraft das als Massenbewegung organisierte moderne Proletariat ist [...] (Brandt 1990: 179).

Obwohl man auch zu Beginn des 21. Jahrhunderts nach globalem wie lokalem Maßstab Phänomene beobachten kann, die man als ‚Entfremdung' bzw. ‚Verelendung' bezeichnen und (damit) dem gesellschaftspolitischen Diskurs zuführen kann, ist man von der geschichtsphilosophisch-utopischen Vorstellung eines revolutionär herbeiführbaren Übergangs in einen postkapitalistischen Modus sozialer Synthesis heutzutage weitgehend abgerückt. Die meisten Theoretiker, die man heute dem neo- bzw. postmarxistischen Lager zuordnen kann, sind daher entweder (latente) Anhänger der im Wesentlichen von Antonio Gramsci entwickelten kulturalisierten Variante einer Politischen Ökonomie bzw. Philosophie der Praxis oder aber Anhänger der Max Weber'schen (Religions- bzw. Herrschafts-) Soziologie.

Je nachdem, welche Passagen man aus Marx umfänglichem Werk heranzieht, kommt man zu unterschiedlichen gesellschaftstheoretischen Implikationen für das Verhältnis zwischen dem Ökonomischen und dem Politischen. Für den vorrevolutionären Marx der ‚Deutschen Ideologie' ist der Staat und damit letztlich jede Form von nichtrevolutionärer Politik im Wesentlichen ein Instrument im Dienste der Durchsetzung der Interessen der historisch jeweils herrschenden Klasse. Unter kapitalistischen Verhältnissen werde der Staat in besonderem Maße vom Geld der Bourgeoisie abhängig:

> Mit der Entwicklung und Akkumulation des bürgerlichen Eigentums, d. h. mit der Entwicklung des Handels und der Industrie, wurden die Individuen immer reicher, während der Staat immer verschuldeter ward. [...] Es zeigt sich daher, daß, sobald die Bourgeoisie Geld gesammelt hat, der Staat bei ihr betteln gehen muß und endlich von ihr geradezu an sich gekauft wird (Marx 1971: 433).

In diesem Zitat spiegelt sich bereits die grundlegende Basis-Überbau-Topographie wieder, die sich trotz gewisser Variationen in nahezu allen Schriften von Marx wieder findet und die, so zumindest Hall, zugleich auch ein „conceptual threshold and boundary-limit *for* Marxism" (Hall 1977: 58f.) darstellt. Nichtsdestotrotz haben (spät-) marxistische Autoren wie Antonio Gramsci, Nicos Poulantzas und Stuart Hall vor allem unter Bezugnahme auf den ‚Achtzehnten Brumaire‘ (vgl. Marx 2007) betont, dass bereits Marx dem Überbauphänomen ‚Politik‘ einen gewissen Grad an ‚relativer Autonomie‘ gegenüber der ökonomischen Basis historisch zugesprochen habe. Stuart Hall vertritt sogar die These einer ‚nontransferability‘ bzw. ‚non-homogeneity‘ der wirtschaftlichen und politischen Ebenen des Klassenkampfes (Hall 1977). Der bekannte deutsche Spätmarxist Joachim Hirsch spricht neuerdings sogar von einem ‚Primat der Politik‘:

> Die ‚Ökonomie‘ ist der ‚Politik‘ nicht vorausgesetzt und umgekehrt gilt dies ebenso. Die für die bürgerlich-kapitalistische Gesellschaft charakteristische Trennung beider Sphären ist ein Ausdruck ihrer spezifischen Verbindung. Die historische Entwicklung wird nicht durch eine Eigendynamik von Strukturen bestimmt, sondern von Kämpfen und Auseinandersetzungen, die allerdings unter bestimmten strukturellen Voraussetzungen stehen und daher nicht jede beliebige Gestalt annehmen können. Daraus ergibt sich ein grundlegendes Primat der Politik bei der Analyse gesellschaftlicher Prozesse. Nicht nur ist die Entstehung des Kapitalismus und des modernen Staates keine Folge einer strukturellen Logik, sondern auch ihre Entwicklung und ihre Zukunft bleiben in diesem Sinne handlungsabhängig, durch politische Kämpfe und Strategien bestimmt und daher prinzipiell offen (Hirsch 2005: 57).

Unter den spezifischen Bedingungen eines ‚Postfordismus‘,[5] den Hirsch auch als ‚Bio- und Infocom-Kapitalismus‘ bezeichnet, werde das Verhältnis zwischen Staat und Klassen komplexer und die Klassenformation verliere im Vergleich zum Fordismus (weiter) an Kohärenz (Hirsch 2005: 148). Nichtsdestotrotz sei die staatliche Apparatur nach wie vor „das Terrain, auf dem sich konkurrierende kapitalistische Interessen zu einer Politik des Kapitals verdichten" (Hirsch 2005: 147). Für Hirsch ist es daher auch falsch, die „aus Unternehmensfunktionären, dem Personal staatlicher Apparate und internationaler Organisationen, aber auch von WissenschaftlerInnen und VertreterInnen von Nichtregierungsorganisationen bestehende[n] internationale[n] Kapitalisten- und Managerklasse" (Hirsch 2005: 147) als eine ‚transnationale Kapitalistenklasse‘ zu beschreiben.

Während Hirsch sich offensichtlich in der Tradition der Regulationsschule sieht und diese auf der Mikroebene mit einer Art Theorie des politischen Handelns anzureichern versucht, denkt Bob Jessop bereits über die Zeit des ‚Postfordismus‘ hinaus und plädiert im Hinblick auf zukünftige Periodisierungsversuche in methodologischer Hinsicht für einen ‚strategic-relational approach‘ (Jessop/Sum 2006: 325f.), mit dessen Hilfe es anscheinend theoriebautechnisch

---

5   Gramsci und nach ihm die sog. Regulationsschule haben den Kapitalismus des 20. Jahrhunderts mit dem Akkumulationsregime des ‚Fordismus‘ näher zu bezeichnen versucht.

unproblematisch wird, auf pragmatisch-ekklektizistische Weise auch zentrale
Konzepte konkurrierender Theorieangebote wie ‚social embeddedness' oder
‚structural coupling' nutzbar zu machen.[6]

Für viele marxistisch sozialisierte Soziologen, die trotz aller Postmoderne
nicht gänzlich auf den Charme von ‚grand theories' oder zumindest deren radikale Dekonstruktion verzichten wollen, scheint es demgegenüber mindestens
genauso reizvoll, die diversen Varianten des französischen, teils noch an Marx
angelehnten, aber strukturalistisch-semiotisch angereicherten (Barthes, Althus-
ser, Laclau/Mouffe), teils stärker von Nietzsche beeinflussten (Foucault) oder
aber eher von Durkheim und Weber (Bourdieu) inspirierten Poststrukturalis-
mus[7] für konkrete empirische Gegenwartsanalysen fruchtbar zu machen.[8]

Stellvertretend für diejenigen Vertreter einer postmarxistischen Klassen-
theorie, die sich stärker von der (Religions-) Soziologie Max Webers als von der
Hegemonietheorie Antonio Gramscis haben anregen lassen, soll im Folgenden
die für den vorliegenden Zusammenhang relevante Position Pierre Bourdieus
knapp skizziert werden. Bourdieus Feld-/Kapital-/Habitustheorie ist das Ergeb-
nis einer Auseinandersetzung mit klassischen Werken von Marx, Durkheim und
Weber sowie mit dem semiotisch inspirierten französischen Strukturalismus.[9]
Für Marx liegt die wesentliche Dynamik der gesellschaftlichen Entwicklung im
Antagonismus zweier Klassen. Da es der herrschenden Klasse – im Falle des
Kapitalismus: der Bourgeoisie – mit Hilfe ausgefeilter Verschleierungs- und
Desolidarisierungsstrategien immer wieder gelingt, (temporär) zu verhindern,
dass die beherrschte Klasse – unter kapitalistischen Bedingungen: das Proletari-
at – ein angesichts des jeweils aktuellen Stands der Produktivkräfte adäquates
und uniformes Klassenbewusstsein entwickelt, ist es nach Marx Aufgabe der
Ideologiekritik, ‚falsches Bewusstsein' aufzudecken. Angesichts der Rezeption
der religionssoziologischen Schriften Durkheims und Webers sowie des symbolischen Strukturalismus von Lévi-Strauss bricht Bourdieu radikal mit dem der

---

6   In der Einleitung einer neueren Monographie nennt Jessop folgende vier Inspirationsquellen: (1)
     institutional and evolutionary economics; (2) political economy of the state, namentlich Gramsci
     und Poulantzas; (3) critical discourse analysis and allied approaches und (4) recent analyses of
     self-organizing (or autopoietic) systems and the problems of governance. Vgl. Jessop (2002: 4f.).

7   Siehe auch Bergesen (1993).

8   Auch im Umfeld des sog. soziologischen Neoinstitutionalismus wird ‚Beratung' als spezifisch
     okzidental-modernes Phänomen der zunehmenden ‚Agentschaft für andere' auf Makroebene
     thematisiert. Vgl. Meyer/Jepperson (2005: 62f.).

9   Die folgenden Ausführungen beschränken sich auf die für die weitere Argumentationslinie aus
     Sicht des Verfassers relevantesten Theoriefragmente aus dem umfänglichen und nicht überall
     konsistenten Schrifttum Bourdieus. Der Verfasser hält die vorletzte Werksphase Bourdieus
     zwischen Ende der 1980er – Der Staatsadel – und Ende der 1990er Jahre – die wirtschafts-
     soziologischen Schriften vor der Gegenfeuerserie – für die theoretisch fruchtbarste.

materialistischen Gesellschaftstheorie immanenten geschichts- und bewusst-
seinsphilosophischen Erbe. Er transformiert die alte Logik des bipolaren Kampfes zweier Klassen um materielle Reproduktionsvorteile in eine neue Logik des
von verschiedenen Feldern spezifisch gebrochenen Kampfes von mit unter-
schiedlichem Kapitalienportfolio[10] ausgestatteten Habitus. Letztere streben mit
unterschiedlich verteiltem Drang[11] und mit feldspezifisch unterschiedlich wert-
vollen Kapitalvorräten[12] danach, ihre aktuell erreichte Position im allgemeinen
sozialen Raum dadurch zu erhalten bzw. zu verbessern, dass sie sich auf feldspezifisch unterschiedlich geregelte Kämpfe einlassen. Für eine ‚gelingende'
Reproduktion sozialer Abstände im sozialen Raum (so Bourdieu 1992) spielt
neben dem ökonomischen Kapital mit jeweils spezifischen Feldlogiken der Besitz und gekonnte (symbolische) Einsatz von kulturellem und sozialem Kapital
(vgl. Bourdieu 1983)[13] in deren verschiedenen Ausprägungsformen eine sozio-
historisch zunehmend wichtige Rolle. Innerhalb der mehr oder weniger autonomen Felder – darunter das im Folgenden kurz zu skizzierende ökonomische
Feld, das politische Feld und das bürokratische Feld sowie deren jeweilige Unterfelder – lassen sich jeweils herrschende Herrschende (oratores), beherrschte
Herrschende (bellatores) und Beherrschte (laboratores) hinsichtlich ihrer relationalen Positionierung im Feld voneinander unterscheiden.[14]

Bourdieu zufolge unterscheidet sich das ökonomische Feld von anderen
Feldern vor allem dadurch, „daß hier die Sanktionen besonders brutal sind und
das unverhohlene Streben nach der Maximierung des individuellen materiellen
Profits öffentlich zur Zielvorgabe des Verhaltens gemacht werden kann" (Bourdieu 1998: 169-171). Hierbei handele es sich aber nicht etwa um eine anthropo-
logische Konstante wie sie die neoklassische Figur des homo oeconomicus suggeriert. Vielmehr seien die „grundlegendsten ökonomischen Dispositionen,
Bedürfnisse, Präferenzen, Neigungen – zur Arbeit, zum Sparen, zum Investieren
usw. – [...] endogen und abhängig von einer Geschichte, nämlich von jener des

---

10   Bourdieu spricht von ‚Struktur' und ‚Volumen' bestimmter Kapitalien.
11   In Bourdieus Terminologie: ‚illusio'.
12   In Anlehnung an Kartenspiele spricht Bourdieu hier von ‚Trümpfen'.
13   Das Sozialkapital, welches theoriebautechnisch eine sehr gute Andockstelle für die aktuelle
     netzwerktheoretische Forschung bieten könnte, spielt in Bourdieus späteren Publikationen lei-
     der eine eher marginale Rolle.
14   In Anlehnung an den französischen Strukturalismus geht Bourdieu davon aus, dass der ‚mo-
     dus operandi' der Klassenkämpfe zwischen weltlichen und geistigen Mächten letztlich eine
     soziohistorisch kontingente Kombination eines historisch invarianten Systems von Reproduk-
     tionsstrategien – dem opus operatum – darstellt. Explizit nennt er: Fortpflanzungsstrategien,
     Nachfolgestrategien, Erziehungsstrategien, prophylaktische Strategien, ökonomische Strate-
     gien, Strategien sozialer Investitionen, Heiratsstrategien und Strategien der Soziodizee. Siehe
     Bourdieu (2004: 330-331).

ökonomischen Kosmos, worin sie gefordert sind und belohnt werden" (Bourdieu 1998: 173). In Analogie zu Webers religionssoziologischen Analysen der Kleriker als Anbieter von Heilsversprechen interessiert sich Bourdieu bei seinen Feldstrukturanalysen nahezu ausschließlich für die Anbieter von Waren und Dienstleistungen.[15] Die Stärke eines Agenten ist im ökonomischen Feld demnach abhängig von „Volumen und Struktur seines Kapitalbesitzes in den verschiedenen Formen: finanzielles Kapital (aktuell oder potentiell), kulturelles Kapital (nicht zu verwechseln mit dem ‚Humankapital'), technologisches Kapital, juristisches Kapital, Organisationskapital (einschließlich des Kapitals an Information und Kenntnissen über das Feld), kommerzielles Kapital und symbolisches Kapital" (Bourdieu 1998: 174). Diese Kapitalarten wirken zum einen indirekt, über die Preise, zum anderen üben sie aber auch einen direkten Struktureffekt aus, „weil die Anwendung einer neuen Technik, die Kontrolle über einen erheblicheren Marktanteil usw. die relativen Positionen und die Leistungen aller von den anderen Firmen gehaltenen Kapitalarten modifizieren (Bourdieu 1998: 175-176).

Das politische Feld beschreibt Bourdieu demgegenüber als ein Spiel, „bei dem es um die legitime Durchsetzung der Sicht- und Teilungsprinzipien der sozialen Welt geht" (Bourdieu 2001a: 54-55). Zu den wichtigsten Agenten zählt Bourdieu die professionellen Politiker, die Parteien sowie (neuerdings verstärkt) die politischen Journalisten. Obwohl sich die gewählten Politiker nicht vollständig von den Erwartungen ihrer Wähler ablösen können, verfolgen sie doch überwiegend Strategien, die sich nicht mehr ohne Weiteres auf explizite Willensbekundungen ihrer Wähler, sondern eher auf die Logik feldinterner Positionierungskämpfe zurückführen lassen, bei denen Parteien eine wichtige Rolle spielen (Bourdieu 2001a: 53). Die Journalisten tragen Bourdieu zufolge „in großem Umfang zur Aufrechterhaltung der Grenze, der Zensur bei, die dazu tendiert, das auszuschließen, was der Orthodoxie, der doxa des politischen Felds nicht entspricht" (Bourdieu 2001a: 62). Politisches Kapital ist dementsprechend eine Form des symbolischen Kapitals und tritt in personalisierter und in institutionalisierter Form auf (Bourdieu 2001b: 100f.). Je höher die Anforderungen an die Reproduktion des Apparats, der politische Posten über längere Zeit hinweg stabilisiert, desto mehr verschreiben sich die Inhaber dieser Posten den Imperativen, die mit der Aufrechterhaltung dieser Apparate verbunden sind – häufig auf Kosten der ursprüngliche Ziele, für die die Inhaber eigentlich gewählt worden sind.

---

15 Mit der alleinigen Fokussierung auf die Anbieterseite läuft Bourdieu Gefahr – ähnlich wie viele andere Gesellschaftstheoretiker –, die historisch-spezifischen Bedingungen der Statiken und Dynamiken auf der Nachfrageseite unterbelichtet zu lassen.

Den Staat selbst beschreibt Bourdieu an anderer Stelle als

> the culmination of a process of concentration of different species of capital: capital of physical force or instruments of coercion (army, police), economic capital, cultural or (better) informational capital, and symbolic capital. It is this concentration as such which constitutes the state as the holder of a sort of meta-capital granting power over other species of capital and over their holders (Bourdieu 1994: 4).

Damit bringt er die Entstehung des ‚bürokratischen Felds' in direkten Zusammenhang mit der Entstehung und dem Wandel des sog. ‚Feldes der Macht', dem – wie weiter unten noch weiter ausgeführt werden wird – in seiner Theorie eine zentrale Stellung für die Möglichkeiten und Grenzen feldspezifischer Autonomien zukommt.

2.3.2 Wirtschaftsunternehmen und Behörden

Trotz z. T. erheblicher Reinterpretationen und Ergänzungen des Marx'schen Vermächtnisses, haben die meisten heutigen Vertreter einer spät- bzw. postmarxistischen Gesellschaftstheorie mindestens zwei Dinge bewahrt: die kapitalismuskritische Kampf- bzw. Solidaritätsrhetorik und die Neigung, zugunsten globaler Gesellschaftsdiagnosen auf die Ausarbeitung von ähnlich subtilen Theorien zur Beschreibung von Face-to-Face-Interaktionen bzw. formalen Organisationen zu verzichten.

Die materialistische Gesellschaftstheorie ist wie ein Großteil der Polit-Ökonomischen Theorien, die sie kritisiert, eine Gesellschafts- bzw. Wirtschaftstheorie, die in erster Linie Aussagen über die grundsätzliche Funktionsweise der kapitalistischen Wirtschaft sowie über längerfristige soziohistorische Entwicklungsprozesse macht. Wie sich die reelle Subsumtion der Produktivkräfte unter die kapitalistische Verwertungslogik in kapitalistischen Betrieben im mikroökonomischen bzw. -politischen Detail vollzieht und welche länder-, branchen- oder betriebsspezifischen Unterschiede dabei zu beobachten sind, haben Marx und viele seiner direkten Nachfolger jedenfalls nicht ins Zentrum ihrer Forschungsinteressen gestellt. Folglich findet sich auch in spätmarxistischen Schriften in der Regel keine systematisch ausgearbeitete (Meso-) Theorie der kapitalistischen Unternehmung.

Zu den wenigen Ausnahmen zählt der in den 1970er Jahren im Zuge der sog. Labour Process Debate entwickelte Versuch Wolf Heydebrands, eine mit der materialistischen Gesellschaftstheorie kompatible Organisationstheorie zu entwickeln. Organisationen sind demnach „objective historical outcomes of practical collective activity, especially collectivity organized around the production of material life and the reproduction of social life" (Heydebrand 1977: 86).

Heydebrand zufolge treten in historischen Organisationen organisationsspezifische Widersprüche zutage, die nur vor dem Hintergrund eines größeren gesellschaftlichen (Umwelt-) Kontexts und der darin sich ebenfalls historisch spezifisch reproduzierenden Klassenwidersprüche voll verständlich werden. Heydebrand geht es darum, ein allgemeines Rahmenwerk für die Analyse der sich entwickelnden Widersprüche zwischen neuen Produktivkräften und den jeweils bereits etablierten organisationalen Kontrollstrukturen und Modi der Arbeitsorganisation herauszuarbeiten. In Anlehnung an Max Webers Analysen unterscheidet Heydebrand drei wesentliche historische Formen von organisationalen Kontrollstrukturen: 1. die Berufsstatusgruppen (Handwerker und Professionen), 2. die legal-bürokratische Organisation und Arbeitsverwaltung (private Unternehmensbürokratien und öffentliche Bürokratien) sowie 3. die ökonomische, soziale und politische Selbstorganisation der Arbeit (Heydebrand 1977: 92-93).

Heydebrand zufolge sind Gerichtshöfe ein Spezialfall von service-basierten Arbeitsorganisationen, die sich weniger als zentral integrierte Hierarchie denn als „series of semi-feudal power centers coordinated more or less successfully by political processes such as bargaining, negotiating (including corruption), cooperation, competition, coalition formation and temporary alliances" (Heydebrand 1977: 96-97) charakterisieren lassen. Heydebrand sieht in der Tatsache, dass die Gerichtshöfe unter staatskapitalistischen Bedingungen in fiskalischer Hinsicht nicht autonom agieren können, einen wesentlichen Grund dafür, dass es nicht nur zu einem Ressourcen-Wettbewerb zwischen verschiedenen Gerichtshöfen kommt, sondern dass auch innerhalb einzelner Gerichtshöfe Konflikte zwischen der Verhandlungsprozess-orientierten legalen Elite (Berufsstatusgruppen), den Case-management-orientierten legal-bürokratischen Rationalisierern (öffentliche Bürokraten) und den Vertretern rechtspolitischer Erneuerungsbewegungen (Selbstorganisation) sichtbar werden. Unter den Bedingungen der politischen Ökonomie eines Staatskapitalismus und der damit verbundenen wachsenden Fiskalkrise des Staats prognostiziert Heydebrand für staatsfinanzierte Organisationen, dass diese in Zukunft zunehmend nach ökonomischen Effizienzgesichtspunkten organisiert werden. Die Orientierung des staatlichen Handelns entlang bestimmter Effizienzmaße, so Heydebrand weiter, bringe jedoch für verschiedene Gruppen, Klassen und Akteure unterschiedliche Folgen mit sich:

They determine who gets to use the courts and who does not, who gets to see a judge, who can insist on a trial, who can use the courts to produce favorable legal change. It is not difficult to see that the answer will tend to be corporate vs. individual cases, property vs. non-property cases, large asset cases vs. small ones, cases involving economically, organizationally, and professionally dominant actors vs. those with few resources and little power (Heydebrand 1977: 100-101).

Für Heydebrand sind es letztlich staatssozialistisch geführte Staaten wie das China der 1960er Jahre, denen es besser als staatskapitalistisch dominierten Staaten der westlichen Welt gelingen wird, sich die notwendig auftretenden organisationalen Widersprüche in einem bewussten politischen Akt zugunsten eines gesamtgesellschaftlichen Fortschritts zu Nutze zu machen.[16]

Unter dem Eindruck diverser einflussreicher Studien, die Strukturbrüche und Krisen innerhalb der spätkapitalistischen Entwicklung empirisch belegen,[17] hat sich auch die bis in die 1990er Jahre hinein noch stark marxistisch orientierte deutsche Industriesoziologie von dem geschichtsphilosophischen Erbe gelöst, auch in fortgeschrittenen kapitalistischen Gesellschaften weiterhin nach Vorboten einer baldigen proletarischen Großrevolution suchen zu müssen (Ortmann et al. 1997). Seit den 1990er Jahren ist die Zahl derjenigen Industrie- und Organisationsforscher, die an der materialistischen Gesellschaftstheorie noch grundsätzlich festhalten, stark zurückgegangen. Eine ganze Reihe von Autoren aus dem polit-ökonomischen Theorielager verwendet heute verschiedenste Theorien mittlerer und geringerer Reichweite, die als mit bestimmten Lesarten der materialistischen Gesellschaftstheorie ‚kompatibel' eingeschätzt werden können, darunter die oben bereits erwähnte Regulationsschule (Aglietta 1979), mikropolitische Ansätze (Crozier/Friedberg 1979; Küpper/Ortmann 1988) und die Giddens'sche Strukturationstheorie (Ortmann et al. 1997). Der deutsche Organisationstheoretiker Klaus Türk skizziert in den 1990er Jahren eine ‚Kritik der Politischen Ökonomie der Organisation', in der er der Organisation und den Organisationsbeziehungen eine für die Beschreibung der modernen Gesellschaft fundamentalere Stellung einräumt als dem von Marx ins Zentrum gestellten Kapital. Dazu folgendes Zitat:

> In Bezug auf die Marx'sche Theorie gehen wir vor allem von zwei Grundvorstellungen aus: (1.) Die von Marx entwickelte Theorie der kapitalistischen Produktionsweise enthält verallgemeinerbare Kategorien und Theoreme für die Analyse der Funktionsweise der modernen Gesellschaft. (2.) Im Kapitalverhältnis materialisiert sich eine allgemeinere Grundstruktur, die wir als Organisationsverhältnis bezeichnen. Für die moderne Gesellschaft folgt daraus, dass sie nicht (nur) von ihrer Ökonomie im engeren Sinne her verstanden werden kann, vielmehr ist die Konstitution der Ökonomie als ein eigenständiges gesellschaftliches Feld selbst erst der Effekt umfassender gesellschaftlicher Organisation (Türk et al. 2006: 45).

---

16   Diese von Heydebrand Mitte der 1970er Jahre getroffene Schlussfolgerung klingt zu Beginn des 21. Jahrhunderts erstaunlich aktuell.
17   Vgl. für viele Aglietta (1979); Piore/Sabel (1985); Kern/Schumann (1984).

Den Autoren zufolge hat sich seit dem Ende des Zweiten Weltkriegs in den westlichen Ländern eine historisch-gesellschaftliche Hegemonialpraxis entwickelt, die man als ,Organisationalen Neoliberalismus' bezeichnen kann. Der Vielzahl jüngerer Publikationen, in denen betont wird, dass die einzelnen Nationalstaaten unter den Bedingungen kapitalistischer Globalisierung an politischer Gestaltungskraft verlieren, halten die kritischen Forscher um Klaus Türk unter Rückgriff auf Michel Foucaults Konzepts der Gouvernementalität[18] entgegen, dass der Einfluss des Nationalstaats keinesfalls abnimmt, sondern dass man lediglich eine Verschiebung von formellen zu informellen Formen der ,Regierung' beobachten könne, in der organisationalen Prozessmustern eine strategische Rolle zukomme.[19]

Dem unkonventionellen Postmarxisten Bob Jessop zufolge unterscheidet sich der heutige ,Postfordismus' von dem bisherigen Fordismus auch und vor allem darin, dass in wachsendem Maße auch für nichtökonomische Akteure die reflexive Verfolgung von ,unternehmerischen' Strategien erheblich an Bedeutung gewonnen habe (Jessop 2002: 188). Im Kontext von nicht privatwirtschaftlichen Akteuren glaubt Jessop den Trend einer ,glurbanization' ausmachen zu können, welcher Ähnlichkeiten zum Trend der ,glocalization' bei multinationalen Unternehmen aufweise:

> While the latter term refers to firms' strategies to build global advantage by exploiting local differences, the former refers to a local, regional or national states' strategies to build global advantage by restructuring urban spaces to enhance their international competitiveness (Jessop 2002: 189-190).

Städte und Regionen, aber auch ganze Staaten unterscheiden sich Jessop zufolge hinsichtlich der relativen Effektivität und Effizienz der im Vergleich mit anderen Städten, Regionen und Staaten verfolgten ,glurbanization strategies' (Jessop 2002: 190).

Obwohl Pierre Bourdieu bei der Einführung der Grundbegriffe ,Habitus' und ,Feld' in aller erster Linie an Einzelakteure und deren strukturelle Verortung in bestimmten Mikrokosmen gedacht hat, lassen sich auch Organisationen mit der Feld-/Habitustheorie beschreiben (vgl. auch Dederichs/Florian 2004). Bourdieu demonstriert dies vor allem in seinem Beitrag zum ökonomischen Feld, in dem er den Feldbegriff nicht nur zum Zwecke der Beschreibung von Strukturen und Prozessen der nationalen Märkte (als nationales ökonomisches Feld) und deren Sekto-

---

18 Fach (2000); Foucault (2000); Lemke et al. (2000).
19 Türk et al. (2006: 294-295). Hier findet man interessante Parallelen zur eher affirmativen Governance-Literatur in den Politikwissenschaften.

ren (als ökonomische Unterfelder), sondern auch für die Beschreibung der Strukturen und Prozesse innerhalb von Unternehmen verwendet. Seiner Ansicht nach lassen sich intraorganisatorische Prozesse als politische Kämpfe zwischen Agenten beschreiben, „die dazu neigen, ihre spezifischen Interessen (die mit ihrer Position im Unternehmen zusammenhängen) als Interessen des Unternehmens hinzustellen und deren Macht sich zweifellos an ihrer Fähigkeit mißt, die Interessen des Unternehmens zum Wohl oder Übel (wie das Beispiel Henry Fords zeigt) mit ihren Interessen im Unternehmen zu identifizieren" (Bourdieu 1998: 193). Auch hier kann man also wieder auf dem jeweils erreichten Stand der organischen Teilung von Herrschaftsarbeit Oratores, Bellatores und Laboratores identifizieren.

Bourdieu beschreibt den Bürokratisierungsprozess als einen allmählichen Wandel von einem diffusen symbolischen Kapital, welches ausschließlich auf der kollektiven Anerkennung gründete (Blutadel), hin zu einem objektivierten symbolischen Kapital, welches vom Staat kodifiziert, delegiert und garantiert wird (Staatsadel). Vergleichbar mit Gott oder einem Zauberer mit unnatürlichen Kräften entwickelt sich der Staat über seine offiziellen Nominierungs- und Zertifizierungseinrichtungen nach und nach zu einer zentralen Machtinstanz, die mit Hilfe des bürokratischen und juristischen Felds einstige Leibeigene zu Bürgern, Wählern, Steuerzahlern, Eltern, Grundbesitzern usw. macht und darüber hinaus auch rechtliche Vorgaben für die legale Bildung kollektiver Akteure wie Familien, Verbände, Gewerkschaften und Parteien setzt. Anders als bei Weber wurzelt die Anerkennung der Legitimität staatlicher Aktivitäten Bourdieu zufolge aber nicht im freien Willen eines klaren Bewusstseins, sondern in einer unmittelbaren, präreflexiven Übereinstimmung zwischen den objektiven Strukturen und den körperlich eingeschriebenen Strukturen (Bourdieu 1994: 14). Die Bürokraten, die sich aus dem Interesse des Selbsterhalts einem Gesetz unterworfen haben, das ihnen untersagt, eigennützige Profite aus ihrer privilegierten Stellung zu erzielen, hatten aus Sicht Bourdieus eine Art Vorbildcharakter für die Entstehung anderer, relativ autonomer, gesellschaftlicher Felder, in denen sich die Akteure nach und nach ähnlichen Gesetzen der ‚nichtinteressierten Interessiertheit' unterworfen haben (Bourdieu 1994: 17).

2.3.3 Beraterkonsultation in Wirtschaftsunternehmen und Behörden

Die allgemeine Terminologie der Marx'schen Gesellschaftstheorie ist zwar prinzipiell abstrakt genug, um historisch neue Formen von Herrschaft begrifflich fassbar und theoretisch erklärbar machen zu können. Dennoch haben bislang nur wenige, von der Marx'schen Gesellschaftstheorie inspirierte Gesellschaftsbeobachter ernsthaft den Versuch unternommen, der spätestens seit den 1980er Jahren wachsenden quantitativen und qualitativen Bedeutung von Unternehmens- und Behördenberatungen im Besonderen theoretisch Rechnung zu tragen. Spätestens seit Mitte der 1970er Jahre sehen sich die Anhänger der Marx'schen Gesellschaftstheorie zunehmend mit dem Vorwurf konfrontiert, man sei – mit einer Marx'schen Theoriebrille auf die Welt schauend – theoretisch blind für qualitativ bedeutsame Veränderungen, die sich in westlichen Industrie- bzw. Wissensgesellschaften vollzögen (so etwa Bell 1976). Seitdem ist eine Vielzahl von Publikationen erschienen, die sich mit oder gegen Marx mit der Frage auseinandersetzen, worin das spezifisch Neue einer allenthalben vermuteten ‚New Class‘[20] liegt und wie man deren wachsende Bedeutung gesellschaftstheoretisch bzw. -diagnostisch zu bewerten habe.[21]

Im deutschsprachigen Raum zählen ein Aufsatz von Christoph Deutschmann aus dem Jahr 1993 sowie die im Jahr 2005 veröffentlichte Habilitationsschrift von Christine Resch zu den interessantesten Beiträgen im Hinblick auf die Analyse der wachsenden Bedeutung von Unternehmensberatern für die moderne Gesellschaft.[22] Typisch für beide Publikationen ist, dass sie das Bedürfnis zum Ausdruck bringen, das Phänomen ‚Unternehmensberatung‘ vor dem Hintergrund einer ‚kritischen‘ Gesellschaftstheorie zu beleuchten. Beide Autoren greifen allerdings zur Begründung signifikanter gesellschaftlicher Veränderungstendenzen auf tiefenschärfere Ansätze zurück – im Fall von Deutschmann die Kulturtheorie Pierre Bourdieus, im Fall von Resch die Regulationsschule im Gefolge von Aglietta. Dies spiegelt den bereits erwähnten allgemeinen Trend wider, dass Gesellschaftskritik in der sozialwissenschaftlichen Literatur seit den 1990er Jahren nur noch selten eng an die von Marx begründete materialistische Gesellschaftstheorie rückgebunden wird.[23]

Unter Rückbezug auf eine klassische Studie von Reinhard Bendix (1956), derzufolge im Zuge der Bürokratisierung der Unternehmen im Übergang vom 19. zum 20. Jahrhundert in zunehmendem Maße professionell konstruierte Organisationsideologien an die Stelle der bis dahin überlieferten gesellschaftsweiten Klassenideologien getreten seien, interpretiert Deutschmann die in den frühen 1990er Jahren bereits boomende Beraternachfrage von vielen größeren Unternehmen als Indiz für die unter spätkapitalistischen Produktionsbedingun-

---

20 In eben dieser angelsächsischen Doppeldeutigkeit des Class-Begriffs: Klasse (Marx) oder Schicht (Weber).

21 Vgl. Gouldner (1979); Harrington (1979); Heuberger (1992); Florida (2005).

22 Der Vollständigkeit halber zu nennen ist außerdem ein etwas ungewöhnlicher Beitrag von Steffen Böhm, der unter Rückgriff auf Walter Benjamins Arcade-Projekt ‚consulting as arcade‘ beschreibt. Vgl. Böhm (2003).

23 Vgl. im deutschsprachigen Raum Faust (2000); für den angelsächsischen Raum bereits rückblickend Fincham/Clark (2002). Den Versuch einer Revitalisierung des ‚echten‘ Marx unternehmen aktuell bspw. Bischoff/Herkommer/Hüning (2002) und Henning (2005).

gen offensichtlich notwendig gewordene Professionalisierung des Symbol-managements von Unternehmen. Nachdem man Berater lange Zeit fast aus-schließlich zur Unterstützung bei der ökonomischen Rationalisierung von Un-ternehmen eingesetzt habe, greife man in letzter Zeit verstärkt auf die von sozialwissenschaftlich informierten Unternehmensberatern ebenfalls angebotene Dienstleistung der Funktionalisierung von ‚Werten' zurück, von welcher man sich eine „Reihe von für den Unternehmenserfolg als nützlich erachteten[.] Wir-kungen – Orientierung und Motivierung der Beschäftigten, Selbstdarstellung von Profilierung des Unternehmens auf den Märkten und in der Öffentlichkeit, Imagepflege in Umweltfragen u. a." (Deutschmann 1993: 68) erhoffe. Deutsch-mann zufolge greifen vor allem die „publikumsscheuen, sozialwissenschaftlich meist gar nicht vorgebildeten und von der täglichen Routinearbeit belasteten Ma-nager" (Deutschmann 1993: 69) größerer Unternehmen in zunehmendem Maße auf die externen und internen Beratungsdienstleistungen sozialwissenschaftlich informierter Kommunikationsexperten zurück. Trotz eines Verweises auf die be-sonderen Stärken der Feld-/Kapital-/Habitustheorie von Pierre Bourdieu für die Beschreibung von spätkapitalistischen Phänomenen wie der Unternehmensbera-tung versucht Deutschmann abschließend, das Phänomen der wachsenden Be-deutung der Beraterbranche letztlich aber doch unter Rückgriff auf die Marx'sche Terminologie erklärbar zu machen. Zunächst einmal habe das von Beratern kommunizierte Wissen nicht nur – wie klassische Ideologien – legitimatorische, sondern unmittelbare Funktionen für die Verwertung von Kapital – und sei damit Wissen in Warenform.[24] Wie jede Ware habe auch Beraterwissen nicht nur einen Tausch-, sondern auch einen Gebrauchswert. Dieser bestehe darin,

> dass es, wenn auch bei weitem nicht in dem von seinen Promotoren behaupteten Maße, Sprachregelungen für Kommunikationen in der Wirtschaft liefert und insoweit zur Konstruktion sozialer Wirklichkeit beiträgt. Ebenso sicher ist aber auch, dass diese Sprachregelungen nicht nur dem manifesten Wortlaut nach verstanden, sondern auch auf ihre latenten Funktionen und Wirkungen hin untersucht werden müssen (Deutsch-mann 1996: 80).

Der spätere Deutschmann (1996) macht die Unternehmensberater dafür mitver-antwortlich, dass sich die ohnehin bereits beschleunigte Abfolge von Rationali-sierungsmythen im Spätkapitalismus noch weiter beschleunigt.

Während Deutschmann also – vermittelt über Bendix, Bourdieu und einige weitere, an Weber anknüpfende Autoren – Elemente der bislang als ‚bürgerlich'

---

24   Drei Jahre später zählt Deutschmann Berater zu den ‚neuen Mandarinen' der postfordistischen Rationalisierungsbewegung. Vgl. Deutschmann (1996: 163).

kritisierten konstruktivistischen bzw. funktionalistischen Soziologie in sein zumindest noch terminologisch an Marx angelehntes Erklärungsmuster übernimmt,
geht Christine Resch noch einen Schritt weiter und stellt in ihrer Habilitationsschrift die für orthodoxe Anhänger der materialistischen Gesellschaftstheorie vermutlich nicht weniger kontroverse These auf, dass sich die spätkapitalistische Gesellschaft im Zuge der Überwindung der ‚Krise des Fordismus' in einen Berater-
Kapitalismus verwandelt habe. Die eigentliche herrschende Klasse bestehe um die
Jahrtausendwende nicht mehr aus den noch langfristig denkenden und auf inner-
familiäre Vererbbarkeit des Familienbetriebs bedachten Unternehmenspatriarchen,
aber eben auch nicht mehr aus dem Zweier-Gespann Aktionär-Manager, in dem
für die Erwirtschaftung realer Unternehmensrenditen zumindest noch ein mittel-
fristiger Planungs- und Investitionshorizont in beiderseitigem Interesse lag, sondern aus einem ‚Herrschaftsdreieck' aus Großaktionären, Managern und Beratern,
die einen reelle Güter produzierenden Betrieb nur noch als kurzfristiges Projekt
bzw. als Ware behandelten (Resch 2005: 263ff.). In diesem Herrschaftsdreieck
seien zunehmend die Berater zu der eigentlich herrschenden Klasse geworden.

> [Manager] sind , und das nur zum Teil, Nutznießer wie die Aktionäre auch. Die struk-
> turellen Veränderungen werden von Beratern betrieben: Das fängt mit der Politik der
> Banken und der dazugehörigen Investmentberatung an, wird von Unternehmensbera-
> tungen in den Betrieben umgesetzt und reicht bis zum Coaching für Manager, die
> selbstbewusstes Auftreten für die PR-Arbeit lernen und ihre ‚Führungstalente' schulen
> müssen. Die strategischen Entscheidungen treffen derweil die Berater. Wenn das zu-
> trifft, ist es treffender, von ‚Beraterherrschaft' zu reden, von Berater-Kapitalismus
> (Resch 2005: 83).

Dass die Berater diese herausgehobene Herrschaftsposition erhalten konnten,
erklärt sich Resch damit, dass die (Groß-) Aktionäre nach einer Möglichkeit gesucht hätten, die Manager (wieder) stärker unter ihre Kontrolle zu bringen und
dass sie so nach und nach den Beratern immer mehr Bereiche zugänglich gemacht hätten. Dazu ein etwas längeres Zitat:

> Mit Beratung wird fortgesetzt, was mit der Erfindung der Manager begonnen hat: eine
> Arbeitsteilung innerhalb der Kapitalfraktion, durch die Positionen geschaffen werden,
> die zwischen ‚unten' und ‚oben', aber auch zwischen verschiedenen Fraktionen ‚oben'
> vermitteln. Wie ich schon argumentiert habe, war Beratung ein Vehikel, um Manager
> zu entmachten oder sie für eine Veränderung, die gegen ihre traditionellen Interessen
> gerichtet war, zu gewinnen. [...]
> Manager reagieren auf ihre Entmachtung, indem sie die Berater zu Hilfe holen und
> sie für die Entscheidungen, die aus diesen Projekten resultieren, verantwortlich ma-
> chen. Weil diese aber in aller Regel von den Vorschlägen der Berater abweichen und
> ursächlich Verbindungen zwischen den Ratschlägen und dem (Miss-) Erfolg einer Un-
> ternehmensstrategie nicht herzustellen sind, schadet das auch Beratern nicht. [...]

> Es ist damit gelungen zu verstärken, was schon im Manager-Kapitalismus angefangen hat: Herrschaft zu anonymisieren. [...] In diesem ‚Herrschaftsdreieck' kann jede Gruppierung darstellen, dass sie nicht will, was geschieht, sondern sich nur damit arrangiert (Resch 2005: 268).

Resch zufolge wird der Wandel weg vom Manager- und hin zum Berater-Kapitalismus auch in der Politik und Verwaltung sichtbar. Sofern man den Staat und seine Exekutivorgane unter kapitalistischen Bedingungen aus materialistischer Perspektive überhaupt akzeptieren kann, dann als „geronnener Klassenkompromiss" (Resch 2005: 224). Unter den Bedingungen des Manager-Kapitalismus sei die beherrschte Klasse noch damit pazifiziert worden, dass die fordistische Politik- und Verwaltungsform nicht ausschließlich der herrschenden Klasse zuarbeitet, sondern sich mit einer entsprechenden Arbeits- und Sozialpolitik auch um die Folgen kümmert, die das jeweilige Akkumulationsregime verursacht. Politik sei damals zwar auch schon beraten worden, aber primär in der Form mehr oder weniger objektiver wissenschaftlicher Gutachten. Mit dem Übergang zum Berater-Kapitalismus habe jedoch ein sukzessiver „Ausverkauf der Politik an die Wirtschaft" (Resch 2005: 225) Einzug gehalten:

> Die Beratung von Politik findet jetzt in Form von Kommissionen statt, die Regierung und Oppositionsparteien einsetzen, deren Vorschläge dann einerseits übernommen und andererseits modifiziert werden. Die Politik, die daraus folgt, ist kaum noch einer Partei zuzuordnen, sondern wird der Kommission zugeschrieben, die sich freilich auch davon distanziert (Resch 2005: 224-225).

Dass in diesen demokratisch nicht legitimierten Kommissionen meist auch private Unternehmensberater sitzen, ist Resch zufolge ein Zeichen dafür, dass es den Beratern nicht nur in der Privatwirtschaft, sondern auch in der Politik gelungen ist, sich lukrative (Folge-) Aufträge zu verschaffen. Noch schwerwiegender sei jedoch, dass es den Beratern über die zunehmende Beteiligung an neuen Formen der Politik- und Verwaltungsberatung nach und nach auch gelungen sei, die politischen Bedingungen für die Errichtung eines Akkumulationsregimes herzustellen, welches ‚Berater' zur hegemonialen Wirtschaftsfraktion werden ließ (Resch 2005: 225). Vor diesem Hintergrund beurteilt Resch auch die vermeintlichen Erfolge der unter dem Label ‚New Public Management' eingeleiteten Schritte zu einer Verwaltungsmodernisierung überwiegend negativ. Entgegen den Ankündigungen habe sich der Grad an Bürokratisierung und Standardisierung von öffentlichen Aufgaben im Zuge der Einführung der Kosten- und Leistungsrechnung und zahlreicher anderer, über Berater aus der Privatwirtschaft eingeführten Managementtechniken im Vergleich zu Zeiten des Manager-Kapitalismus eher noch erhöht. Was auf der Ebene von Fachpersonal durch Einführung von bürokratischen Controlling- und Qualitätsmanagement-Techniken an Kosten eingespart werden konnte, sei durch die zusätzlichen Ausgaben für Verwaltung, Controlling und Beratung auf höherer Hierarchieebene wieder (mehr als) aufgefressen worden. Besonders gravierend sei aber, dass unter den Bedingungen des Berater-Kapitalismus eine Verwaltungsform entstehen konnte, die die einstige Trennung von Fach- und Verwaltungslogik zugunsten der Verwaltungslogik aufgehoben habe. Vermittels bürokratischer Controlling- und Evaluierungs-Instrumente würden Ressourcenzuteilungen nunmehr an fachliche Leistungen gebunden:

> Auf die Inhalte wirken damit nicht mehr das Selbstverständnis und die Normen der jeweiligen Profession zurück, sondern (pseudo-) marktförmige Vorgaben: Kriterien von Verwertbarkeit und Menge des ‚Output'. [...] Was als ‚Leistung', ‚Qualität' und ‚Exzellenz' allgegenwärtig ist, heißt nicht mehr, als Arbeit zu ‚beschleunigen' – mit den bekannten Folgen. In der Wissenschaft ist es offensichtlich, dass ‚Schnelligkeit' dem Nachdenken nicht zuträglich ist. [...] In der Sozialarbeit ist es unter solchen Vorgaben rational, ‚schwierige Fälle' an andere Einrichtungen zu verweisen. [...] Es wäre leicht möglich, die Konsequenzen solcher Reformen für die verschiedenen Einrichtungen – Universitäten, Sozialarbeit, Krankenhäuser, Museen usw. – durchzubuchstabieren (Resch 2005: 223-224).

Der für gesellschaftliche Positionierungschancen wichtigste Kampf findet Bourdieu zufolge im Feld der Macht statt. Hier geht es um nichts weniger als darum, jeweils neu „den Wert und die relative Stärke unterschiedlicher Formen von Macht festzulegen, die sich in den verschiedenen Feldern auswirken kann" (Bourdieu 2004: 322). In Anlehnung an Durkheim, Weber und Marx spricht Bourdieu auch von einer ‚organischen Solidarität in der Teilung der Herrschaftsarbeit', die dem Kampf aller gegen alle unter den Herrschenden eine historisch jeweils neu zu erkämpfende Grenze setzt (Bourdieu 1991a: 77). Bourdieu sieht in der historisch beobachtbaren Tendenz weg von einem rein ‚familiären Reproduktionsmodus' hin zu einem ‚Reproduktionsmodus mit schulischer Komponente' (Bourdieu 1991a: 77) und der Ausbildung relativ autonomer Felder eine keinesfalls umkehrbare, gesellschaftshistorische Tendenz der Realisierung einer ‚Realpolitik der Vernunft', die feldspezifisch das Universelle und Autonome gegenüber dem Partikularen und Fremdbestimmten[25] fördert (Bourdieu 1991b: 51ff.). Aufgrund der zunehmend komplexer gewordenen Tei-

---

25 Bourdieu schließt hier an postmoderne Lesarten des von Gramsci entwickelten Konzepts der ‚kulturellen Hegemonie' an, wonach ‚radikale Demokratie' darin ihre Verwirklichung findet, dass zwei extreme Diskurspfade vermieden werden: Totalitarismus eines einzigen hegemonialen Projekts oder die pluralitätsbedingte Abwesenheit jeglichen gemeinsamen Bezugspunkts. Vgl. Laclau/Mouffe (2001: 188).

lung der Herrschaftsarbeit habe sich jedoch im Umfeld von Wirtschaft, Politik und Massenmedien eine spezifische Form von ‚technokratischer Herrschaft'[26] herausgebildet, die dazu führe, dass

> die Künstler, Schriftsteller und Wissenschaftler immer vollständiger von der öffentlichen Debatte ausgeschlossen werden, selbst und gerade dann, wenn es um Angelegenheiten ihres Ressorts geht; und das, paradoxerweise zur einer Zeit, wo gewisse Leute (Technokraten, Journalisten, Meinungsforscher, Marketingberater usf.) sich mehr und mehr ‚intellektuelle' Autorität anmaßen, um politischen Einfluss auszuüben (Bourdieu 1991b: 58).

Bourdieu erwähnt die Berufsgruppe der Unternehmensberater eher am Rande, rechnet sie aber sicherlich zu denjenigen hinzu, die seiner Ansicht nach eine technokratische Herrschaft ausüben, welche die relative Autonomie nicht nur der kulturellen Felder, sondern womöglich auch des politischen, juristischen und bürokratischen Felds bedrohen. Diese Entwicklung sei angesichts der Bildungsexpansion der letzten Jahrzehnte durchaus erklärbar, sei doch die Anzahl derjenigen gewachsen, die innerhalb der jeweiligen kulturellen Felder nur noch wenig Karriereperspektiven zu erwarten haben und nun mittels externer Verbündeter als ‚trojanische Pferde' den bislang relativ auto-nomen Feldern die Gesetze anderer Felder aufzuzwingen versuchen.[27] Auch hier könnte man sicherlich, ohne Bourdieu zu verfälschen, Unternehmensberater als einflussreiche Agenten der Heterodoxie bezeichnen. Anfang der 1990er Jahre erhofft sich Bourdieu von einem noch zu schaffenden ‚großen kollektiven Intellektuellen' eine Gegenmacht, die imstande sein könnte, der von ihm beobachteten Tendenz der wirtschaftlich und politisch gewollten, allmählichen Entautonomisierung der kulturellen Felder Einhalt zu gebieten:[28]

---

26   Zum erhöhten Risiko einer Re-Totalisierung eines einzigen hegemonialen Projekts bereits Laclau/Mouffe: „We see then, paradoxically, that it is the very logic of openness and of the democratic subversion of differences which creates, in the societies of today, the possiblity of a closure far more radical than in the past: to the extent that the resistence of traditional systems of differences is broken, and indeterminacy and ambiguity turn more elements of society into ‘floating signifiers’, the possibility arises of attempting to institute a centre which radically eliminates the logic of autonomy and reconstitutes around itself the totality of the social body [...]: the logic of totalitarianism" (Laclau/Mouffe (2001: 186). Auf organisationstheoretische Fragestellungen angewandt: Böhm (2006).

27   Smith beschreibt detailliert, wie sich in den USA seit den 1970er Jahren eine ‚new policy elite' etabliert hat. Er unterscheidet fünf Gruppen: 1) ‚scholar-statesman', 2) ‚policy specialists', 3) ‚policy consultants', 4) ‚government experts' und 5) ‚policy entrepreneurs'. Siehe Smith (1991: 223-225).

28   Trotz aller sonstigen Unterschiede zeigen sich in diesen Implikationen deutliche Parallelen zur Perspektive des deutschen Sozialphilosophen Jürgen Habermas. Letzterer geht davon aus, dass ohne das zumindest gelegentliche Zur-Geltung-Kommen der von ‚autonomen Öffentlich-

Dieses Netzwerk, über seine eigenen Ausdrucksorgane verfügend, könnte sich gegen alle Attacken auf die Autonomie der intellektuellen Welt und insbesondere gegen alle Formen des Kulturimperialismus mobilisieren; es könnte daran arbeiten, die Fundamente für einen wahrhaften Kulturinternationalismus zu legen, mit dem Ziel, die Protektionismen und Partikularismen zu überwinden, indem es speziell dafür Sorge trüge, dass die je spezifischsten Errungenschaften einer jeden nationalen Tradition zur Universalität gelangten (Bourdieu 1991b: 61-62).

Der späte Bourdieu der ‚Gegenfeuer' sieht den wenige Jahre zuvor noch als äußerst mächtig beschriebenen Staat angesichts der Globalisierung der Finanzmärkte bereits als weitgehend entmachtet und kommt folglich nicht nur zu einer anderen Einteilung der sozialen Welt,[29] sondern auch zu einer anderen politischen Schlussfolgerung: die Notwendigkeit einer Vereinigung von ansonsten so verschiedenen Gruppen wie Wissenschaftlern und Aktivisten.[30]

Ein im Zusammenhang mit Unternehmensberatern interessanter letzter Aspekt der Bourdieuschen Theorie findet sich in Bourdieus spezifischer Rezeption der Weberschen Herrschaftssoziologie (vgl. Bourdieu 2004: 467f.). Wenn es stimmt, dass jede weltliche Macht unter den spezifischen Bedingungen einer organischen Solidarität in der Teilung der Herrschaftsarbeit zur Erlangung bzw. Aufrechterhaltung der Legitimität ihrer Machtausübung gelegentlich auf glaubwürdige Weihen durch als zumindest noch relativ autonom gedachte Weihende angewiesen bleibt, dann gilt dies womöglich nicht nur für politische Akteure, die sich bspw. von Unternehmensberatern weihen lassen, sondern auch für die Unternehmensberater selbst. Letztere, so eine weniger von Bourdieu selbst als vom Verfasser abgeleitete These, müssen sich zumindest gelegentlich die Legitimität bzw. ‚Wissenschaftsnähe' ihrer Beraterexpertise[31] von solchen Wissenschaftlern bestätigen lassen, denen man als nichtwissenschaftlicher Beobachter noch abnimmt, dass sie die Weihung unter relativ autonomen Bedingungen – also nicht ausschließlich gegen gutes Geld – vorgenommen haben.

---

keiten' (Medium ‚Solidarität') erzeugten, sozialintegrativ (und nicht funktional-integrativ) wirkenden Formen kommunikativer Rationalität nach und nach auch die Legitimität der kapitalistischen Marktwirtschaft (Medium ‚Geld') und des bürokratischen Staats (Medium ‚Macht') erodieren würde. Vgl. Habermas (1994: 126) und Habermas (1998: 125ff.).

29 Laut dem späten Bourdieu: Verwalter großer internationaler Anlageeinrichtungen (oratores), Manager und leitende Angestellte bzw. internationale Kommunikationsagenturen (bellatores) und Arbeitnehmer mit prekarisiertem Habitus (laboratores). Vgl. Bourdieu (2001c: 52-53).

30 „Den zugleich ökonomischen und intellektuellen Kräften und ihrer Armeen von Consultants, Experten und Juristen wird einzig und allein eine europäische soziale Bewegung etwas entgegensetzen können ..." (Bourdieu 2001d: 73).

31 Es ist eine Frage der Empirie, ob sich die These des Verfassers halten lässt, dass für die individuellen Aufstiegschancen eines Beraters ein ‚feiner Unterschied' zwischen einem (durch Geld und Sitzfleisch erworbenem) M.B.A.-Abschluss und einem (als wissenschaftsnäher geadelten) PhD-/ Doktortitel besteht. Das Alter dürfte vermutlich eine wichtige intervenierende Variable sein.

Zusammenfassend lässt sich sagen, dass sich auch die an Marx anknüpfende klassentheoretisch-(post)marxistische Perspektive – hierin der ökonomischen Public-Choice-Literatur nicht unähnlich – zunächst einmal schwer getan hat, die gesellschaftliche Sphäre der Politik als gegenüber der Basis-Sphäre der Ökonomie ,relativ autonom' zu denken. Während sich aber innerhalb der (institutionen-) ökonomischen Perspektive mit der Agentur- und vor allem der Transaktionskostentheorie eine mikrotheoretische und zunehmend auch rationalitätskritische Theorie der Unternehmung entwickeln konnte, beschreiben die Neo- und Postmarxisten mangels einer entsprechend ausgereiften Organisationstheorie Betriebe weiterhin als physischen Ort kapitalistischer Klassenantagonismen. Sofern Behörden überhaupt Gegenstand (post-) marxistischer Analysen werden, werden entweder – wie bei Heydebrandt – die ungleichheitsverstärkenden Wirkungen kapitalistisch-staatlicher Interventionen oder aber – wie bei Resch und bei Bourdieu – die Fragilität der historisch bereits erreichten ,relativen Autonomie' der Politik bzw. Bürokratie von der ökonomischen Basis betont. Die vermehrte Beteiligung von (Unternehmens-) Beratern an gesellschaftlich folgenreichen Entscheidungen wird mindestens als Zeichen dafür gedeutet, dass die ökonomisch herrschende Klasse im Kampf um Herrschaftsausbau (Resch) bzw. um Rückeroberung der historisch partiell an Herrschende anderer Felder verlorenen Definitionsmacht (Bourdieu) einen neuen, kulturell mächtigen Verbündeten gefunden hat.

2.3   Sozialanthropologisch-(system-)funktionalistische Perspektive

Neben der (institutionen-) ökonomischen und der (post-) marxistischen Perspektive hat die Sozialwissenschaft im 20. Jahrhunderts noch (mindestens) ein weiteres ,großes' Paradigma hervorgebracht, aus dem heraus seit den 1960er Jahren auch einige Beiträge zur Beschreibung und Erklärung des Phänomens ,Unternehmensberatung' entstanden sind: der sozialanthropologisch informierte, soziologische (System-) Funktionalismus. Zu den einflussreichsten frühen Vertretern des sich im Laufe des 20. Jahrhunderts ausdifferenzierenden sozialanthropologisch-(system-) funktionalistischen Paradigmas zählen Emile Durkheim, Bronislaw Malinowski und Alfred R. Radcliffe-Brown. Obwohl bereits Comte und Marx die Religion im Hinblick auf deren (Dys-) Funktionalität für Ordnung und Fortschritt analysiert haben, entfaltet erst Emile Durkheim in Auseinandersetzung mit den Ergebnissen früher Studien der Anthropologie bzw. Ethnologie ein umfassendes religionssoziologisches Werk, das für die weiteren Entwicklungen sowohl auf dem Gebiet der Sozialanthropologie als auch auf dem Gebiet des soziologischen (System-) Funktionalismus wegweisend geworden ist.

Während frühere Anthropologen noch versucht haben, die Durchführung bestimmter religiöser bzw. magischer Riten und Zeremonien in primitiven Völkern durch Verweis auf deren materielle oder hygienische Vorteilhaftigkeit zu erklären, geht Emile Durkheim (1994) davon aus, dass Riten und Zeremonien immer auch – womöglich sogar in erster Linie – einen funktionalen Beitrag zum Erhalt und zum in periodischen Abständen notwendig werdenden Wandel[1] der Solidarität gesellschaftlicher Gruppen leisten. Dazu folgendes längeres Zitat:

> Wenn wir in der Religion eine im wesentlichen soziale Sache sehen, so wollen wir keinesfalls sagen, dass sie sich begnügt, die materiellen Formen der Gesellschaft und ihre unmittelbaren Vitalinteressen in eine andere Sprache zu übersetzen. Wir sind ohne Zweifel davon überzeugt, daß das soziale Leben von seinem Substrat abhängt und von ihm geprägt wird, genauso wie das geistige Leben des Individuums vom Gehirn und sogar vom ganzen Organismus abhängt. Aber das kollektive Bewusstsein ist etwas anderes als eine einfache abgeleitete Erscheinung seiner morphologischen Basis, so wie das individuelle Bewusstsein etwas anderes ist als eine einfache Effloreszenz des Nervensystems. Damit das kollektive Bewußtsein auftaucht, muß eine Synthese sui generis der einzelnen Bewußtseine entstehen. Diese Synthese hat aber die Wirkung, eine ganze Welt von Gefühlen, Ideen und Bildern hervorzubringen, die, wenn sie einmal vorhanden sind, Gesetzen gehorchen, die ihnen eigen sind. Sie ziehen sich an, sie stoßen sich ab, sie vereinigen sich, sie teilen sich, sie vermehren sich, ohne dass alle diese Verbindungen durch den Zustand der darunterliegenden Wirklichkeit direkt befohlen oder genötigt würden. Dieses derartig erzeugte Leben genießt sogar eine so große Unabhängigkeit, dass es sich manchmal ohne Ziel, ohne Nutzen offenbart, einfach aus Freude am Dasein (Durkheim 1994: 567).

Durkheim ebnet in der soeben zitierten Passage den Weg für all jene späteren Kultur- und Sozialtheoretiker, die im Bereich des Kulturellen und Sozialen funktionalistische Erklärungen jenseits biologisch-psychologisch-ökonomischer Reduktionismen bzw. marxistischer Kulturdeterminismen für (weiterhin) möglich oder gar für einzig gegenstandsadäquat erachten. Der Sozialanthropologe Radcliffe-Brown greift Durkheims Ideen auf und formuliert das erste funktionalistische Paradigma der Sozialanthropologie,[2] mit dem sich später direkte Schüler wie Max Gluckman und Victor Turner konstruktiv-kritisch auseinandersetzen. Innerhalb dieser britischen Tradition der Sozialanthropologie spielt der Begriff ‚Ritual' eine zentrale Rolle.[3] Laut Wulf und Zirfas sind Rituale 1. kommunitär, 2. stabilisatorisch,

---

1   Dazu folgendes Zitat: „Alles führt uns also auf den gleichen Gedanken zurück: die Riten sind vor allem die Mittel, mit denen sich die Gruppe periodisch erneuert" (Durkheim 1994: 520). Nahezu zeitgleich hat auch der Kulturanthropologe Arnold van Gennep ein ähnliches Konzept entwickelt, auf dessen theoriegeschichtliche Weiterentwicklungen im Exkurs weiter unten noch eingegangen werden wird.

2   Auf dieses kann an dieser Stelle aus Relevanzgründen nicht näher eingegangen werden. Vgl. aber: Radcliffe-Brown (1966); Dombrowski (1976).

3   Bereits rückblickend: Moore/Myerhoff (1977).

3. identifikatorisch-transformatorisch, 4. gedächtnisstiftend, 5. kurativ-philoso-
phisch, 6. transzendent-magisch und 7. differenzbearbeitend (Wulf/Zirfas 2004:
18). Mit dem Konzept der ‚doppelten Kontingenz' beschreibt dagegen der von
Malinowski inspirierte Soziologe Talcott Parsons, wie man sich die von Durkheim
behauptete ‚Synthese sui generis der einzelnen Bewusstseine' und die Emergenz
des ‚kollektiven Bewusstseins' konkreter vorstellen kann (vgl. Parsons 1937).[4] In
den späten 1950er Jahren entsteht hierauf aufbauend Parsons' analytischer AGIL-
Systemfunktionalismus, dessen theoriebautechnische Schwächen wiederum der
Ausgangspunkt für die Bestrebungen des deutschen Soziologen Luhmann werden
sollten, eine funktional-strukturelle Theorie autopoietischer Systeme zu entwickeln. Aus Platz- und Relevanzgründen muss die Rezeption der Werke dieser
Funktionalisten im Folgenden notwendig hochselektiv erfolgen.

2.3.1 Wirtschaft und Politik

Das Werk von Talcott Parsons erstreckt sich über mehrere Jahrzehnte und durch-
läuft zudem mehrere Werkperioden. Sofern es ihm theoriebautechnisch sinnvoll
erscheint, revidiert Parsons in späteren Arbeiten durchaus einige Einteilungen
und Argumentationen seiner früheren Arbeiten. Die folgenden Überlegungen ori-
entieren sich an der Parsons-Interpretation von Harald Wenzel, demzufolge die
eigentliche Blütezeit der Parsons'schen Gesellschaftstheorie in der Zeit zwischen
der systemfunktionalistischen Wende und den späten von der Kybernetik beeinflussten Arbeiten liegt.[5] Zunächst einige Bemerkungen zu Parsons' AGIL-
Paradigma allgemein. Im Anschluss erfolgt dann eine Konkretisierung auf die
Subsysteme ‚Wirtschaft' und ‚Politik'. Ähnlich selektiv soll im Anschluss hieran
auch jeweils Luhmanns Alternativbeschreibung vorgestellt werden.

Das Parsons'sche Vier-Funktionen-AGIL-Schema ist streng hierarchisch
pyramidal angeordnet. Auf oberster Ebene findet man das Allgemeine Handlungssystem mit seinen vier Subsystemen Verhaltenssystem (A), Persönlich-
keitssystem (G), Sozialsystem (I) und Kultursystem (L). In der Parsons'schen
Logik lassen sich auf der Ebene dieser vier Subsysteme des allgemeinen Hand-

---

4 Ab Mitte der 1950er Jahre entwickelt Erving Goffman eine ritualtheoretisch informierte, mi-
   krosoziologische ‚Interaktionsethologie'. Vgl. Goffman (1982); Goffman (2001).
5 Vgl. ähnlich: Wenzel (1990: 437ff.). Die vom Verfasser gewählte Beschränkung der Rezeption von Parsons' Theorien auf die mittlere Werkphase des Systemfunktionalismus bedeutet im
   Folgenden die Ausblendung von Konzepten, der früheren Phase einer voluntaristischen Hand-
   lungstheorie und der späten Phase eines ‚kybernetisch angereicherten' Systemfunktionalismus zugerechnet werden können.

lungssystems jeweils erneut vier Subsysteme analytisch (!) im Hinblick auf deren jeweilige AGIL-Funktionalität unterscheiden, auf der darunterliegende Ebene jeweils erneut vier Subsysteme usf.. Zur Stabilisierung des sich – Parsons zufolge – mittelfristig immer wieder einstellenden harmonischen, gesamtsystemischen Gleichgewichtszustands können sowohl zwischen den Subsystemen innerhalb einer hierarchischen Ordnungsebene als auch zwischen den Subsystemen verschiedener hierarchischer Ordnungsebenen regulative Austauschprozesse stattfinden.[6] Im Falle des Sozialsystems als integrativem Subsystem des allgemeinen Handlungssystems und der ihm hierarchisch untergeordneten Sub(sub)systeme handelt es sich Parsons zufolge vorwiegend um Tauschprozesse mittels der symbolisch generalisierten Austauschmedien Geld, Macht, Einfluss und Wert-Commitment. Diese Austauschmedien kommen vorzugsweise – aber nicht ausschließlich – innerhalb der jeweiligen Subsysteme des Sozialsystems, namentlich dem Wirtschaftsystem (A), dem Politiksystem (G), der Gesellschaftlichen Gemeinschaft (I) und dem Gesellschaftlichen Treuhandsystem (L), als Input- oder Output-Faktoren zum Einsatz. Parsons entwickelt die Austauschmedien Macht, Einfluss und Wert-Commitment in starker Anlehnung an die in der Ökonomie gängige Vorstellung der Zirkulation des Mediums Geld. Dies führt theoriebautechnisch zu einer erwähnenswerten Kuriosität: damit das übergeordnete Sozialsystem seine integrative Funktion für das allgemeine Handlungssystem erfüllen kann, dürfen die Austauschmedien selbst als zentrale Regulationsmechanismen auf Sub(sub-)Systemebene des Sozialsystems keinen systematischen und länger anhaltenden Inflations- bzw. Deflationstendenzen unterliegen. Andernfalls könnte das Allgemeine Handlungssystem selbst dauerhaft in einen Ungleichgewichtszustand fallen. Bei dem noch relativ leicht quantifizierbaren Austauschmedium Geld ist dies noch relativ gut nachvollziehbar. Da in Parsons' Medientheorie jedoch prinzipiell jedes der vier oben erwähnten Austauschmedien subsystemübergreifend als Inputfaktor für die ‚Genese' eines anderen für das jeweiligen Subsystem (situativ) essentiell anderen Austauschmediums werden kann, muss vom Bezugspunkt Sozialsystem aus gesehen eine Art symmetrische Nullsummenkonstanz in der gesellschaftsweiten Effektivität der vier Austauschmedien vorausgesetzt werden. In Parsons' Vier-Funktionen-AGIL-Paradigma erfüllt das Subsystem ‚economy' des Sozialsystems die Adaptations-Funktion, das Subsystem ‚polity' dagegen die Goal-Attainment-Funktion. Wie

---

6   Damit potenziert sich auch mit jeder neuen Hierarchieebene die Gesamtzahl der potentiell für ein fokales AGIL-Schema austauschrelevanten anderen Schemata: 4 hoch Anzahl der Ebenen. Dies kann bei komplexeren Analysen schnell zur Unübersichtlichkeit führen und eine (unsystematische ?) Auswahl erforderlich machen.

oben bereits erwähnt werden in Parsons' Gesellschaftstheorie für die Stabilisierung der inneren (Gleichgewichts-) Ordnung eines Sozialsystems als Ganzes neben der ‚economy' (A) und ‚polity' (G) immer auch die funktionalen Beiträge der Gesellschaftlichen Gemeinschaft (I) sowie des Gesellschaftlichen Treuhandsystems (L) benötigt. Zur ‚societal community' als das für die Integration zuständige Subsystem schreibt Parsons:

> Perhaps the most general function of a society community is to articulate a system of norms with a collective organization that has unity and cohesiveness. Following Weber, we call the normative aspect the system of legitimate order, the collective aspect is the societal community as a single, bounded collectivity. Societal order requires definiteness and clarity of integration in the sense, on the one hand, of normative coherence and, on the other hand, of societal 'harmony' and 'coordination'. Moreover, normatively-defined obligations must on the whole be accepted while conversely collectivities must have normative sanction in performing their functions and promoting their legitimate interests. Thus, normative order at the societal level contains a 'solution' of the problem posed by Hobbes, of how human relations can be prevented from degenerating into a 'war of all against all' (Parsons 1969a: 40-41).

Die normative Ordnung auf der Ebene des Sozialsystems ist in Parsons' Gesellschaftstheorie also eine Art ‚invisible hand', welche in sich entwickelnden Gesellschaften von Moment zu Moment aufs Neue quasi-automatisch sicherstellt, dass die Gesellschafts- oder Organisationsmitglieder über kurz oder lang jeweils diejenigen normativen Muster internalisieren, die für die Effektivität der Aufgabenerfüllung in den verschiedenen Sub(sub-)Systemen jeweils notwendig sind. Wo dies (temporär) nicht gelingt, kommt es zu abweichendem Verhalten, das in bestimmten (Sub-) Systemen zu entsprechenden, medial vermittelten Anpassungsleistungen führt.

Die Funktion des gesellschaftlichen Subsystems ‚economy' liegt Parsons zufolge darin, mittels Einsatz von entsprechenden Produktionsmitteln, abhängig von den in den drei anderen gesellschaftlichen Subsystemen erreichten Entwicklungsniveaus, eine aus gesamtgesellschaftlicher Sicht optimale Versorgung aller anderen gesellschaftlichen(Sub-) Subsysteme mit Gütern und Dienstleistungen zu gewährleisten. Im Gegensatz zur ökonomischen Neoklassik gehen Parsons und Smelser nicht davon aus, dass sich das gesamtgesellschaftlichen Nutzenmaximum automatisch dadurch einstellt, dass jeder Einzelne danach strebt, seinen individuellen Nutzen zu maximieren (Parsons/Smelser 1956: 21ff.). In Anlehnung an Alfred Marshalls vier Produktionsfaktoren weisen Parsons und Smelser dem Subsystem ‚economy' nach der AGIL-Logik selbst vier Subsysteme zu: das ‚Capitalization and Investment' Subsystem (A), das ‚Production'-Subsystem, in dem auch Distribution und Absatz eingegliedert sind (G), das

‚Organizational' Subsystem, das die ‚Entrepreneurial Function' erfüllt (I) und schließlich das economy-spezifische Werterhaltungs-Subsystem (L), dessen Funktion es ist, der ‚economy' ein relativ stabiles Muster der Kontrolle über die ‚rent factors' im Produktionsprozess zu liefern (Parsons/Smelser 1956: 40f.). Die ‚economy' differenziert sich aufgrund von Konsumentenbedürfnissen und Erfordernissen nach Material und Arbeit in verschiedene Branchen. Darüber hinaus segmentiert sie sich in Unternehmen und Betriebe (Parsons/Smelser 1956: 45). Produktionsorganisationen in diesem letzteren Sinne sind eigenständige soziale Einheiten, deren Ziele (G) zwar durch die ‚economy' vordefiniert sind, deren Bestand aber auch von der Erfüllung anderer Funktionen abhängig ist. Näheres zu Parsons' Organisationstheorie weiter unten.

Parsons hat – im Vergleich zu Luhmann – einen relativ weit gefassten Begriff des Politischen:

> We treat a phenomenon as political in so far as it involves the organization and mobilization of resources for the attainment of the goals of the collectivity of reference. Thus, business firms, universities, and churches have political aspects. In the development of modern societies, however, government has increasingly become differentiated as a specialized organ of the society that is at the core of the polity and is distinct from the societal community (Parsons 1969b: 45).

Erst in der modernen Gesellschaft bildet sich Parsons zufolge nach und nach ein besonderes Organ aus, welches auf die Organisation und Mobilisierung bestimmter für Nationalgesellschaften essentieller Ressourcen funktional spezialisiert ist: die Regierung.

Während bei Organen, die funktional auf den Bereich der ‚economy' spezialisiert sind, ökonomische Nützlichkeitserwägungen im Vordergrund stehen, geht es Parsons zufolge bei Organen, die funktional auf den Bereich der ‚polity' spezialisiert sind, primär um die spezifisch politische Beurteilung der Effektivität bestimmter alternativer Maßnahmen. Politische Kosten sind folglich nicht identisch mit den ökonomischen Kosten bestimmter politisch verantworteter Maßnahmen. Es geht immer auch um Fragen des möglichen Gesichtsverlusts von politisch Verantwortlichen sowie um mögliche ‚systemgefährdende' Veränderungen hinsichtlich des ‚level of commitment' des von bestimmten Maßnahmen betroffenen (Wähler-) Kollektivs (Parsons 1969c: 319).

Wie weiter oben bereits angedeutet ist jedes der vier funktional differenzierten Subsysteme des Sozialsystems bei Parsons umweltoffen gegenüber positiven und negativen Sanktionierungen durch symbolisch generalisierte Austauschmedien, die in einem Subsystem generiert werden, um in den jeweils anderen Subsystemen bestimmte Interaktionsresultate bzw. Anpassungen wahrscheinlicher zu machen. Das ‚home medium' (Parsons 1969f: 477) des Subsystems ‚economy' ist naheliegenderweise Geld, das der ‚polity' Macht:

> Power, then, is generalized capacity to secure the performance of binding obligations by units in a system of collective organization when the obligations are legitimized with reference to their bearing on collective goals and where in case of recalcitrance there is a presumption of enforcement by negative situational sanctions – whatever the actual agency of that enforcement (Parsons 1969c: 361).

Parsons zufolge sanktioniert Geld positiv, indem sein situationsbezogener Einsatz es hochwahrscheinlich macht, dass Ego bei Alter eine auch für ihn günstige (Kauf-/Verkauf-) Entscheidung ‚induzieren' kann. Demgegenüber sanktioniert der situationsbezogene Einsatz von Macht negativ, weil Ego bei Alter nur dann das von Ego bevorzugte (Entscheidungs-) Verhalten wahrscheinlich machen kann, wenn er mit Hilfe einer universalisierten Drohung situationaler Nachteile Alter von weiterhin möglichen devianten Verhaltensweisen ‚abschreckt'. Neben diesen beiden ‚situationalen' Sanktionsmedien kennt Parsons zwei weitere, ‚intentionale' Sanktionsmedien, namentlich ‚Einfluss' und ‚Wertbindung' (Parsons 1969d: 410ff.). Während Wertbindung das ‚home medium' des kulturellen Systems ist, welches für latente Strukturerhaltung sorgt, ist Einfluss ‚das home medium' des die Integration leistenden Subsystems ‚societal community'. Die symbolisch generalisierten Interaktionsmedien ermöglichen eine wechselseitige Interpenetration der genannten vier Subsysteme (sowie deren jeweilige Subsysteme etc.) des Sozialsystems.

Parsons zufolge zeichnen sich evolutionär fortgeschrittenere Gesellschaften gegenüber primitiveren Gesellschaften dadurch aus, dass es ersteren (bereits) gelungen ist, die jeweilige Leistungsfähigkeit der einzelnen (Sub-) Subsysteme des Sozialsystems über zunehmende funktionale Differenzierung in harmonischem Einklang mit allen übrigen (Sub-) Systemen nachhaltig ‚anzuheben'.[7] Diese Tendenz zum Gleichgewicht auf höherer Stufe schließt jedoch temporäre Krisenerscheinungen nicht aus. Analog zum Medium Geld können auch die drei anderen symbolisch generalisierten Austauschmedien hin und wieder einer inflationären oder deflationären Entwicklung unterliegen, die zu temporären Ungleichgewichten auf Gesamtsystemebene führen können.[8]

Worin unterscheidet sich nun Luhmanns später operativer Systemfunktionalismus von Parsons' mittlerem AGIL-Systemfunktionalismus? Als kurzzeitiger Schüler von Parsons erkennt Luhmann die theoretischen Leistungen seines Leh-

---

7   Man beachte die Ähnlichkeit zu Hegels ‚Aufheben' in der Synthese.
8   Vgl. Parsons (1969d: 427); Parsons/Platt (1990: 409ff.).

rers an, verzichtet jedoch – im Gegensatz zu einigen Neo-Parsonianern – von Anfang an auf die Fortsetzung der Arbeit mit dem analytisch-deduktiven, vielfach
als normativ-harmonistisch kritisierten Vier-Funktionen-Gleichgewichtsparadig-
ma.[9] Damit benötigt Luhmann allerdings auch eine Alternative zu Parsons' ele-
ganter Lösung des Hobbes'schen Problems sozialer Ordnung.[10] Luhmann entwickelt dafür eine Theorie autopoietischer – d. h. operativ geschlossener, aber
weiterhin strukturell umweltoffener – Systeme. Danach erfüllt die sinnhaft an-
schlussfähige systemrelative Kommunikation mittels symbolisch generalisierter
Kommunikationsmedien die Funktion, in Interaktions- und Organisationssystemen die Parsons'schen Situationen doppelter Kontingenz zwischen Teilnehmern
bzw. Mitgliedern zumindest temporär zu überbrücken. Zugleich stellt jede kontingente Verwendung von symbolisch generalisierten Kommunikationsmedien –
von einer übergeordneten, gesellschaftstheoretischen Systemreferenz aus betrachtet – einen Beitrag zur soziohistorisch kontingenten Autopoiesis sog. gesellschaftlicher Funktionssysteme der (Welt-) Gesellschaft dar (vgl. Luhmann 1976).
Während Parsons lediglich die vier Austauschmedien Geld, Macht, Einfluss und
Wertbindung den vier Subsystemen des umfassenden Sozialsystems zuordnet,
identifiziert Luhmann aufgrund eines anders abgeleiteten Medienbegriffs (vgl.
Luhmann 2002: 29ff.) neben Geld und Macht noch eine ganze Reihe weiterer
symbolisch generalisierter Erfolgsmedien, darunter unter anderem auch Wahrheit
und Liebe (Luhmann 1976). Im Gegensatz zu Parsons, der dem Sozialsystem wie
allen anderen Systemebenen analytisch genau vier Funktionen zuordnet, entscheidet sich bei Luhmann die Frage, ob man im Zuge einer massenhaften Verwendung eines bestimmten Erfolgsmediums gesamtgesellschaftlich von einem
‚Funktionssystem' sprechen kann, an der empirisch zu belegenden Antwort auf
die Frage, ob es gesellschaftsevolutionär gelungen ist, mit Hilfe des betreffenden
Mediums einen (nur noch) zweiwertigen (= binären) Code auszubilden und diesen institutionell nachhaltig zu stabilisieren. Im Falle des Funktionssystems
‚Wirtschaft' handele es sich dabei um die privatrechtlich stabilisierte Primär-
codierung ‚Eigentum/Nichteigentum' bzw. die geldbasierte Sekundärcodierung
‚Zahlung/Nichtzahlung' (Luhmann 1994: 189ff.), im Falle des Funktionssystems
‚Politik' gehe es dagegen um eine erst im Zuge des Übergangs zu funktionaler

---

9   Siehe hierzu bereits die frühen Anmerkungen in Fußnote 2 von Luhmanns organisationssozio-
     logischem Frühwerk: Luhmann (1999: 24).
10   Parsons zufolge sorgt die gesellschaftliche Gemeinschaft als das integrative Subsystem des
     Sozialsystems auf jeder gesellschaftsevolutionär erreichten Stufe durch geeignete Interpene-
     trationsbeziehungen mittels des ausgleichenden *Austausch*mediums Einfluss quasi-automa-
     tisch dafür, dass das Sozialsystem als Ganzes zumindest auf mittlere bis längeres Sicht seine
     eigene Integrationsfunktion für das allgemeine Handlungssystem erfüllen kann.

Differenzierung evolutionär gelungene Recodierung des basalen Codes ‚macht-überlegen/machtunterlegen' in den öffentlich-rechtlich stabilisierten Code ‚Regierung/Opposition' (Luhmann 2002: 99). Luhmann zufolge reproduziert sich das Funktionssystem ‚Wirtschaft' auf der operativen Basis der Kommunikation von ‚Eigentumsübergängen' bzw. ‚Zahlungen'. Demgegenüber reproduziere sich das Funktionssystem ‚Politik' auf der operativen Basis der Kommunikation von ‚politischer Macht', einer Sonderform von ‚Einfluss'. Letztgenannter Begriff wird in Luhmanns später Terminologie – ebenfalls abweichend von derjenigen von Parsons – selbst als eine „noch sehr weite Form von Macht" (Luhmann 2002: 39f.) definiert. Dazu Luhmann:

> Wir können drei dieser Sonderausprägungen von Einfluß unterscheiden je nachdem, ob sie auf der Fähigkeit zur Absorption von Unsicherheit, auf positiven Sanktionen oder auf negativen Sanktionen beruhen (Luhmann 2002: 41).

Luhmann geht im Weiteren davon aus, dass sich das Funktionssystem ‚Politik' primär auf der Basis desjenigen Erfolgsmediums reproduziert, das auf negativen Sanktionen beruht: ‚(politische) Macht'. Alle anderen Formen von ‚Einfluss' bzw. ‚Macht im weiteren Sinne' mögen, so Luhmann, zwar gesellschaftsweit massenhaft – z. B. im Kontext von Paarbeziehungen oder Organisationen – vorkommen. Aus der Funktionssystemreferenz ‚Politik' heraus können diese jedoch allenfalls als (hoch-) relevante Umwelt – nicht aber als systemeigene Operation – als systemrelevant markiert werden.[11] Auf höchstem Abstraktionsniveau gedacht sieht Luhmann die Funktion der Politik im „*Bereithalten der Kapazität zu kollektiv bindendem Entscheiden*" (Luhmann 2002: 84), die Funktion der Wirtschaft besteht Luhmann zufolge dagegen in dem historisch-spezifischen Verknüpfen einer „ zukunftsstabile[n] Vorsorge mit je gegenwärtigen Verteilungen" (Luhmann 1994: 64). Dabei gehe es nicht nur um „Dauerbefriedigungen, sondern auch um zeitliche Prioritäten unterschiedlicher Bedürfnisse verschiedener Personen bzw. sozialer Systeme" (Luhmann 1994: 66). Obwohl die Ausdifferenzierung von autopoietischen Funktionssystemen, darunter auch Wirtschaft und Politik, gesamtgesellschaftlich zu erheblichen Leistungssteigerungen beigetragen habe, ist es Luhmann zufolge noch nicht gewiss, „ob auf dieser Grundlage eine dauerhaft (oder zumindest für einige Jahrhunderte stabile) Gesellschaftsstruktur evoluieren wird" (Luhmann 1994: 67).[12]

---

11   Die These einer ‚operativen Geschlossenheit' von (Funktions-) Systemen radikalisiert Luhmanns frühere These einer ‚relativen gesellschaftlichen Autonomie'. Diese theoriebautechnische Entscheidung verändert im Laufe der folgenden Jahrzehnte auch Luhmanns Zurechnungspraxis von Vorgängen zum politischen System. Man vergleiche nur Luhmann (1970) mit Luhmann (2002). Das bleibt nicht ohne Folgen!

12   Während Marx hier noch die Utopie einer revolutionären Aufhebung der kapitalistischen

2.3.2 Wirtschaftsunternehmen und Behörden

Formale Organisationen unterscheiden sich Parsons zufolge analytisch von anderen Typen sozialer Systeme dadurch, dass in ihnen ein Primat der Orientierung an der Erreichung eines spezifischen Ziels existiert (Parsons 1963b: 17). Weiterhin bezieht eine Organisation ihre gesamtgesellschaftliche Legitimation im Wesentlichen daraus, dass sie ein mit dem Wertesystem eines hierarchisch übergeordneten Sozialsystems zu vereinbarendes ‚sub-value system' für sich für bindend erklärt und auf den verschiedenen Ebenen zu implementieren versucht (Parsons 1963b: 20). Parsons zählt vier verschiedene Bedingungen auf, die erfüllt sein müssen, damit (Organisations-) Macht als spezifischer Gebrauch des Austauschmediums Macht entstehen kann:

> The first condition is the institutionalization of a value system which legitimizes both the goal of the organization and the principal patterns by which it functions in the attainment of that goal. The second condition is the regulation of the organization's procurement and decision-making processes through adherence to universalistic rules and to such institutions as authority and contract. It is on these bases that the organization establishes generalized claims to the loyal cooperation of its personnel and of persons outside the organization on whose cooperation it depends. The third condition is the command of the more detailed and day-to-day support of the persons whose cooperation is needed. The fourth is the command of necessary facilities, of which the primary category in our society is financial (Parsons 1963b: 42-43).

Organisationen sind dieser Überlegung zufolge also an erster Stelle (mehr oder weniger) legitimierte Teile der jeweils AGIL-hierarchisch übergeordneten Sozialsysteme und bedürfen – vor jeglicher konkreter Einzelentscheidung – zunächst einmal einer Unterwerfung unter die vom jeweils übergeordneten Sozialsystem oder aber der ‚polity' generierten Regeln und Institutionen. Parsons (1963b: 44ff.) zufolge lassen sich Organisationen weiterhin hinsichtlich der Typen von Zielen und Funktionen, entlang derer sie organisiert sind, horizontal in vier verschiedene Organisationstypen einteilen: 1) Organisationen, die sich an der ökonomischen Produktion ausrichten (Wirtschaftsunternehmen); 2) Organisationen, die sich an politischen Zielen ausrichten (Regierung, Bankensystem); 3) Integrative Organisationen (Gerichte, Kanzleien, politische Parteien, Interessengruppen, Krankenhäuser) und 4) ‚Pattern-Maintenance'-Organisationen (Kirchen, Schulen, die Künste, Familien).

Klassengesellschaft setzt, würden Luhmann und Bourdieu eher vor den womöglich auch physisch schmerzhaften Folgen einer abrupten Ent-Differenzierung von gesellschaftlich differenzierten Funktionssystemen bzw. relativ autonomen Feldern warnen.

In einem späteren Aufsatz schlägt Parsons vor, Organisationen zusätzlich vertikal entlang der folgenden drei Ebenen zu unterscheiden (Parsons 1963c: 60ff.): an unterster Stelle 1) das technische System (Werkstätte; Dienststelle), dann 2) das managerielle System (Firma; politische Verwaltungsbeamte) und schließlich 3) das ‚community'- bzw. institutionelle System (Körperschaft; gewählte Regierungsfraktion).[13] Seiner Ansicht nach hat die Bürokratietheorie sich bis dato so sehr auf das Phänomen der Linien-Autorität konzentriert, dass dabei übersehen wurde, dass es zwischen den oben genannten drei vertikalen Verantwortungsebenen qualitative Brüche gibt, welche es ratsam erscheinen lassen, das Beziehungsverhältnis zwischen diesen Ebenen nicht als simples Top-down-Anweisungsverhältnis zu beschreiben. Vielmehr sollte es konzipiert werden als eine in vielen Fällen eher punktuelle Beziehung zwischen funktional jeweils auf bestimmte Umwelterfordernisse hin spezifizierten Subsystemen mit ‚relativer Unabhängigkeit' (Parsons 1963c: 64) gegenüber den formal übergeordneten anderen Subsystemen. Dem obersten ‚institutionellen System' komme dabei in der Regel primär die Funktion zu, die hierarchisch untergeordneten, aber dennoch relativ unabhängig operierenden Subsysteme in ausreichendem Maße gegenüber einer übergeordneten gesellschaftlichen Umwelt zu legitimieren und sie mit den für den Bestandserhalt notwendigen finanziellen Ressourcen auszustatten. Im Zusammenhang mit der Frage nach der angemessenen Entlohnung von Mitarbeitern kommt er zu folgender für die vorliegende Arbeit interessanter These:

> [T]he farther the function of an organization moves away from the production of commodities for a market, the more the pattern of employment and remuneration of 'operatives' tends to move away from the 'marginal productivity' standard. The largest-scale example of a very different type is provided by the civilian operative employees of governmental agencies (Parsons 1963c: 81).

Parsons begründet die Notwendigkeit eines relativ komplizierten ‚civil service code' einerseits mit der weitestgehenden Unmöglichkeit, den Wert derartiger Dienste in Geldwerten zu messen,[14] und andererseits mit der auf Basis eines solchen Codes eröffneten Möglichkeit, die normalen Verwaltungsangestellten, die sich ansonsten in einer eher schwachen Machtposition befinden, vor willkürlichen Handlungen durch vorgesetzte Verwaltungsbeamte sowie vor ‚politischen' Interventionen zu schützen. Neben dem monetären Entlohnungssystem spielten bei Zivilbeamten ohnehin nichtmonetäre Anreize wie Job-Sicherheit

---

13   Mit ‚institutional leadership' beschäftigt sich etwa zeitgleich auch Selznick (1984: 61). In den
      1970er Jahre wird diese ‚Entkopplungsthese' auch vom allerdings noch rationalitätskritischeren soziologischen Neoinstitutionalismus der Organisationsforschung übernommen.
14   Man rufe sich hier O. E. Williamsons Kritierum ‚probity' in Erinnerung.

und das Gefühl, einen direkten Beitrag zum Allgemeinwohl zu leisten, eine deutlich größere Rolle als in privatwirtschaftlichen Organisationen.[15]

In Parsons' politisch-soziologischem Spätwerk ist formale Organisation eine auf spezifische Art und Weise institutionalisierte Form des Gebrauchs des Austauschmediums Macht innerhalb einer abgrenzbaren ‚collectivity'. Während das Medium Geld mittels des institutionellen Codes der Verfügungsrechte organisiert und legitimiert wird, spezifiziert im Falle des Mediums Macht ‚authority' näher, welche Art des Gebrauchs von Macht zu einer bestimmten Zeit legitim ist (Parsons 1969c: 371).[16] Er schlägt eine allgemeine vertikale Einteilung der verschiedenen Macht gebrauchenden Instanzen innerhalb von Kollektiven unterschiedlicher Größe vor: Auf der obersten ‚Regime'-Ebene gehe es um elementare Prozeduren der Definition von Autoritätsstrukturen; auf der mittleren ‚leadership'-Ebene werde administrativ eine ‚paramount power position' ausgeübt; erst auf der untersten Ebene gehe es dagegen um die bürokratische Implementation der Maßnahmen, die als zweckdienlich erachtet werden (Parsons 1969f: 483, Fußnote 12).

Das Spezifische einer formalen Organisation besteht hier für Parsons darin, dass es innerhalb von ‚collectively organized systems' gelingt, die mitgliederspezifischen Möglichkeiten der legitimen Machtausübung hinsichtlich bestimmter Kollektivzwecke hierarchisch zu reglementieren (Parsons 1969f: 373). Parsons zufolge ist diese ‚politische Neutralisierung' der Mitglieder eines organisierten Kollektivs durch eine hierarchisierte Festlegung von Kollektivzwecken sowohl in Wirtschaftsunternehmen[17] als auch in öffentlichen Verwaltungen grundsätzlich funktional.

Der wesentliche Unterschied zwischen einer ‚collectivity specialized in political function' und einer ‚collectivity specialized in economic function' besteht für Parsons letztlich darin, anhand welches primären Kriteriums jeweils der „success of collective goal-attainment" (Parsons 1969c: 388) bemessen wird. Während man im Falle von Wirtschaftsunternehmen den Erfolg primär an deren Überleben auf Märkten sowie am erzielten Geldeinkommen in Form von Gewinnen bemessen könne, lasse sich das primäre Erfolgskriterium von politisch spezialisierten Kollektiven an der im Vergleich zu anderen politischen Kollektiven erlangten, relativen Machtposition festmachen (Parsons 1969c: 388-389).

---

15   Sofern dieser Beamtenethos empirisch tatsächlich verhaltenswirksam ist, könnte eine Ökonomisierung von Behörden zu einem sukzessiven Rückgang der ‚Allgemeinwohlorientierung' von öffentlich bezahlten Beamten und Angestellten beitragen.

16.   Parsons bezieht sich hier explizit auf die von Chester Barnard eingeführte Definition von ‚authority' und empfiehlt in einer Fußnote gar dessen organisationstheoretisches Werk ‚The functions of the executive' zur Lektüre als Klassiker der *politischen* Theorie. Siehe Parsons (1969c: 370, Fußnote 23).

17   Parsons erwähnt in diesem Zusammenhang das Prinzip der Konsumentensouveränität (Parsons 1969c: 501).

Während Parsons formale Organisationen *analytisch* als im Wesentlichen das Austauschmedium Macht einsetzende Goal-Attainment-orientierte Subsysteme der ihnen hierarchisch übergeordneten AGIL-Subsysteme des Sozialsystems beschreibt, definiert Luhmann formale Organisationen *operativ* entlang der Innen-/Außenseite der Kommunikation von Entscheidungen durch formale Mitgliedsrollen. Organisationssysteme sind bei Luhmann Sozialsysteme eigenen Typs, die in der modernen Gesellschaft zwischen einfache Face-to-Face-Interaktionssysteme und Gesellschaft getreten sind und einen nachhaltigen Einfluss auf die spezifisch modernen Erscheinungsformen des Sozialen ausgeüben (vgl. Luhmann 2005c). Sie muten ihren Organisationsmitgliedern unter mehr oder weniger regelmäßiger und mehr oder weniger subtiler In-Aussicht-Stellung negativer[18] bzw. positiver Sanktionen[19] zu, ihr eigenes formales (Entscheidungs-) Verhalten – zumindest soweit es offiziell beobachtbar ist – an den (mehr oder weniger) formal kommunizierten Erwartungen hierarchisch übergeordneter Stelleninhaber auszurichten. Im vom späten Luhmann präferierten Autopoiesis-Paradigma der Systemtheorie gehören also nur die unter formalen Bedingungen getroffenen Entscheidungen selbst zur Innenseite des Organisationssystems. Demgegenüber zählt sowohl die entscheidende Person in all ihren von der Mitgliedsrolle verschiedenen anderen eigenen Rollen als auch jegliche andere Art von mechanischen, biologischen, psychischen oder sozialen Systemen zur Umwelt des Organisationssystems – damit also auch alle im Organisationskontext emergierenden, informellen Interaktionssysteme und alle gesellschaftlichen Funktionssysteme! Jedes Organisationssystem bildet zudem qua Entscheidung im Laufe seiner Geschichte Entscheidungsprämissen aus, darunter auch solche, über die – auch aufgrund kognitiver Routinen im Stammpersonal – über längere Zeit nicht weiter entschieden wird, weil deren prinzipielle Kontingenz in formaler Entscheidungskommunikation nicht thematisiert wird.

Luhmann hat einen beträchtlichen Teil seiner organisationssoziologischen Schriften vor dem Hintergrund mehrjähriger Verwaltungserfahrungen als praktizierender Jurist und einer Phase des soziologiegestützten Reformeifers der 1970er Jahre verfasst. Bereits im Jahr 1960 beschäftigt er sich in einem Aufsatz mit der Frage, ob es sinnvoll ist, die Rationalität von Verwaltungshandeln entlang des Wirtschaftlichkeitskriteriums zu beurteilen. In dieser frühen Phase ist Luhmann noch optimistisch, dass es der Verwaltungswissenschaft mit Hilfe einer funktionalen Theorie des Staates und der Verwaltung gelingen könnte, jenseits des Wirtschaftlichkeitskriteriums andere „rationale Kriterien für die

---

18   I. e. Verlust der Vorteile einer Mitgliedschaft.
19   I. e. Geld, Einfluss, wiederholte Sozialkontakte u. ä.

Brauchbarkeit von Verwaltungsentscheidungen zu finden und sie in ihrem Sinn und ihren Anwendungsbedingungen zu erforschen" (Luhmann 1960: 112).[20] Noch Mitte der 1970er Jahre geht er davon aus, dass ‚rigidere' Systeme wie öffentliche Verwaltungen im Zweifelsfall eine höhere Durchsetzungskraft besitzen als Systeme, die sich wie Wirtschaftsorganisationen zu ‚größerer Varietät und Anpassungsfähigkeit' hin öffnen.[21] In den folgenden Jahrzehnten wird der Organisationstheoretiker Luhmann dann jedoch immer abstrakter, wenn es um die Nennungen von funktionssystemspezifischen Rationalitätskriterien geht. In den 1980er Jahren plädiert er im Kontext der Erörterung der Frage, unter welchen Bedingungen man das Verhalten von Akteuren auf Märkten als effizient einstufen sollte, noch für das immerhin schwach normativ interpretierbare Rationalitäts-Kriterium der ‚Robustheit' im Sinne einer „Fähigkeit, fremde und eigene Irrtümer zu überstehen" (Luhmann 1994: 122). Der späte Luhmann sieht das gemeinsame Bezugsproblem von Organisationen – unabhängig davon, welchem Funktionssystem sie primär zugehörig sind – nur noch ganz abstrakt in der „Erhaltung von Einheit bei wachsender Komplexität" (Luhmann 2002: 250).

Auf der Basis des Paradigmas operativ geschlossener, aber strukturell umweltoffener Systeme fällt es der neueren Systemtheorie schwerer als dem Parsons'schen AGIL-Systemfunktionalismus, Organisationen eineindeutig einem bestimmten Organisationstypus zuzurechnen. Luhmann selbst neigt an verschiedensten Textstellen dazu, Organisationen in Abhängigkeit von deren ‚primärer' Entscheidungsorientierung ‚in' einem der zahlreichen gesellschaftlichen Funktionssysteme zu verorten. Zentralbanken und eindeutige For-Profit-Unternehmen würde man folglich als (primär) in dem Funktionssystem ‚Wirtschaft', Regierungsapparate, politische Parteien und Interessenverbände dagegen (primär) in dem Funktionssystem ‚Politik' operierend beschreiben. Andererseits schlägt der späte Luhmann vor, für die präzisere Zuordnung von Organisationen zu Organisationstypen neben der primären Differenzierungsform, der funktional differenzierten Weltgesellschaft, auch etwaige sekundäre und tertiäre (etc) Differenzierungsformen mit einzubeziehen. Im Falle einer Behörde müsste man somit von einem Organisationssystem sprechen, das zwar auf primärer Ebene im weltgesellschaftlichen Funktionssystem ‚Politik' operiert, aber darüber hinaus auf sekundärer Ebene einer segmentären Differenzierung in Territorialstaaten

---

20. Grundlage hierfür bildeten damals wie heute die sozialanthropologisch-funktionalistische Grundüberzeugung einer theoretischen Herleitbarkeit von universell gültigen ‚functional requisites' von Staaten bzw. Gesellschaften – analog zur theoretischen Begründung von ‚anthropologischen Konstanten'.

21 So noch Luhmann (2005: 49). Das hieße im Umkehrschluss, dass Behörden mit (manageriell forciert) sinkender (Eigen-) Rigidität ähnlich wie Wirtschaftsorganisationen allmählich an Durchsetzungskraft einbüßen.

und auf tertiärer Ebene einer innerstaatlichen Zentrum-Peripherie-Differenzierung ‚unterliegt' (Luhmann 2002: 244). Auch im Falle von Organisationssystemen, die auf primärer Ebene im Funktionssystem ‚Wirtschaft' operieren, könne man auf nachgeordneter Ebene analog zumindest eine Zentrum-Peripherie-Differenzierung beobachten. Interessant ist, dass Luhmann hierbei das Bankensystem dem Zentrum, die Produktionsunternehmen und Konsumorganisationen dagegen klar der Peripherie zurechnet. Er begründet dies damit, dass Produktion und Konsum „ökonomische Rationalität (Ausnutzung von Marktchancen etc.) nur erreichen können, wenn sie sich teils über Eigenmittel und teils über Kredite finanzieren" (Luhmann 2002: 250), während sich das Bankensystem „unter Aufsicht durch die Zentralbank selbst Kredit geben und auf diese Weise die verfügbare Geldmenge regulieren (summenkonstant halten und zugleich vermehren oder vermindern) kann" (Luhmann 2002: 250). Erschwerend für das Verständnis kommt hinzu, dass der späte Luhmann davon ausgeht, dass sich in ein und derselben Organisation gleichzeitig mehrere Funktionssysteme ‚einnisten' können. Luhmann vermutet dabei einen negativen Zusammenhang zwischen dem Technisierungsgrad einer Organisation und der Wahrscheinlichkeit, dass mehrere Funktionssysteme innerhalb einer Organisation ‚lose gekoppelt' nebeneinander operieren können (Luhmann 2002: 398ff.). Zur Bestimmung der primären Funktionssystemzugehörigkeit einer konkreten Organisation mit relativ loser Kopplung wird man sich als empirisch orientierter Forscher daher entweder auf die Wahrhaftigkeit der offiziellen Selbstbeschreibung verlassen müssen oder aber gesondert darauf achten müssen, welche organisierten und nichtorganisierten Anspruchsgruppen in der Umwelt der Organisation auf welche Art und Weise – also z. B. rechtlich, wirtschaftlich, politisch etc. – kommunikativ auf intendiertes und nichtintendiertes Mitteilungshandeln der fokalen Organisation reagieren.

2.3.3   Beraterkonsultation in Wirtschaftsunternehmen und Behörden

Nach Kenntnisstand des Verfassers hat sich Talcott Parsons selbst in keiner seiner Publikationen explizit mit der Funktion von Unternehmensberatungen für das Sozialsystem oder seiner Subsysteme beschäftigt. Umso intensiver hat er sich jedoch mit dem sog. ‚professional complex' als einem ‚nongovernmental collectivity type' auseinandergesetzt, der aus der Perspektive des von Parsons entwickelten politischen Austauschparadigmas mit den meisten Paradoxien behaftet zu sein scheint (Parsons 1969f: 506f.). Parsons zufolge ist es nämlich nicht gerechtfertigt, die Professioneller-Klienten-Beziehung lediglich als einen Sonderfall einer ökonomischen Verkäufer-Käufer-Beziehung oder einer politischen Vorgesetzten-Untergebenen-Beziehung oder einer demokratisch-gleich-berechtigten Bürger-Bürger-Beziehung zu behandeln.

Parsons und Platt zufolge unterscheiden sich Angehörige praktischer akademischer Berufe von reinen Hochschullehrern dadurch, dass in ihrem Falle „die Selektion des Wissens aus dem verfügbaren Wissensbestand nach Kriterien der Relevanz für die Interessen des Klienten eine wesentliche Rolle spielen muß" (Parsons/Platt 1990: 305). Die Autoren teilen die praktischen akademischen Berufe in zwei Hauptgruppen ein. Die erste Gruppe – Parsons/Platt nennen hier neben dem Hochschullehrer explizit Medizin, Jura und Ingenieurwesen – beschäftige sich mit der praktischen „Gestaltung der Beziehungen des Menschen zur materiellen Umwelt, zu sich selbst als einem organischen und psychischen Individuum sowie zu der Gesellschaft, in der er lebt" (Parsons/Platt 1990: 308) und habe sich daher hinsichtlich ihrer sozialen Verantwortung nur unwesentlich von den übergeordneten Wertbindungen des kognitiven Komplexes entfernt. Eine zweite Gruppe hingegen, die die Autoren als ‚neue Professionen' bezeichnen, sei „noch ein Stück weiter entfernt vom kognitiven Komplex" (Parsons/Platt 1990: 326). Zu dieser zweiten Hauptgruppe von praktischen akademischen Berufen rechnen Parsons/Platt neben Lehrern und Sozialarbeitern auch den Berufskomplex der Verwaltungstätigkeit im öffentlichen wie im privaten Bereich. In ihrem abschließenden Versuch einer kohärenten Klassifikation der Professionen verankern die Autoren die Professionen der ersten Hauptgruppe auf der allgemeinen Handlungsebene und bezeichnen sie als „Hüter der zentralen kognitiven Ressourcen der Gesellschaft und ihrer Nutzung in Bezug auf die materielle Umwelt, die Bedürfnisse des einzelnen sowie die normative Orientierung der Gesellschaft" (Parsons/Platt 1990: 338). Die ‚neuen Professionen' der zweiten Hauptgruppe hätten es demgegenüber primär „mit operativen Problemen innerhalb dieses [von der ersten Hauptgruppe zu bestimmenden; Anm. A. H.] Rahmens" zu tun. Parsons/Platt schließen hieraus:

> Sowohl in ihrer Reichweite als auch in der Möglichkeit, Änderungen herbeizuführen, sind die Berufe der zweiten Gruppe stärker eingeschränkt (Parsons/Platt 1990: 338).

Diese Einschätzung der begrenzten Reichweite und Potenz des Einflusses der ‚neuen Professionen' steht konträr zu dem seit den 1970er Jahren im klassentheoretisch-(post)marxistisch geführten ‚New Class'-Diskurs.

Bezieht man sich stärker auf die Überlegungen, die Parsons in seinen organisationstheoretischen Aufsätzen anstellt, könnte man kommerzielle Unternehmensberatungen AGIL-konform als organisationale Subsysteme der ‚economy' einstufen, die organisierten Subsystemen – präziser: deren institutionellen oder manageriellen Subsystemen – im Austausch gegen das Medium Geld Dienstleistungen anbieten, welche die Klienten(sub)organisationen dabei unterstützen, die im Zuge eines kontinuierlichen Wandels der Bedingungen für gesamtgesellschaftliche Legitimation und ausreichenden Ressourcenzufluss laufend notwendig werdenden Adaptions- und Integrationsleistungen besser oder effizienter zu erbringen. Ein wesentlicher Punkt im Hinblick auf die organisationsinterne Integrationsfunktion könnte dabei darin bestehen, dass dem Management eine sinnvolle Unterstützung angeboten wird, mit der die von Parsons postulierte „inherent centrifugal tendency of subunits of the organization" (Parsons 1963b: 34) zumindest partiell abgefedert werden kann. Parsons nennt hier selbst drei grundlegende Formen, die auch in Kombination miteinander eingesetzt werden können: 1) Ausüben von Zwang; 2) Setzen von Anreizen und 3) ‚therapy'. Unter letzterem versteht er Folgendes:

> in that by a complex and judicious combination of measures the motivational obstacles to satisfactory cooperation are dealt with on a level which 'goes behind' the overt ostensible reasons given for the difficulty by the persons involved (Parsons 1963b: 35).

Während Parsons im Hinblick auf die Funktion von Organisationsberatern noch eher vage bleibt, entfaltet der soziologisch informierte deutsche Betriebswirt Dahl nur wenige Jahre später unter Bezugnahme auf den Merton'schen Funktionalismus und die frühe Bürokratietheorien Chester I. Barnards und Crozier Friedbergs die Hypothese, dass die Entstehung und Entwicklung der Unternehmensberatung und ihrer Funktionen nur vor dem Hintergrund eines spezifischen Wandels der Leitungs- bzw. Managementfunktionen in bürokratischen Organisationen verständlich wird. Merton und Crozier hätten bereits in ihren bürokratietheoretischen Arbeiten gezeigt, dass es angesichts der wachsenden Umweltkomplexität für Manager bürokratischer Großorganisationen kaum (mehr) möglich ist, allen Rollenerwartungen auf eine Weise gerecht zu werden, mit der ausgeschlossen werden kann, dass deren Beiträge zur Erfüllung einer Funktion F nicht zumindest teilweise dysfunktional im Hinblick auf die ebenso erwartete Erfüllung weiterer unternehmensbezogener Funktionen sind und vice versa. Dahl teilt in seiner auch heute noch lesenswerten Dissertation die Fülle der seiner Ansicht nach denkbaren Funktionen von Unternehmensberatungen in drei Funktionsobertypen und eine Vielzahl von jeweils darunter subsummierbaren Untertypen ein (vgl. Dahl 1966):

A) Indirekte Funktionen der Unternehmensberatung:
- die *informelle Kontaktfunktion* (informelle Aufhebung der formellen Amtshierarchie)

- die *Vertrauensfunktion* (Risiko, dass Vertrauen missbraucht wird, ist intern angesichts Konkurrenzdruck um hohe Positionen höher als im Verhältnis zu bezahlten Externen)
- die *Anregungsfunktion* (zusätzliche geistige Anregung von außen)
- die *Verantwortungsfunktion* (Abschieben von Verantwortung bei unpopulären Entscheidungen)
- die *Prestigefunktion* (Entleihen des hohen Prestiges von Beratern zur temporären Erhöhung des eigenen Management-Prestiges)

B) Direkte Funktionen innerhalb der Unternehmen:
- die *interne Kommunikationsfunktion* (Externer Berater kann leichter als Stabsmitarbeiter an ‚ungefilterte Informationen' gelangen, die für Entscheidung hochrelevant sein können)
- die *Ergänzungsfunktion zur bürokratischen Routinearbeit* (Erledigen nichtalltäglicher Aufgaben; Vermittlung der neuesten wissenschaftlichen Erkenntnisse)
- die *Innovationsfunktion* (konkrete auf den Einzelfall abgestellte Durchführung von Neuerungen auch gegen interne Trägheitswiderstände)
- die *Funktion der objektiven Beobachtung und Beurteilung* (andere Perspektive als nicht- teilnehmender Beobachter)
- die *interne Koordinationsfunktion* (Ressorteigensinn neigt zu Überbetonung bestimmter Imperative unter Vernachlässigung aller anderen Unternehmensbereiche; Top-Management hat selbst bestimmte Ressortvergangenheit)
- die *Selektions- und Schulungsfunktion* (Schüler-Lehrerverhältnis zwischen Führungsnachwuchs und externem Berater)

C) Direkte Funktionen zwischen den Unternehmen und ihrer Umwelt:
- die *externe Kommunikationsfunktion* (Errichtung, Aufrechterhaltung und geschickte Anwendung eines Systems informeller Beziehungen zu wichtigen Anspruchsgruppen)
- die *Vermittlungsfunktion* (Beschleunigung von Entscheidungen im zwischenbetrieblichen Verkehr durch teilweise Umgehung des formalen Dienstwegs)
- die *Funktion der externen Zielorientierung* (Ausdehnung des geographischen und zeitlichen Horizonts für strategische Entscheidungen durch Zusammentragen verschiedenster Rahmendaten)
- die *externe Koordinationsfunktion* (Organisieren überbetrieblicher Interessengruppen; heute: interorganisationales Netzwerkmanagement)

Gut zwanzig Jahre nach Dahls initialer Studie nähert sich Thomas Eschbach dem Phänomen ,Unternehmensberatung' erneut funktionalistisch – diesmal allerdings weniger organisations- als gesellschaftstheoretisch motiviert aus dem Blickwinkel einer von Richard Münch modifizierten Variante des Parsons'schen AGIL-Systemfunktionalismus (Eschbach 1984). Das Phänomen ,Unternehmensberatung' ist Eschbach zufolge gesamtgesellschaftlich nur verständlich vor dem Hintergrund der Möglichkeit, dass die unternehmerische Leistungserbringung in der ,Wirtschaft' temporär defizitär sein kann. Sofern die Leistungsangebote von Unternehmensberatern einen Beitrag zur Aufhebung des Defizits im Integrations-Subsystem der Wirtschaft leisten, spricht Eschbach von den Korrespondenz-Funktionen der Unternehmensberatung. Im Einzelnen zählt er hierzu folgende Arten von Funktionen:[22]

- die *Transfer-Funktion* (Ausgleich eines Wissens- bzw. Erfahrungsmangels)
- die *Wirtschaftlichkeits-Funktion* (Aufgabe kann intern nicht geleistet werden)
- die *Objektivierungs-Funktion* (Sicht eines Externen ist ungebundener und sachlich-objektiver)
- die *Katalyse-Funktion* (Stimulieren und Moderieren)
- die *Vertrauens-Funktion* (Externer kann Mitarbeitern gegenüber bestimmte Informationen vorenthalten, sofern für Top-Management eher ungünstig)
- die *Durchsetzungs-Funktion* (Berater kann u. U. Entscheider und Ausführer zugleich sein)
- die *Legitimations-Funktion* (Berater dient dem Management als Schutzschild oder Sündenbock bei antagonistischen Anforderungen von Seiten der Stakeholder)
- die *Sanierungs-Funktion* (Berater als Retter in der Not; eher selten)

Neben den laut Eschbach ,funktional erforderlichen' Korrespondenz-Funktionen würden Unternehmensberater unter Umständen aber noch weitere nützliche Supplementär-Funktionen erfüllen, die sich nicht notwendigerweise aus dem AGIL-Schema ableiten lassen:

- die *Ausstaffierungs-Funktion* (Sozialprestige des Managers steigt durch Beraterkonsultation)
- die *Kommunikations-Funktion* (Hinweis auf mögliche ,blinde Flecken' jenseits der Tagespolitik)
- die *Orientierungs-Funktion* (Gewinnung zusätzlicher/neuer Information)

---

22   Vgl. zusammenfassend auch Kröber (1991: 9-15).

- die *System-Funktion* (integrierte Betrachtung aller das Unternehmen beeinflussenden Faktoren)
- die *Ertüchtigungs-Funktion* (Arbeitet das Klientenunternehmen wirklich optimal?)
- die *Motivations-Funktion* (bloße Anwesenheit von Beratern sorgt für Druck zur Infragestellung von bürokratischen Routinen)
- die *Entwicklungs- und Innovations-Funktion*
- die *Konfirmations-Funktion* (Entscheidungsabsicherung durch Externe)

Eschbach versucht, die ursprünglich von Dahl formulierte Hypothese einer Korrespondenz zwischen Funktionswandel der Unternehmensleitung und Funktionswandel der Unternehmensberatung in Form der folgenden Kette von Interpenetrations-Beziehungen weiterzuentwickeln:[23]

Professionalisierung der Unternehmensleitungs-Funktionen
<===>
Entwicklung der Wirtschaftswissenschaften und Wissenschaft allgemein
<===>
Transmission und Verarbeitung der neuen Erkenntnisse durch interne Stabsstellen und damit Anerkenntnis von institutionalisierter Management-Hilfe
<===>
Verlagerung bestimmter Funktionen auf externe Berater

Im Falle der Ausführung professioneller Dienstleistungen wie jener der Unternehmensberater-Klientenbeziehung ist Eschbach zufolge das Austauschmedium ‚Einfluss' dominant. Er definiert es als „die Fähigkeit, unverifizierbare Information oder Absichtserklärungen als verantwortungsvolle Äußerungen erscheinen zu lassen" (Eschbach 1984: 60).[24] Demgegenüber könne man bei den anderen drei Austauschmedien Geld, Macht und Commitments im Kontext der Unternehmensberater-Klienten-Beziehung allenfalls von ‚Medien zweiter Ordnung' sprechen, die „erst dann wirksam werden, wenn sich die Aktor-Rolle zur Durchführung einer spezifischen Aufgabe wandelt oder wenn sie um bestimmte Elemente ergänzt wird" (Ebd.).

In Anlehnung an Parsons' klassischen Aufsatz unterscheidet Eschbach vier Formen von Einfluss:

- politischer Einfluss (‚Überredung' im Kontext kollektiver Zielerreichung)
- fiduziärer Einfluss (interessenneutrale Treuhänder zur Allokation von Ressourcen)

---

23 Nähere Erläuterungen siehe Eschbach (1984: 58f.).
24 Dies erinnert sehr an March und Simons Definition von ‚uncertainty absorption'. Vgl. March/Simon (1994:186).

- Einfluss mittels ‚Appell an unterschiedliche Loyalitäten' (Verschiebung des bisherigen Rollenkonfliktlösungsvermögens zugunsten bestimmter Rollen)
- Einfluss, der auf die ‚Interpretation von Normen' gerichtet ist (Normenkontollverfahren, Berufungsinstanzen des Prozesswesens)

Die für die Berater/Klienten-Dyade typische Einfluss-Form ist Eschbach zufolge der ‚fiduziäre Einfluss'. Dazu Eschbach näher:

> Der Klient betraut den Berater mit einer Aufgabe, die er aus eigener Kraft nicht oder nur unter unrationellem Einsatz von Mitteln lösen kann (Korrespondenz-Funktionen) resp. nicht lösen will (Supplementär-Funktionen). Damit läßt er den Berater ‚an seiner statt' agieren und vertraut ihm (Eschbach 1984: 67).

Interessant ist abschließend noch, dass Eschbach den ‚Wirtschaftsberater' aufgrund einer angenommenen starken ‚gegenseitigen Durchdringung' (Interpenetration) in normativer Hinsicht als dem ökonomischen System zugehörig verortet, während der ‚wissenschaftliche Politikberater' seiner Ansicht nach im Falle von Politikberatungsprojekten zumindest idealtypisch noch den Normen der Wissenschaftsgemeinschaft verbunden bleibe und nicht zum Politiker werde (Eschbach 1984: 70). Die Zugehörigkeit des Wirtschaftsberaters zum ökonomischen System äußert sich Eschbach zufolge in der Tatsache, dass sich der Wirtschaftsberater in erhöhtem Maße mit Nützlichkeits- und Machbarkeitserwägungen des Klienten identifiziert.

Exkurs: Sozialanthropologische Perspektive auf Organisation und Beratung

In kritischer Auseinandersetzung mit der marxistisch bzw. konflikttheoretisch begründeten Sozialstruktur-Literatur der Soziologen einerseits und dem Lévi-Strauss'schen Strukturalismus[25] andererseits hat der schottische Anthropologe Victor Turner, ein Schüler von Max Gluckman, ein Ritual-basiertes Modell von Stabilität und Wandel von Gesellschaften entwickelt.[26] Wie Jahrzehnte zuvor

---

25 Lévi-Strauss greift interessanterweise ebenfalls auf in der Biologie entstandenen Begriffe zurück, wenn er an prominenter Stelle von morphologischen Klassifikatoren spricht, die „auf zwei Ebenen arbeiten: der der anatomischen Detotalisierung und der der organischen Retotalisierung" (Lévi-Strauss 1973: 198).

26 Vgl. ausführlicher Turner (2005). In der deutschen Soziologie hat Alois Hahn versucht, den Riten-Begriff für die handlungstheoretische Analyse von Phänomenen der modernen Gesellschaft handhabbar zu machen: „Riten, so sagten wir, seien extra-empirische, wiederholte Handlungen, die vorzüglich da auftreten, wo eine technische Kontrolle der Handlungsumstände zur Errei-

bereits der Ethnologe Arnold van Gennep sieht Turner in gesellschaftlich eingerichteten Übergangsriten einen zentralen Mechanismus, mit dem Gesellschaften sicherzustellen versuchen, dass der Status- und Positionswechsel von Individuuen nicht zur Gefahr für den Fortbestand der Gemeinschaft als ganzer führen. Demnach versetzen Übergangsriten die Schwellenwesen bzw. zukünftigen Inhaber gesellschaftlich höhergestellter Positionen in einen Schwellenzustand (Liminalität),[27] in der den (später) Untergebenen kurzzeitig eine rituelle Macht zugebilligt wird. Das Durchlaufen dieses Schwellenzustands erfülle eine Reihe von wichtigen sozialen Funktionen, laut Turner vor allem die der retrospektiven Läuterung und die der prospektiven Vorbeugung hinsichtlich eines etwaigen Missbrauchs der neuen Position. Turner verallgemeinert dieses ursprünglich für primitive Gesellschaften entwickelte Konzept, indem er zunächst den Communitas-Begriff als Gegenbegriff zum (Sozial-) Struktur-Begriff einführt und dann gesellschaftliche Entwicklung als eine durchaus spannungsgeladene Oszillationsbewegung zwischen Communitas und Struktur beschreibt:

> Keine Gesellschaft kann ohne diese Dialektik auskommen. Eine Überbetonung der Struktur kann zu pathologischen Erscheinungsformen von Communitas führen, die außerhalb des Rahmens ,des Gesetzes' stehen und gegen es gerichtet sind. Eine Überbetonung der Communitas, wie sie in bestimmten, Unterschiede nivellierenden religiösen und politischen Bewegungen vorkommt, kann sehr schnell in Despotie, übermäßige Bürokratisierung oder andere Formen struktureller Erstarrung münden. [...]. Eine zum Höchstmaß gesteigerte Communitas provoziert eine zum Höchstmaß gesteigerte Struktur, die wiederum revolutionäre Bestrebungen nach erneuter Communitas entstehen lässt. Die Geschichte aller großen Gesellschaften liefert den Beweis für diese, auf der politischen Ebene auftretende Oszillation (Turner 2005: 126).

Die Organisationssoziologen Harrison M. Trice und Janice M. Beyer gehen von der Annahme aus, dass Riten und Zeremonien auch in modernen Organisationen

---

chung affektbesetzter Ziele auch subjektiv als unmöglich erscheinen, in erfahrenen Ohnmachtssituationen also" (Hahn 1977: 65). Fast zeitgleich und nicht unähnlich: Myerhoff (1977). Einer neueren sozialphänomenologischen Studie zufolge erstreckt sich das kommunikative Repertoire von (Sexual-) BeraterInnen im Wesentlichen auf folgende Techniken: 1) Techniken zur Herstellung von Gesprächstransparenz, 2) Techniken der Problemstrukturierung, 3) Vergleiche und Generalisierungen, 4) Empathietechniken, 5) Verweisungen und Rückmeldungen (Bergmann et al. 1998: 203-206). Das Methodenset für beratungsbedürftige Organisationen zielt ebenfalls in erster Linie auf Vereinfachung – zusätzlich vielleicht noch: Kostensenkung. Vgl. Kieser (2005: 24ff.); zur Bedeutung von Metaphern in Organisationsberatungsprozessen siehe bereits Czarniawska-Joerges (1990).

27   In einer späteren Arbeit differenziert Turner weiter zwischen ,liminalen' und ,liminoiden' Zuständen und führt u. a. das Konzept des ,flow' ein. Vgl. Turner (1977).

28   Sehr ähnlich, aber anstelle der Riten die Bedeutung von Leitbildern und Organisationsmoden betonend, spricht Alfred Kieser von der ,allmählichen Verfestigung der Organisationsstrukturen beim Reden' (Kieser 1996a).

alltäglich vorkommen und vielfältige manifeste und latente Funktionen erfüllen. Ihrer Felderfahrung zufolge lassen sich mindestens folgende sechs Ritus-Typen voneinander unterscheiden (vgl. Trice/Beyer 1984):

- Übergangsriten (rites of passage)
- Absetzungsriten (rites of degradation)
- Selbstwertsteigerungsriten (rites of enhancement)
- Erneuerungsriten (rites of renewal)
- Konfliktreduzierungsriten (rites of conflict reduction)
- Integrationsriten (rites of integration)

Trice und Beyer vermuten, dass ein Großteil der in Organisationen beobachtbaren Riten zwar durchaus wichtige soziale Funktionen erfüllen – allen voran die Stärkung des informellen sozialen Zusammenhalts. Da Riten aber eher die gemeinsame Vergangenheit betonen und dadurch bestehende Strukturen tendenziell konservieren würden, sei es wichtig, dass Manager von Organisationen, die Veränderungsprozesse einleiten wollen, nicht nur die technische Seite, sondern auch die informell-kulturelle Seite einer Reorganisation in den Blick nehmen (vgl. Trice/Beyer 1984). Die Autoren glauben nicht, dass es Managern dauerhaft gelingt, populäre Riten und Zeremonien zu unterdrücken. Stattdessen empfiehlt er Managern, bereits etablierte Riten zu domestizieren, indem sie die Art und Weise und den Zeitpunkt ihres Auftretens aktiv mitgestalten. In einer späteren Monographie ergänzen sie ihre oben vorgestellte Ritentypologie um drei weitere Typen (siehe Trice/ Beyer 1993):

- Erzeugungsriten (rites of creation)
- Transitionsriten (rites of transition)
- Trennungsriten (rites of parting)

Den Organisationsforschern Barbara Czarniawska und Carmelo Mazza zufolge befinden sich heutige Organisationen dagegen permanent in einem Doppelzustand, zum einen in einem Raum der Arbeit (working space) und zum anderen in einem Raum der Liminalität (liminal space; Czarniawska/ Mazza 2003). Überall fänden sich Übergangsriten, die die bestehende Struktur in Frage stellen:[28]

> Newcomers are welcome, or graduates receive farewell wishes, but sinners are also exposed, scapegoats offered, and pecking orders re-established (Czarniawska/ Mazza 2003: 185).

Organisationen, so Czarniawska/Mazza weiter, benötigen von Zeit zu Zeit ein neues Repertoire von Repräsentationen, welche entweder als Blaupause für eine neue oder andersartige Arbeitsorganisation oder aber als Bildersammlung für externe Anspruchsgruppen genutzt werden können. Alternativ zu Czarniawska und Mazza schlägt eine Forschergruppe um Gazi Islam vor, eine in Organisationen auftretende, rituelle Episode in eine präliminale, eine liminale und eine postliminale Phase einzuteilen:

> In the first stage, symbols and symbolic actions are used to divest individuals of their formerly held categories [...]. The bringing into question of these formerly held categories results in a 'liminal' period, in which categories and identities are ambiguous. Finally, the categories are reinstated, and are invested with truth-value by the authority of the social group. This process functions to establish identities, fix beliefs and attitudes, and allow the perception of change and flux within the organization, while managing tightly the progression of events (Islam et al. 2006: 6).

Für die Einbringung neuer Kategorien und Präsentationen und für die Organisation von entsprechenden Übergangsriten werden Czarniawska und Mazza zufolge gerne Berater in Anspruch genommen. Die Autoren beschreiben (Organisations-) Berater als von den Auftraggebern aus Klientenorganisationen gezielt eingesetzte Organisatoren von besonderen Übergangsriten. Externe Berater und Mitarbeiter beim Klienten erleben demnach in spiegelverkehrter Perspektive die drei van Gennep'schen Phasen des Übergangsritus. Die externen Berater werden in der 1. Phase des Übergangsritus angegliedert (incorporation), erhalten in der 2. Phase einen restriktiven Einblick in die Geheimnisse der Organisation, um dann in der 3. Phase durch einen finalen Bericht allmählich wieder aus der Organisation ausgegliedert zu werden. Aus der Sicht der Mitarbeiter des Klienten stellte sich der Übergangsritus häufig nahezu invers dar: In der 1. Phase wird eine Trennung zwischen denen hergestellt, die die Liminalität durchlaufen (müssen), und denjenigen, die normal weiterarbeiten. In der 2. Phase sehen sich die ausgewählten Mitarbeiter häufig dazu genötigt, den Beratern nicht nur einen gewissen Einblick in ihre Arbeit zu geben, sondern ihnen auch noch ihre eigenen Interpretationen der Faktenlage zu erläutern, um schließlich in der 3. Phase in mehr oder weniger verändertem Zustand wieder zum ‚business as usual' zurückzukehren oder aber unter Umständen auch aus der Organisation entfernt zu werden. Czarniawska und Mazza, die beide selbst gelegentlich als wissenschaftliche Berater bzw. Organisationsforscher zwischen Universität und Klientenorganisation hin und her pendeln, charakterisieren die Arbeitsbedingungen vieler Berater als einen permanenten Schwellenzustand, mit

> dem man sich zwar irgendwie anfreunden könne, der jedoch aufgrund der häufig eher mäßigen Möglichkeiten der Selbstzurechnung von Beratungserfolgen anfangs zu Frustration und später häufig zu innovationshemmender Alltagsroutine führe.

Aus der Perspektive einer Theorie autopoietischer Systeme lässt sich ‚Beratung‘ theoretisch auf (mindestens) drei verschiedenen Systemreferenzen beschreiben. Gesellschaftstheoretisch betrachtet ist ‚Beratung‘ für Luhmann eine „Form der strukturellen Kopplung" zwischen dem Funktionssystem ‚Wissenschaft‘ und anderen Funktionssystemen, also bspw. auch der ‚Wirtschaft‘ oder der ‚Politik‘ (vgl. Luhmann 2002: 393). Dirk Baecker, ein direkter Schüler Luhmanns, beschreibt die Beratung dagegen formentheoretisch als „die Form des Umgangs der Gesellschaft mit einer spezifischen Form der Enttäuschung" (Baecker 2006: 13), namentlich „Enttäuschungen, die daraus resultieren, dass man Spiele der Gesellschaft, Statusspiele, Schichtspiele, Funktionssystemspiele oder Netzwerkspiele, nicht so mitspielen zu können entdeckt, wie man geglaubt hat" (Baecker 2006: 13). Beratung ‚funktioniert‘ Baecker zufolge immer dann, wenn es gelingt, die Opfer von ‚confidence games‘ so abzukühlen, „dass weder der Gesellschaft noch der enttäuschten Person ein dauerhafter Schaden entsteht" (Baecker 2006: 14).

Orientiert man sich – gegen Baecker[29] und mit Luhmann – weiterhin an der Systemreferenz-Trias ‚Interaktion – Organisation – Gesellschaft‘, so lässt sich das Phänomen ‚Organisationsberatung‘ in einem zweiten Schritt auch von der Systemreferenz ‚System-zu-System-Beziehung‘, im vorliegenden Fall also aus einer Vogelperspektive auf die zwei an dem Beratungsverhältnis beteiligten Organisationssysteme heraus, beschreiben.[30] Diese supra-organisationale oder auch ‚ökologische‘ Perspektive ist im Umfeld systemtheoretischer Autoren zwar bereits angesprochen, aber bislang noch kaum ausgearbeitet bzw. für konkrete Analysen fruchtbar gemacht worden.[31]

---

29   Im Gegensatz zu Luhmann verzichtet Baecker darauf, Organisationen theoretisch als eine Systemreferenz eigener Art mit eigenen Bezugsproblemen zu behandeln. Er sieht die Funktionalität von ‚betriebswirtschaftlich unterfütterten Organisationsberatungen‘ folglich auch primär darin, „in ‚mikropolitischen‘ Auseinandersetzungen innerhalb von Organisationen Stellung beziehen zu können" (Baecker 2006: 9).

30   In Anlehnung an das DiMaggio/Powell'sche Konzept des ‚organisationalen Feldes‘ schlägt Huchler (2002) vor, im Falle sich stabilisierender wechselseitiger Beobachtungsverhältnisse zwischen zwei oder mehreren Organisationen von einer vierten Systemreferenz, namentlich dem ‚Interorganisationssystem‘, zu sprechen. Damit ließen sich bspw. auch Interaktions- bzw. Netzwerkeffekte zwischen einem fokalen Klienten und mehreren zeitgleich beim Klienten intervenierenden Beratungshäusern systemtheoretisch konsistent erfassen.

31   Vgl. aber Seidl (2007). Ansonsten wird man bislang eher bei Populationsökologen, Neoinstitutionalisten und Organisationsnetzwerkforschern fündig, die das Phänomen freilich mit einer

In betriebswirtschaftlichen Kreisen interessiert man sich bislang allerdings selten für die Gesamtheit aller im Kontext einer fokalen, beratenen Klientenorganisation emergierenden System-zu-System-Beziehungen, sondern primär für das bilaterale Beziehungsverhältnis zwischen personalen Vertretern des Beratungshauses und Vertretern der Klientenorganisation. Luhmann selbst hat vorgeschlagen, für die Bezeichnung dieser dritten Systemreferenz der Interaktionssysteme, die zwischen Mitgliedern verschiedener Organisationssysteme emergieren, den Begriff ‚Kontaktsystem' zu verwenden (Luhmann 1989: 221). Kontaktsysteme sind demnach Face-to-face-Interaktionssysteme besonderen Typs, in denen unter der ermöglichenden, aber zugleich auch spezifisch restringierenden Bedingung unterschiedlicher Organisationsmitgliedschaften und z. T. auch sehr unterschiedlicher stellenbezogener Entscheidungsprämissen der Beteiligten der Versuch unternommen wird, mündlich oder schriftlich bestimmte Einstellungsänderungen oder Absichtserklärungen hervorzubringen. Dies geschieht mit dem Ziel, das zukünftige Entscheidungsverhalten der beteiligten Organisationssysteme auf eine Weise zu verändern, die nicht mit größeren Gesichtsverlusten verbunden ist. Dass bei der Übersetzung von Vereinbarungen innerhalb solcher Kontaktsysteme in offizielle Organisationsentscheidungen spezifische ‚Übersetzungsverluste' auftreten können, spricht gerade dafür, dass die Entscheidungskommunikation im Organisationssystem und das Entscheidungsverhalten in organisationsübergreifenden Kontaktsystemen unterschiedlichen Logiken gehorchen und damit strukturell – und eben nicht operativ – miteinander gekoppelt sind.[32]

Luhmann zufolge wird „die Nachfrage nach Unternehmensberatungen oft durch interne Konflikte in den Firmen ausgelöst" (Luhmann 1989: 213). Ein zentraler Vorteil externer Organisationsberatung gegenüber organisationsinternen Formen der Selbstbeobachtung bestehe abstrakt darin, dass sich durch die Differenz von interner und externer Beobachtung Beobachtungsmöglichkeiten gewinnen lassen, „die in einem System allein qua Selbstbeobachtung nicht realisiert werden können" (Luhmann 1989: 220). Vor diesem Hintergrund stehe die potentielle Klientenorganisation vor der Schwierigkeit, herausfinden zu müssen, welche Organisationsberatung die angesichts des identifizierten Beratungsbedarfs relativ hilfreichsten Formen der Selbstirritation durch Fremdbeobachtung im Angebot hat.[33] Berater unterscheiden sich Luhmann zufolge wie sinnver-

---

anderen Terminologie – und damit mit anderen ‚blinden Flecken'– zu beschreiben versuchen. Vgl. schon früh: Laumann/Galaskiewicz/Marsden (1978).

32 Zu dieser Einsicht gelangen neuerdings auch Mohe/Seidl (2007).

33 Seit den 1990er Jahren hat sich im deutschsprachigen Raum unter selektivem Rückbezug auf Luhmanns Sozialtheorie eine ‚Systemische Beratung' entwickelt. Vgl. Wollnik (1994); Simon (1995); Wimmer (2004).

arbeitende Systeme generell „je nachdem, was jeweils für sie als nicht in Frage gestellte Unterscheidung fungiert". Unter besonders günstigen Umständen könne sich ein Klientensystem seinen Berater tatsächlich nach seiner Erwartung hinsichtlich dessen ‚blinder Flecken' aussuchen. Luhmann zufolge spielen bei der Beraterwahl in der Praxis allerdings häufig andere Kriterien eine wichtigere Rolle:

> Man orientiert sich statt dessen an Namen – Personennamen, Firmennamen, Theorienamen. An Namen kondensiert Reputation. Reputationsdifferenzen, aber auch einfach die Geschichte von bereits vorhandenen Kontakten, orientieren die Auswahl. Wenn das so ist, kann aber auf seiten des beratenen Unternehmens die Wahl der Berater und in der Folge des Verhaltens ihnen gegenüber nicht durchrationalisiert werden [...]. Der Berater wird gewählt und in der Folge beobachtet im Hinblick auf das, was er nicht sehen kann (Luhmann 1989: 225-226).

Der klientenseitig ausgewählte Berater kann auf der Grundlage seiner eigenen Unterscheidungen und des ihm zugänglichen Ausschnitts der organisationalen Realität beim Klienten Ineffizienzen oder ‚Lebenslügen' diagnostizieren, muss dann allerdings bei der Kommunikation von Diagnosen und Therapievorschlägen darauf achten, dass sich historisch gewachsene organisationale Beobachtungsroutinen und Strukturen nicht beliebig, sondern allenfalls kontingent – also ggf. durch Adoption neuer ‚Lebenslügen' – verändern lassen (Luhmann 1989: 216).[34] Außerdem seien auch Beraterfirmen „an der Erhaltung ihrer eigenen Praxis interessiert" (Luhmann 1989: 213). Luhmann denkt hier nicht nur an die Erhaltung der ökonomischen Rentabilität, sondern auch an die Erhaltung der organisationseigenen ‚Identität':

> Sie legen Wert auf Systemgrenzen, die sich in ihren eigenen Operationen reproduzieren. Sie müssen verhindern, daß ihre besten Mitarbeiter von den beratenen Firmen abgeworben werden. Sie müssen zu lange dauernde Beratungsverhältnisse beenden können, auch wenn dies vom Klienten nicht verlangt wird, ja gegen seinen ausdrücklichen Wunsch geschieht. Sie werden oft die Vielzahl der Aufträge, die Ähnlichkeit oder Verschiedenheit der Problemlagen in den beratenen Firmen und die Methodik der eigenen Vorgehensweise als Lernbedingungen sehen, mit denen sie langfristig ihre Position am Markt, aber auch Interesse und Motivation ihrer Mitarbeiter verbessern (Luhmann 1989: 213).

Während – vielleicht mit Ausnahme von Czarniawska/Manzas – die überwiegende Mehrzahl der bislang dargestellten (Gesellschafts-) Theorien der Beratung fast ausschließlich auf die (Dys-) Funktionalität von Beratungsanbietern für die Klientenorganisation bzw. für die Wirtschaft bzw. Politik im Allgemeinen

---

34 Hieran anknüpfend plädiert bspw. Schädler für eine evolutionäre Perspektive der Unternehmensberatung, die eine ‚Höherentwicklung des Klientensystems' zum Ziel haben müsse. Vgl. Schädler (1996: 205ff.).

fokussieren, weist Luhmann in obigem Zitat explizit auf den Umstand hin, dass Organisationsberatungen selbst Organisationssysteme sind, die intern mit je eigenen Bestandserhalts- bzw. Entscheidungsproblemen umgehen müssen.

Zusammenfassend lässt sich feststellen, dass Theorien der Beratung, die im Kontext des sozialanthropologisch-(system)funktionalistischen Paradigmas entstanden sind, anders als Theorien des ökonomischen bzw. marxistischen Paradigmas traditionell davon ausgehen, dass das, was die Sphäre des Politischen ausmacht, sich weder auf eine rein utilitaristische Kalkulation bzw. Verhandlung von Wirtschaftssubjekten reduzieren lässt, noch das bloße historische Produkt einer geschichtsphilosophisch oder klassentheoretisch ableitbaren Kampfes ungleicher Klassen verkörpert, sondern in bestimmten Hinsichten irreduzible (rituelle) Eigentümlichkeiten aufweist. Auch das, was im Kontext von Organisationen geschieht, lässt sich dieser Perspektive zufolge nicht ausschließlich als das alleinige Produkt vertraglich gebundener, subjektiv zweckrationaler Einzelhandlungen bzw. objektiv sich in den Produktionsverhältnissen widerspiegelnder Klassenantagonismen auffassen, sondern weist – unabhängig von sozialstrukturellen Merkmalen der jeweiligen Mitglieder – irreduzible, organisations-typische Eigentümlichkeiten auf. Organisations- bzw. Behördenberater erfüllen demnach, wenn sie denn erfolgreich sind, manifeste oder latente Funktionen für die Mitglieder- bzw. Nichtmitgliederumwelt einer fokalen Klientenorganisation, die sich nicht unbedingt unmittelbar monetär beziffern lassen müssen. Jüngere Beiträge machen zudem darauf aufmerksam, dass nicht nur auf Klienten-, sondern auch auf Beraterseite Selbstdarstellungs- und Entscheidungsprobleme auftreten können, die der Beratungsleistung eine spezifische Qualität geben können.

2.4 Metakritik: Was bleibt unterbelichtet?

Nach dem relativ umfangreichen theoriehistorischen Durchgang durch die drei wohletablierten sozialwissenschaftlicher Paradigmen, sollen in diesem Unterkapitel zumindest zwei (meta-) kritische Einwände gegen die Art und Weise, wie das Phänomen Unternehmens- bzw. Behördenberatung bislang von Vertretern der ,grand theories' behandelt worden ist, formuliert werden.

2.4.1 Tendenz zu empirisch-selektiven, dogmatisierungsanfälligen Generalaussagen

Obwohl – oder gerade: weil – das Bemühen der Vertreter von ‚grand theories‘, das gesamte (ökonomische) Weltgeschehen in Vergangenheit, Gegenwart und Zukunft auf der Basis einiger weniger abstrakter Grundüberlegungen begreifbar und in seinem Werden und seinem Vergehen ‚erklärbar‘ zu machen, ein faszinierendes Unterfangen ist, so besteht doch – wenn nicht schon bei den Hauptvertretern (oratores) derartiger Großtheorien, dann zumindest unter den zahlreichen, universitär-institutionell erfolgreichen Schülern (bellatores) – ein erhöhtes Risiko zur Entwicklung einer dogmatisierten Weltsicht, die quasi-religiöse Züge annehmen kann. Anzutreffen sind die bellatores der jeweiligen ‚grand theories‘ im Kontext aller drei oben dargestellten Paradigmen – wobei sich unter dem Eindruck der sog. Postmoderne, deren Geist die Sozialwissenschaften in den frühen 1980er Jahren erfasst hat, Hüter des marxistischen und des funktionalistischen Erbes in größerer Zahl als im Falle des (institutionen-) ökonomischen Paradigmas dazu genötigt sahen, an zentralen Stellen Änderungen im bis dato community-spezifisch als unhinterfragt gültigen Annahmen- bzw. Begriffsgerüst vorzunehmen.[1] Mit der Transaktionskostentheorie und bestimmten Varianten der (endogenen) Spieltheorie löst sich aber auch die Neue Institutionenökonomik sukzessive vom einst vorherrschenden, empirie- und praxisfernen Modellplatonismus der ökonomischen Neoklassik.

Trotz jüngerer Revisionen gibt es in allen drei Paradigmen weiterhin Tendenzen zu dogmatisierungsanfälligen Pauschalerklärungen von in der sozialen Wirklichkeit womöglich zugleich komplex-interdependenten und historisch-spezifischen Zusammenhängen. Während der Mainstream der (liberalen) Ökonomik auch noch unter postmodernen Weltverhältnissen dazu neigt, sich aufgrund eines Glaubens an die universelle Überlegenheit einer unsichtbaren Hand freier Märkte etwas einseitig für Deregulierung und Entstaatlichung stark zu machen, vermuten die wenigen, noch im akademischen Betrieb angekommenen Vertreter einer klassentheoretisch-(post) marxistischen Position nicht selten ähnlich einseitig hinter jeglichem sozialen Wandel die geschickt verschleierte Hand einer weltverschwörerisch tätigen (Spät-) Kapitalistenklasse. Weniger offensichtlich, aber nach Ansicht des Verfassers dennoch beobachtbar, ist die Neigung zur

---

1   Den Beobachter interdisziplinärer Lehre verwundert es immer wieder aufs Neue, wie unterschiedlich das Verhältnis zwischen Lehr(buch)-Dogmatik und multiparadigmatischer (Hyper-) Reflexivität in Standardlehrveranstaltungen der Ökonomie und der Soziologie bis heute noch gehandhabt wird.

(Selbst-) Dogmatisierung unter Vertretern des (system-) funktionalistischen Paradigmas.[2] Gegen Vertreter eines utilitaristischen Reduktionismus einerseits und einer klassentheoretisch-stratifikatorischen Gesellschaftsgeschichtsbetrachtung andererseits führt man hier nicht selten das Pauschalargument des überall beobachtbaren Langfristtrends hin zur Entfaltung einer primär funktional differenzierten Weltgesellschaft ins Feld.[3] Einen forschungspraktisch bislang eher selten eingelösten Vorsatz hierfür findet man zumindest bei Colomy (1990).

Obwohl es in allen drei Paradigmen Vertreter moderater Theorievarianten gibt, die paradigmeninternen Dogmatisierungstendenzen mit gewichtigen, auch historisch und empirisch belegten Argumenten entgegentreten, ist die Neigung zur selektiven Ausblendung historischer und empirischer Gegenbelege abstrakt-formal bzw. metaphysisch-transhistorisch ansetzender Theorien weiterhin hoch. Angesichts der sinkenden Überzeugungskraft des Theorieangebots innerhalb wohletablierter Paradigmen erhofft man sich in der jüngeren Literatur zur Beschreibung und Erklärung von sozialem Wandel vor allem von zwei Forderungen einen Erkenntnisfortschritt: erstens die Ausarbeitung von historisch und empirisch gesättigten (Partial-) Theorien mittlerer Reichweite und zweitens das Einhalten der Logik der Modellbildung (vgl. etwa Müller/Schmid 1995: 31ff.). Auch in den verbleibenden Kapiteln der vorliegenden Arbeit kann diesen hohen Ansprüchen nur zum Teil genügt werden. Im Sinne einer Entdogmatisierung durch Pluralisierung und Historisierung wird im folgenden Kapitel zumindest der Versuch unternommen, ausgehend von einigen, einander z. T. widersprechenden Partialtheorien zur Erklärung des in jüngerer Zeit auch in der BRD beobachtbaren Nachfragewachstums nach Dienstleistungen externer Unternehmens- bzw. Behördenberater eine Art Trend- bzw. Transformationstheorie mittlerer Reichweite zu skizzieren, die auch historische und länderspezifische Besonderheiten der sukzessiven Ausbreitung der (Behörden-) Beraternachfrage mitberücksichtigt. Im empirisch-quantitativen Teil der Arbeit werden dann – allerdings ohne den Anspruch, bereits allen Logiken der Modellbildung vollauf zu genügen – die bi- und multivariaten Ergebnisse einer schriftlichen Befragung

---

2 Ähnlich auch schon Tiryakian (1985: 120f.).

3 Eine ‚parasitäre' Forschungshaltung, die sich ausschließlich (!) darauf spezialisiert, durch teilweise hochselektive Heranziehung von historischen und empirischen Belegen den Langfristtrend der Durchsetzung einer Primärlogik funktionaler Differenzierung überall bestätigt zu finden, macht sich in der Tat verdächtig, eine gesellschaftlich absichtslos folgenlose – und damit selbst ideologische – ‚Erzählung' zu produzieren. Notwendig wäre ein empirisches Forschungsprogramm, das sich selbst – und sein Publikum – auch für die empirische (Primär-) Beobachtung von zeit-historisch- und räumlich-lokalen Tendenzen des möglichen Rückfalls in überkommen geglaubte Differenzierungsformen sensibilisiert.

von Kommunalverwaltungen im Hinblick auf den gegenwärtigen und zukünftig erwarteten Beratungsbedarf dargestellt und diskutiert werden.

2.4.2   Tendenz zur Ausblendung von interorganisationalen Isomorphismen und Netzwerken

Das (institutionen-) ökonomische und das klassentheoretisch-(post) marxistische Paradigma neigen ‚von Haus aus' dazu, die Sphäre der ‚Politik' entweder als ineffiziente oder aber als ungleichheitsverstärkende Verlängerung des kapitalistischen Nutzen- bzw. Herrschaftsstrebens aufzufassen. Neuere Theorien in beiden Lagern arbeiten zwar mit je eigenem Erkenntnisinteresse heraus, dass in der Politik offenbar ein gewisser Spielraum für ‚relativ autonome' Spiele besonderer Art existiert. Letztendlich muss aber – zur Erhaltung des Kernanliegens des jeweiligen Paradigmas – an der Vision festgehalten werden, dass sich alles, was in der Politik vor sich geht, entweder auf eine ökonomisch ableitbare Rationalität oder aber auf eine klassentheoretisch rekonstruierbare Nichtneutralität im Hinblick auf ungleichheitsrelevante Dimensionen zurückführen lässt. Obwohl die Rolle von rechtsdurchsetzenden Institutionen für die Stabilisierung und das Gedeihen des kapitalistischen Systems unstrittig ist, beschäftigt man sich eher selten mit der Suche nach einer historisch-empirisch vermutlich veränderlichen Antwort auf die Frage, welche Veränderungen eine sukzessive Internationalisierung sowohl der Normierungs- und Regulationsinstanzen als auch der Produktions- und Absatzmärkte für Einzelstaaten und deren Kommunalverwaltungen konkret mit sich bringen. Auch innerhalb des (system-) funktionalistischen Paradigmas gerät teilweise zu schnell aus dem Blick, dass der Grad der Entfaltung des Prinzips funktionaler Differenzierung in den Funktionssystemen auch maßgeblich davon abhängt, auf welche Arten und Weisen in international, national, regional oder lokal aktiven Organisationen soziohistorisch kontingent über bestimmte, global, national oder lokal u. U. folgenreiche Entscheidungsprämissen entschieden wird.[4] Vielleicht mit Ausnahme der Vertreter sozialanthropologisch-kulturalistisch geprägter Theorien, die allerdings häufig über kein adäquates Organisationsverständnis verfügen, fällt es Organisationstheoretikern aller drei Paradigmen zudem schwer, sich theoriebautechnisch mit der Möglichkeit anzufreunden, dass Entscheidungen, die im Kontext formaler Organisationen getroffen werden, in mehr oder weniger starkem Umfang auch irrationale bzw. zufällige Komponenten enthalten können, sich also nicht in

---

4   Vgl. aber zumindest in ersten Ansätzen Stichweh (1995) und Heintz/Münch/Tyrell (2005).

jedem Fall ex-post vollständig (!) als das logische Resultat zweck- oder systemrationaler (Ausbeutungs-) Kalküle rekonstruieren lassen.[5]

Auf die Möglichkeit einer systematisch suboptimalen Anpassung von Organisationsstrategien an Umweltverhältnisse sowie auf die Möglichkeit eines nichtintendierten Imports von Normen, Regeln und Techniken aus anderen gesellschaftlichen Kontexten in fokale Organisationen haben in den letzten 20 Jahren drei US-amerikanisch initiierte Forschungsprogramme aufmerksam gemacht: die Populationsökologie von Organisationen, der soziologische Neoinstitutionalismus und die Netzwerksoziologie.

Während sich die populationsökonomische Perspektive aufgrund des im Falle von Behörden fehlenden ‚Sterblichkeits'-Problems bestenfalls für die Analyse von Nischen-Verletzlichkeiten eingeschränkt einsetzen lassen, könnte eine neoinstitutionalistische oder netzwerksoziologische Analyse von ‚Behörden' und deren institutionelle Einbettungen interessante Erkenntnisse hervorbringen. Wie so etwas aussehen könnte, wird im Folgenden zunächst angedeutet und im nächsten Kapitel selektiv entfaltet

Im soziologischen Neoinstitutionalismus der Organisationsanalyse haben sich im Wesentlichen zwei komplementäre Perspektiven entwickelt, die jeweils zu zeigen versuchen, dass Organisationen jenseits aller Bemühungen um eine möglichst rationale Aufgabenerfüllung aufgrund ihrer Exposition in institutionellen Umwelten dazu neigen, bestimmten isomorphischen Angleichungsprozessen zu unterliegen: Die erste Perspektive betont die vorwiegend horizontale Einbettung von fokalen Organisationen in ‚organisationale Felder' und interessiert sich vor allem für horizontale Prozesse der interorganisationellen Absorption von Unsicherheit (vgl. DiMaggio/Powell 1991). Die zweite, komplementäre Perspektive geht von der Annahme aus, dass vor dem Hintergrund technischer und institutioneller Fortschritte in der zweiten Hälfte des 20. Jahrhunderts die vertikale Einbettung von Organisationen bzw. organisationalen Teilsystemen in eher vertikal organisierte ‚gesellschaftliche Sektoren' erheblich dazu beiträgt, dass verschiedene, z. T. auch räumlich entfernte Organisationen intern sehr ähnliche Strukturen ausbilden (vgl. Scott/Meyer 1992). Behörden könnten im Zuge

---

5   Bei Institutionenökonomen und Klassentheoretikern gehört die Zuversicht, Organisationen und Gesellschaften im Prinzip (!) einer rationalen Praxis zuführen zu können, zum bewahrenswerten Erbe der Klassiker. Unter Systemtheoretikern scheint man sich dagegen unschlüssig, welchen Einfluss man Faktoren einzuräumen bereit ist, die der nichtorganisatorischen gesellschaftlichen Umwelt entspringen, vor dem Hintergrund der theoretisch gesetzten Annahme einer paradoxalen Verfasstheit von (organisationalen) Entscheidungen. Hier sieht auch Luhmann in seinem organisationstheoretischen Spätwerk noch Forschungsbedarf. Vgl. Luhmann (2000: 330ff.). Am vielversprechendsten erscheinen derzeit kommunikations- und/oder netzwerktheoretische Ansätze.

einer Analyse ‚organisationaler Felder' nicht nur als ‚key suppliers', als ‚resource and product consumers', als ‚regulatory agencies' oder als ‚other organizations that produce similar services and products', sondern eben auch als fokale Organisationen untersucht werden, die selbst isomorphischen Umweltdrücken unterliegen.[6] Aus der erstgenannten Felder-Perspektive könnte man das organisationale Feld einer Behörde z. B. als Aggregat all jener überwiegend regional angesiedelten anderen Organisationen auffassen, mit denen die fokale Behörde in mehr oder weniger regelmäßig wiederkehrenden, unmittelbaren Kommunikationsbeziehungen steht.[7] Besonders in den Blick zu nehmen wäre hierbei das vermutlich auch netzwerktheoretisch beschreibbare Phänomen ‚interorganisationale Aufstiegsmobilität', wenn sich also z. B. ein Mitarbeiter des Finanzreferats der Gemeinde A erfolgreich um die Stelle des Kämmerers der geographisch nicht allzu weit entfernten Gemeinde B bewirbt und in seiner neuen, einflussreicheren Stelle bewusst oder nicht bewusst Elemente der Referatskultur seiner vorherigen Gemeinde transferiert.

Zu den Grundannahmen der zweitgenannten vertikalen Perspektive des soziologischen Neoinstitutionalismus gehört unter anderem, dass der Grad der in organisationalen Einheiten einer bestimmten Sektorebene wahrgenommenen Unsicherheit im Hinblick auf bestimmte Entscheidungslagen auch davon abhängt, welche Vorkehrungen der Unsicherheitsabsorption zuvor in den organisationalen Einheiten der vertikal jeweils über- bzw. untergeordneten Ebenen desselben Sektors getroffen worden sind.[8] Angewandt auf den Fall einer deutschen Behörde könnte man daher vermuten, dass Entscheidungen, die auf einer übergeordneten Sektorebene, etwa der EU, des Bundes oder des Landes, im Hinblick auf bestimmte sektorspezifische Themen *heute* getroffen werden, unter Umständen *morgen* auf einer anderen Ebene neuartige (Un-) Sicherheiten produzieren können, auf die dort u. U. mit einer veränderten Nachfrage nach extern Beratungsleistungen reagiert werden wird. Obwohl die Zusammenhänge zwischen

---

6   Auf die Sinnhaftigkeit dieses Perspektivenwechsels weisen auch Frumkin/Galaskiewicz (2004) hin.

7   Außerhalb der Grenzen des organisationalen Felds einer fokalen Kommunalverwaltung befinden sich damit all jene Organisationen, mit deren etwaigen Erwartungsansprüchen die fokale Kommunalverwaltung nur über den Umweg der Massenmedien in Berührung kommt. Wenn man nicht zumindest an dieser forschungspragmatischen Einschränkung des organisationalen Feldbegriffs festhält, dann wird die vorgeschlagene Analyseeinheit heutzutage potentiell gleichbedeutend mit ‚Weltgesellschaft'. So konsequent, aber mit eigenen Abgrenzungsproblemen behaftet, auch Meyer/Jepperson (2005).

8   Dazu Scott und Meyer: „Complexity of structure at one level of a sector is not inevitably associated with simplicity at the adjacent level; some higher levels serve to buffer and absorb complexity for lowers; others contribute to the complexity confronting organizations under them" (Scott/Meyer 1992: 142).

jüngeren Entwicklungen im Bereich der internationalen Beziehungen einerseits und Veränderungen im innerstaatlichen Bereich der interorganisationalen Beziehungen andererseits nur noch schwer durchschaubar sind, soll im folgenden Kapitel der Versuch unternommen werden, zumindest zu skizzieren, welche soziohistorischen Trends auf (inter-) nationaler Ebene dazu beigetragen haben, dass auch deutsche Großstadtverwaltungen seit den 1990er Jahren ein verändertes Beraternachfrageverhalten aufweisen. In diesem Zusammenhang werden an verschiedenen Stellen auch erste Konturen einer an anderer Stelle noch weiter auszuarbeitenden netzwerktheoretischen Perspektive sichtbar werden.

3 Erklärungen für die Emergenz eines Marktes für ‚Behördenberatung' in der BRD

Am Ende von Kapitel 2 wurden zwei aus Sicht des Verfassers gewichtige Einwände gegen die zuvor vorgestellten (Gesellschafts-) Theorien der Beratung formuliert, welche im Kontext der drei wohletablierten sozialwissenschaftlichen Paradigmen entstanden sind: zum einen die Tendenz zur Dogmatisierung und Abschottung gegenüber neuer Empire, zum anderen die Tendenz zur Ausblendung von interorganisationalen Anpassungsprozessen, die sich möglicherweise jenseits rationaler Entscheidungskalküle von Organisationsmitgliedern einstellen. Obwohl man trotz dieser Einwände die Welt weiterhin aus der Perspektive (s)einer ‚grand unified theory' fremdbeschreiben kann, erscheint es im Zusammenhang mit dem Ziel, die Hypothese der Emergenz eines Spezialmarkts für Behördenberatung in der Bundesrepublik Deutschland theoretisch und empirisch zu erhärten, aus Sicht der Verfassers sinnvoll, ergänzend das Erklärungspotential einiger weiterer Theorien mittlerer Reichweite[1] zur Erklärung eines veränderten Beraternachfrageverhaltens zu sichten. Im Anschluss an die Kurzvorstellung der Argumentationslogiken der in der bestehenden Literatur verstreut auffindbaren (Partial) Erklärungen (3.1) wird in einem zweiten Schritt (3.2) der Versuch unternommen werden, auf der Basis von zeithistorischen Quellen polit-historisch zu rekonstruieren, welche Ereignisse in der jüngeren Geschichte der BRD (möglicherweise) dazu beigetragen haben, dass der Staat Bundesrepublik Deutschland im Allgemeinen und die den jeweiligen Bundesländern unterstellten Kommunalverwaltungen im Besonderen seit den 1990er Jahren eine veränderte Nachfrage nach externen Beratungsanbietern zeigen. Auch wenn der historisch-qualitative Zugang methodologische Schwächen aufweist, hält der Verfasser es in Übereinstimmung mit Hauptvertretern einer frühen quantitativ-empirischen Sozialforschung für sinnvoll, den im anschließende Kapitel 4 dargestellten Ergebnissen einer schriftlichen Querschnittsbefragung eine mit historischen Quellen unterfütterte ‚Trend-Theorie'[2] voranzustellen. Doch zunächst ein kurzer Durchgang durch die Partialerklärungen in der bestehenden Literatur.

---

1   Dieser Begriff geht auf Robert K. Merton zurück. Er entstand im Zusammenhang mit Mertons Ablehnung des Parsons'schen Versuchs einer ‚grand unified theory'.

2   Barton/Lazarsfeld sprechen sich in einem klassischen Beitrag explizit für die Entwicklung von ‚Trendtheorien' aus. Dazu differenzierend: „Da diese [die qualitativen Beispiele; A. H.] nicht

3.1 Partialerklärungen in der bestehenden Literatur

Im folgenden Kurzüberblick über Partialerklärungen für den wachsenden Nachfrageboom werden zunächst allgemeinere organisations- und netzwerktheoretische Ansätze skizziert, die vorwiegend im Kontext der betriebswirtschaftlichen und soziologischen Organisations- und Beratungsforschung entstanden sind. Dem eigenen sozio-historischen Rekonstruktionsversuch vorangestellt sind insgesamt fünf (Partial-) Erklärungen, die auf verschiedene Aspekte hinweisen, die man bei der Beantwortung der Frage nach dem Warum von Behördenberatung auch im Blick halten sollte.

3.1.1 Arenalogik: Organisationsmoden für stressgeplagte Top-Manager

Obwohl die ersten Unternehmensberatungen bereits im Übergang vom 19. zum 20. Jahrhundert gegründet wurden,[3] und sich schon relativ früh nationale Interessenverbände herausbildeten,[4] konnte die Beratungsbranche zumindest in der BRD erst in den 1980er Jahren ein von einigen Autoren als ‚explosionsartig' beschriebenes Branchenwachstum verzeichnen.[5] Der deutsche Betriebswirt Alfred Kieser beweist, dass man nicht unbedingt Vertreter einer marxistischen Gesellschaftstheorie sein muss, um für den insbesondere ab Mitte der 1990er Jahre in vielen westlichen Industriestaaten beobachtbaren deutlichen Anstieg des Anteils der Unternehmensberaterbranche am Bruttoinlandsprodukt eine zumindest stellenweise verschwörungstheoretisch anmutende Erklärung anbieten zu können. Seiner Ansicht nach entstehen Organisationsmoden in sog. Arenen, in denen verschiedenste Akteure aus Wissenschaft, Journalismus und Dienstleistungswirtschaft

---

systematisch ausgewählt oder präzis gemessen worden sind, können sie nie in irgendeinem statistischen oder experimentellen Sinn einen exakten Beweis darstellen. Sie können jedoch durchaus, je nach Zahl, Reichweite und Beziehung zur eigenen Erfahrung des Lesers, in unterschiedlich starkem Maße eine Bestätigung oder Erhärtung einer Hypothese darstellen" (Barton/Lazarsfeld 1993: 83).

3   Näheres hierzu findet sich etwa bei Kipping (2002) und in Kipping/Engwall (2002).
4   Gründungsjahr der US-amerikanischen ‚Association of Management Consulting Firms' ist das Jahr 1929. In der BRD wurde der 1954 gegründete ‚Bund Deutscher Unternehmensberater' im Jahr 1974 zum ‚Bundesverband' umbenannt, in dem fortan nicht mehr nur Einzelberater, sondern auch Beratungsunternehmen Mitglied werden konnten. Vgl. die historischen Selbstbeschreibungen unter ACMF (2008) und BDU_FöA (2008).
5   Vgl. etwa Faust (2000); Ernst/Kieser (2002).

ihre individualistischen Ziele – möglichst viel Gewinn, Ansehen, Einfluß, Karriere usw. – vor allem dadurch erreichen, daß sie die Arena durch das Anlocken von Publikum und weiterer Akteure ausweiten (Kieser 1996: 23).

Kieser zufolge emergieren Arenen in der Regel unter Bezugnahme auf das Vokabular eines Management-Bestsellers. In regelmäßigen Abständen würden in Arenen neue Moden, Leitbilder und Mythen erzeugt, auf deren Rezepte und Heilsversprechen die Top-Manager von (potentiellen) Klientenorganisationen selbst dann dankbar zurückgreifen würden, wenn sie sich – als rationale Akteure – des paradoxalen bzw. utopischen Charakters mancher Organisationsmoden bewusst sind. Die Ursache für ein derartig merkwürdiges Verhalten lokalisiert Kieser vor allem in der Psyche der Top-Manager: der enorm gewachsene Wettbewerbsdruck, der gerade von Top-Managern als sehr belastend empfunden werde, befördere eine Urangst vor Kontrollverlust. Dies mache viele Top-Manager für die Versprechungen von Organisationsmoden empfänglich (Kieser 1996: 27). Einflussreichen Beratungsanbietern sei es daher nach und nach gelungen, neuartiger Klientenmärkte – darunter auch den öffentlichen Sektor – für sich zu erschließen und von dort aus weiter zu expandieren (Ernst/Kieser 2002).

Das Besondere an dieser Partialerklärung ist, dass sie Unternehmensberater als eigeninteressierte Akteure einer angebotsorientierten Arena beschreibt, deren Dienstleistungen vorwiegend zur vorübergehenden Beruhigung der chronisch stressgeplagten Psyche von Top-Manager nachgefragt werden. Vor dem Hintergrund einer in Kapitel 2.3 dargelegten Auflistung einer Vielzahl von manifesten und latenten Funktionen von Organisationsberatung wirkt die von Kieser vertretene Kernthese eines direkten Kausalzusammenhangs zwischen einer objektiven Zunahme des branch)interneninternen Wettbewerbsdrucks und einer dadurch wachsenden Disposition der Psyche von Top-Managern, wiederholt auf die in speziellen Arenen produzierten Heilsversprechen von Organisationsmoden hereinzufallen, nicht nur (kontingenz-) theoretisch etwas eindimensional, sondern dürfte sich empirisch zudem nur schwer falsifizieren lassen. Interessant an diesem Erklärungsversuch ist aber der Hinweis darauf, dass sich die Anbieterseite in Arenen ‚organisiert' und dort austestet, welche (Re-) Organisationsmoden bei welchen Kliententypen in naher Zukunft ‚anschlussfähig' (im Sinne einer verstärkten Nachfrage) werden könnten.

3.1.2 Oszillodox: Parasitäre Ausnutzung der paradoxalen Verfasstheit von Organisationen

Der Verwaltungswissenschaftler und spätere Nobelpreisträger Herbert A. Simon hat bereits in einem frühen organisationstheoretischen Aufsatz herausgearbeitet, dass die in der damaligen Verwaltungs(management-)Literatur gebräuchlichen Sprichwörter der Verwaltung für sich alleine betrachtet zwar jeweils sehr plausibel klingen, dass es aber entscheidungspraktisch schlichtweg unmöglich sei, bei einer organisationalen Entscheidung über Entscheidungsprämissen allen jeweils gut begründeten Prinzipien *gleichzeitig gleichermaßen gut* gerecht zu werden (vgl. Simon 1944). Die Folge sei ein Entscheidungsdilemma, das in der Praxis aber irgendwie – nämlich qua Entscheidung – aufgelöst werden müsse.[6] Der soziologische Systemtheoretiker Niklas Luhmann greift Simons Grundproblem auf, spricht aber anstelle von Dilemmata von ‚Paradoxien' des Entscheidens (Luhmann 1993). Nach Ansicht der soziologisch informierten Ökonomen Littmann und Jansen besteht das Kernparadoxon der (Wirtschafts-) Organisation darin, dass die Organisation „im Wettbewerb durch eine Stabilisierung der Wandelfähigkeit Innovationsprozesse routinisieren [soll], indem sie sich ihre Identität durch Veränderung erhält" (Littmann/Jansen 2000: 18). Eine in der (Management-) Praxis häufig angewandte Form, derartige Entscheidungsdilemmata bzw. Paradoxien aufzulösen, besteht Luhmann zufolge darin, sich zumindest *temporär* für die *einseitige* Orientierung an bestimmten – unter systematischer Vernachlässigung anderer – Prinzipien zu entscheiden.[7] Solange es gelänge, die Folgeprobleme derartiger einseitig entschiedener Entscheidungsprämissen (gegenüber Anspruchsgruppen) weitgehend zu invisibilisieren, könne man damit womöglich eine ganze Zeit lang gut überleben. Unter spätmoderner Dauerbeobachtung durch vielfältige Anspruchsgruppen, die im Hinblick auf ihre je eigenen ‚stakes' von der fokalen Organisation jeweils ein größtmögliches Maß an ‚Transparenz' einfordern, werde jedoch das Risiko eines durch die Weiterverfolgung einer (allzu) einseitigen Strategie womöglich bewirkten Schadens schon nach kurzer Zeit derart groß, dass die noch bis eben für erfolgssichernd erachteten Prinzipien unter

---

6 Der frühe Simon hofft abschließend dennoch darauf, auf der Basis einer empirisch fundierten ‚administrative science' früher oder später mit wissenschaftlichen Mitteln optimale(re) Lösungen errechnen zu können.

7 Ähnlich auch der Industriesoziologe Deutschmann, der aus einer ‚historisch-soziologischen' Perspektive heraus zu der Einschätzung gelangt, dass derartige Formen der ‚Rationalisierung der Rationalisierung' kaum noch Anlass zur Weitertradierung des Hegel'schen Optimismus einer fortschrittlichen ‚Negation der Negation' geben, sondern eher als ‚Sisyphosarbeit' zu verstehen sind. Vgl. Deutschmann (1996).

einem für die jeweils wichtigsten Anspruchsgruppen plausibisierbaren Vorwand schon nach relativ kurzer Zeit durch neue Prinzipien abgelöst werden müssten, deren konsequente Verfolgung wiederum selbst notwendige Einseitigkeiten mit spezifischen Folgeproblemen produziert etc.

Für Littmann und Jansen sind Manager daher Paradoxiekünstler, Organisationsmoden und Beratungskonzepte entsprechend „Parasiten, die sich immer wieder auf eine der beiden Seiten schlagen" (Littmann/Jansen 2000: 20). Wirtschaftsorganisationen, die wettbewerbsfähig bleiben wollen, seien daher dazu verdammt, laufend zwischen verschiedenen, einander widersprechenden Prinzipien bzw. Paradoxien laufend hin und her zu oszillieren.[8] Obwohl es zwischen Wirtschaftsunternehmen und Behörden durchaus eine Reihe von Unterschieden gibt, könnte sich zumindest ein Teil der von den Autoren speziell für privatwirtschaftlich finanzierte Wirtschaftsunternehmen herausgearbeiteten Paradoxien des Entscheidens womöglich auch auf die spätmoderne Situation öffentlicher (Kommunal-) Verwaltungen[9] übertragen lassen:

- Dezentralisierung vs. (Re-) Zentralisierung (einzelner Fachbereiche)[10]
- Outsourcing vs. Insourcing (öffentlicher Aufgabenerfüllung)
- (intra- und interkommunale) Kooperation vs. Wettbewerb
- Aufbau von slacks vs. Rationalisierung (in den verschiedenen Ressorts)
- Autonomie vs. (Inter-) Dependenz (zwischen den verschiedenen staatlichen Ebenen)
- Hierarchie vs. Heterarchie
- Kernkompetenzen (hoheitliche Aufgaben) vs. vertikale Integration (freiwillige Selbstaufgaben, lokale Daseinsvorsorge)
- Flexible Kleinheit vs. mächtige Größe

In Anlehnung an die ‚einseitigen' Forderungen eines US-amerikanischen Public-Management-Bestellers lassen sich für staatliche Verwaltungen darüber

---

8   Auch der Verwaltungssoziologe Hans-Ulrich Derlien sieht sich angesichts der jüngsten Verwaltungsmodernisierungsrhetorik an Herbert A. Simons Sprichwörter-Aufsatz zurück erinnert. Anders als Littmann/Jansen assoziiert Derlien mit diesem ‚Postmodernismus der Verwaltungsmodernisierung' jedoch (vielleicht vorschnell) ein ‚anything goes' und plädiert stattdessen für eine Fortsetzung der ‚wirklichen Moderne im Sinne von Aufklärung und Französischer Revolution'. Vgl. Derlien (1996: 120).

9   Das Bewusstsein für den paradoxalen Charakter bestimmter Entscheidungszusammenhänge ist durchaus auch in der angelsächsischen Public-Policy-Literatur vorhanden. Vgl. etwa. Gruber (1987); Aucoin (1990); Kickert (1996); Stone (1997).

10   Einen Überblick über ambivalente Auswirkungen von Dezentralisierung auf die Steuerungsmöglichkeiten des Staates findet sich neuerdings bei Naumann (2008).

hinaus aber noch mindestens folgende weitere Dilemmata des Entscheidens über Entscheidungsprämissen anführen.[11]

- Deregulierung durch Bürokratieabbau vs. (Re-) Regulierung von (regelungsbedürftigen) Märkten
- Privatisierung | Dritter Sektor vs. (Re-) Kommunalisierung politisch hochsensibler Bereiche des ‚Öffentlichen'
- Vollständige Transparenz vs. selektive Intransparenz des Zustandekommens von kollektiv-bindenden, politisch-administrativen Entscheidungen
- Bürgerbeteiligung vs. hoheitliche Durchsetzung des bereits über Wahlen legitimierten (Volksvertretungs-) Willens der politisch Herrschenden
- Langfristig-orientierte Krisenvorbeugung vs. kurzfristig-orientiertes Feuerlöschen vor Wahlen bzw. Kontrollbesuchen von übergeordneten Aufsichtsbehörden
- Orientierung an der Kundenzufriedenheit (Business Process Reengineering) vs. Orientierung an verwaltungsinterner Prozesseffizienz (Neo-Taylorismus)
- Orientierung an Missionen/Leitbildern (z. B. Kontraktmanagement über Zielvereinbarungen) vs. Orientierung an festen Regeln (z. B. Verwaltungsverfahrensgesetze)
- Leistungsorientierte Flexibilisierung der Besoldung bzw. Entgelte vs. strikte Orientierung der Besoldung bzw. Entlohnung an Grundsätzen wie ‚Amtsangemessenheit' und ‚Gleichbehandlung gleichwertiger Arbeit'
- Gebührenfinanzierung vs. Steuern-/Beitrags-Finanzierung öffentlicher Leistungen
- Outputorientierung vs. Inputorientierung bei der Erfolgsmessung
- Lose Kopplung (Fehlertoleranz) vs. feste Kopplung (schnelles, kausales Durchschlagen) von systemübergreifenden Kommunikationsbeziehungen

Auf der Basis dieses entscheidungstheoretischen Ansatzes stehen öffentliche (Kommunal-) Verwaltungen also prinzipiell vor ähnlichen Entscheidungsparadoxien wie privatwirtschaftliche Wirtschaftsunternehmen, über die – evtl. unter selektivem Rückgriff auf Organisationsmoden und Beratungskonzepte – in regelmäßigen Abständen neu entschieden werden muss.[12] Der bis in die späten 1980er Jahre hinein

---

11 Vgl. Osborne/Gaebler (1993). Der Frage, welche Rolle Managementgurus und deren Bestseller für die Beraternachfrage US-amerikanischer Behörden in den 1990er Jahren spielten, widmen etwa Micklethwait/Wooldrige (1996) ein ganzes Kapitel.

12 Ein jüngeres Beispiel für den Versuch eines Beraters, deutschen Kommunalverwaltungen die von Womack und Jones entwickelte Lean-Thinking-Philosophie sowie deren Verschlankungsrezepte nahezubringen, findet man bspw. in Wiegand (2004). Ob hierfür deutsche Kommu-

vergleichsweise geringe Rückgriff auf Behördenberater ließe sich vor diesem Hintergrund dadurch erklären, dass es deutschen Kommunalverwaltungen noch etwas länger als deutschen Wirtschaftsunternehmen gelungen ist, bestimmte Einseitigkeiten entweder vollständig zu invisibilisieren[13] oder aber, sich durch situationsbezogenen Rückgriff auf ‚inkrementelle Lösungen'[14] satisfiszierend ‚durchzuwursteln' (vgl. Lindblom 1959). Etwas unklar bleibt allerdings, warum der ‚paradoxale Charakter' deutscher Kommunalverwaltungen ausgerechnet in den 1990er Jahren (wieder) sichtbar geworden sein sollte und es (erstmals) auch neuartigen Behördenberatungsanbietern gelungen ist, hiervon zu profitieren.

3.1.3 Interorganisationelle Netzwerke: Karrieren und Wissensvalidierung

Eine Reihe von soziologischen Autoren der letzten 30 Jahre hat darauf hingewiesen, dass auch in modernen, funktional differenzierten (Organisations-) Gesellschaften personelle Netzwerke eine weiterhin wichtige Rolle spielen. In einer klassischen Studie weist der Netzwerksoziologe Granovetter bereits in den 1970er Jahren darauf hin, dass die organisationstheoretische Literatur bis dato das Phänomen der interorganisationellen Mobilität zu Unrecht weitgehend ausgeblendet hat (Granovetter 1995: 107ff.). Aus personellen Netzwerken, die sich über Organisationsgrenzen hinweg gebildet haben, erwachse nämlich regelmäßig ein ‚interfirm network', welches „allows information and ideas to move fairly easy through a field, giving it some coherence and perhaps a ‚sense of community'" (Granovetter 1995: 107ff.). Bestimmte Personengruppen würden regelmäßige Zusammenkünfte mit Personen aus anderen Organisationen dazu nutzen, um auf eher informellem Wege gutes Personal zu rekrutieren oder sich selbst abwerben zu lassen. Vielfach würden jedoch nicht nur die Kontaktpersonen selbst, sondern auch die Organisationen, die die jeweiligen Personen (temporär) beschäftigen, aus derartigen personellen Netzwerken einen Nutzen ziehen. Während der frühe Granovetter vor allem die positiven Aspekte derartiger interorganisationeller Austauschprozesse betont, zeigt Luhmann am Beispiel der Verhältnisse Süditaliens, dass organisationsübergreifend etablierte, interpersonelle ‚Systeme wechselseitiger Gunst-

---

nalverwaltungen tatsächlich ‚reif' sind, müsste davon abhängen, welche Einseitigkeiten die unmittelbar zuvor implementierte Organisationsmode bereits produziert hat.

13   Oder es die Untertanen durch eine entsprechend bürokratische Abfertigung doch spüren zu lassen. In der einschlägigen Literatur mag dies durch eine Tendenz zur einseitigen Fokussierung auf formal-juristische Aspekte begünstigt worden sein. Vgl. etwa Becker (1997).

14   Dazu mehr in Unterkapitel 3.2.

erweises' auch dazu imstande sind, das für funktional differenzierte Gesellschaften als durchgesetzt angenommene Prinzip der Rollentrennung – und damit: Modernität! – ,parasitär' für systemeigene Zwecke auszuhebeln (Luhmann 1995). Im Folgenden sollen vor allem zwei Implikationen derartiger interpersoneller Netzwerke angesprochen und als mögliche (Teil-) Erklärung für die wachsende Inanspruchnahme von externen Beratungsanbietern vorgeschlagen werden:[15] 1) interorganisationelle Karrieren und 2) interorganisationelle ,Advice Networks'.

Das in vielen, vor allem großen Strategieberatungshäusern geltende Karriereprinzip des ,Up or Out' bringt unter anderem mit sich, dass Beratungsgesellschaften ihren Junior Consultants dabei helfen, nach Ende ihrer 3-4-jährigen Beratertätigkeit einen neuen Arbeitgeber zu finden (so de Vries 1995: 122). Für Beratungsaussteiger geradezu naheliegend ist eine gehobene Anstellung in einem derjenen Klientenorganisationen, die man bereits im Zusammenhang mit durchgeführten Beratungsprojekten etwas näher kennenlernen konnte. Allerdings dürften zumindest die im empirischen Teil dieser Arbeit näher interessierenden deutschen Stadtverwaltungen bislang aber in mehrerlei Hinsicht eher selten eine realistische Outplacement-Option für Behördenberater darstellen.[16] Bevor man in der BRD als Kommunalbeamter oder Verwaltungsangestellter beschäftigt werden kann, muss man zumindest bislang eine spezielle Verwaltungsausbildung durchlaufen haben. Da aber im Vergleich zur Privatwirtschaft weder die Einstiegsbesoldung besonders hoch ist noch wahrscheinlich ist, dass man verwaltungsintern als Ex-Junior-Consultant schneller als andere Karriere machen kann, dürfte für Quereinsteiger aus der Wirtschaft ein Einstieg über die politische Ebene – entweder als Dezernent mit dem richtigen Parteibuch oder gar direkt als (Ober-) Bürgermeisterkandidat – sein.[17] In der Praxis naheliegender dürfte allerdings die umgekehrte Richtung von interorganisationaler Aufstiegsmobilität sein: Junge AbsolventInnen von Verwaltungsausbildungen, die zudem bereits einige Jahre praktische Verwaltungserfahrung sammeln konnten,

---

15 Mangels verfügbarer Literatur sind die Überlegungen im folgenden Abschnitt notgedrungen theoretisch-spekulativ – und müssten in empirischen Folgestudien auf Realitätsnähe hin überprüft werden.

16 Dass eine allmähliche ,Unterwanderung' einer Stadtverwaltung auf der Basis einer Ethnizitäts-basierten Rekrutierungssolidarität aber empirisch unter günstigen Umständen durchaus möglich ist, zeigt Roger Waldinger am Beispiel der Stadt New York. Vgl. Waldinger (1996).

17 Ähnlich auch schon Murswieck (1994: 117). Eine ganz andere Frage ist, ob man als ehemaliger Unternehmensberater in den Augen des politisch gewählten OBs bzw. der wahlberechtigten Bevölkerung überhaupt als Kandidat politisch akzeptiert wird. Zumindest der größte Teil der aktuell amtierenden deutschen OberbürgermeisterInnen hatte einer Internetrecherche des Verfassers zufolge vor Amtsantritt eine reine Verwaltungs- bzw. Juristenkarriere begonnen. Obwohl es empirisch nicht systematisch recherchierbar war, dürfte sich für ehemalige Berater in Stadtverwaltungen noch am ehesten Beschäftigungschancen als Referatsleiter bzw. Kämmerer ergeben.

werden von (IT-) Beratungshäusern, die auch Behörden zu ihren Klienten zählen, z. T. stark umworben. Gerade für junge BeamtenanwärterInnen und Verwaltungsangestellte, deren verwaltungsinterne Aufstiegschancen mit Mitte 20 erwartbar gering und monetär zudem unattraktiv sind, könnte eine vorübergehende Tätigkeit als Junior Consultant mit hoher Vergütung, viel Abwechslung und einer – zumindest für einige Jahre – weiterhin bestehenden Rückkehroption in den öffentlichen Dienst unter Umständen ein interessantes Karriere-Intermezzo darstellen.[18] Tatsächlich stellt der franko-kanadische Politikwissenschaftler Denis Saint-Martin in einer ländervergleichenden Studie fest, dass viele erfahrene Beamte und öffentliche Angestellte, aber auch frische Absolventen von Verwaltungshochschulen, angesichts der in Kanada, England und Frankreich in den 1980er Jahren durchgeführten Haushaltskürzungen und Personaleinsparungen im öffentlichen Sektor in den von Wirtschaftsprüfungsgesellschaften und Unternehmensberatungen neu eröffneten Public-Sector-Abteilungen eine häufig sogar höher vergütete Beschäftigungsalternative gefunden haben. Von dieser verwaltungsintern begünstigten Abwanderung (potentiell) guter Verwaltungsmitarbeiter hätten Unternehmensberatungen gerade in den Anfangsjahren besonders profitiert, weil es ihnen erst mit Hilfe dieser leistungswilligen Verwaltungspraktiker gelungen sei, sehr viel zielgruppengenauere Beratungsangebote für Behörden zusammenzustellen (Saint-Martin 2000: 198)

Nachdem die netzwerkpraktische Möglichkeit einer organisations- bzw. sogar sektorübergreifenden Aufstiegsmobilität theoretisch-spekulativ eruiert wurde, soll im Folgenden zumindest angedeutet werden, was mit dem Konzept ‚interorganisationeller Advice-Networks' gemeint ist und welchen Beitrag es zur Erklärung eines sich verändernden öffentlichen Beraternachfrageverhaltens leisten kann. Im soziologischen Neoinstitutionalismus der Organisationsforschung untersucht man schon seit längerem ‚mimetische Prozesse', die in sog. organisationalen Feldern wirksam sind.[19] Hieran anknüpfend zeichnet der deutsche Beratungsforscher Michael Faust in einem Vortrag ein komplexes Bild von den interdependenten Wissensvalidierungsprozessen, die zwischen Managementwissenschaftlern, Beratern, Journalisten und potentiellen Beratungsklienten in organisationalen Feldern ablaufen können (vgl. Faust 1999: 4). Seiner Ansicht nach ist es den großen Strategieberatungen seit den 1980er Jahren in zunehmendem Maße gelungen, auf den (inter-) nationalen Managementdiskurs

---

18 Wer nach seiner staatlich finanzierten Ausbildung allerdings nicht (unmittelbar) in den öffentlichen Dienst überwechsle, müsse aber angeblich zumindest z. T. die während des Studiums/ der Ausbildung erhaltenen Bezüge zurückbezahlen.

19 Vgl. für viele einschlägig: Knoke (1982); Tolber/Zucker (1983); DiMaggio/Powell (1991); Zukin/DiMaggio (1990); Galaskiewicz/ Wasserman (1989).

Einfluss zu nehmen (Faust 1999: 9-10). Anders als Kieser, dessen Arena-Konzept weiter oben vorgestellt wurde, betrachtet Faust allerdings nicht nur die Arena-Logik, sondern betont, dass jenseits des massenmedial vermittelten Managementdiskurses persönlichen Netzwerken bei der kommunikativen Wissensvalidierung von entscheidungsrelevanten Fragestellungen eine zentrale Bedeutung zukommt:

> New ideas are mostly brought up via institutionalized arenas and by mass media. The personal network operates under this 'umbrella'. The main effect of a personal network for the individual is not to enable him or her to know of new ideas first, but rather to hear from more closely related and trusted individuals, which ideas are worthy of recognition, seem plausible, or which are likely to become fashionable and as such cannot be neglected. The individual seeks to develop a better understanding of the various meanings which may be associated with general new ideas, how these ideas might be operationalized and what has been the experience of others when these new ideas have been introduced into other organizations. Thus, people from other contexts are of interest (Faust 1999: 17).

Und weiter unten:

> The personal networks are closer to the knowledge "applied" in and emerging from existing institutions. Which new directions seem inevitable? Which new ideas only sound like the "flavor of the month", and not even a fashion, to be attentive to. Do new ideas appear to be at least partially compatible with established routines? Which ideas or concepts potentially boost the manager's or the professional group's power within the company or an organizational field? The communication which takes place here appears to be a relevant phase in the graded process of the translation of ideas. Whether fashionable ideas are picked up, and eventually contribute to an evolving "master idea", or are neglected or refused, is decided to a great extent within this context, which can be seen as a link between organizational experience and the constant flow of ideas (Faust 1999: 18).

Faust zufolge entwickeln sich derartige persönliche Netzwerke der Wissensvalidierung aus vielfältigsten Gelegenheitsstrukturen heraus. Explizit nennt er folgende Varianten:

- Repeated interaction with people from customer or supplier organizations (including consultancies), and even competitors (e.g. fostered by the increasing importance of benchmarking)
- Membership in boards of other companies (maybe company boards have to be added as an important institutionalized arena)
- Contact is maintained to former colleagues who have moved to other companies
- Mutual relations
- between consultancies and their former members who have moved into a management position elsewhere
- from education

■   institutionalized arenas, as managers meet colleagues at training events or con-
ferences (Faust 1999: 18)

Beide netzwerktheoretischen Figuren, sowohl die ‚interorganisationale Aufstiegsmobilität' als auch die ‚interorganisationalen Advice-Networks' weisen
darauf hin, dass zwischen der erstmaligen, oft informellen Konfrontation mit der
Möglichkeit, einer bestimmten Organisationsmode zu folgen, und der organisa-
tionsintern wirksamen Entscheidung, für die Ausarbeitung und ggf. Umsetzung
die Dienste eines bestimmten externen Beratungsanbieters in Anspruch zu nehmen, neben organisationsübergreifenden Loyalitäten zu ehemaligen Kollegen
nicht selten auch ein komplexer Prozess einer interpersonellen Wissensvalidierung erfolgt. Im Falle von Kommunalverwaltungen dürften beispielsweise die in
vielen Regionen regelmäßig stattfindenden OberbürgermeisterInnen- bzw. De-
zernentInnen-Treffen, aber u. U. auch das gemeinsame Engagement in einem
kommunalen Interessenverband, wichtige Gelegenheiten darstellen, um sich im
eher informellen Rahmen[20] gegenseitig von guten und schlechten Erfahrungen
mit bestimmten Steuerungsinstrumenten bzw. Beratungsanbietern zu berichten.

3.1.4 Consultocracy: NPM, Wirtschaftsprüfer oder Staat?

In den 1990er Jahren haben Politikwissenschaftler angelsächsischer Herkunft darauf
hingewiesen, dass sich seit den späten 1970er Jahren in einer wachsenden Zahl von
Industrienationen bei Politikern und wahlberechtigter Bevölkerung ein Trend zur
Akzeptanz von Ideen des sog. ‚New Public Management' nachweisen lässt.[21] Nach
und nach habe sich so ein paradigmatischer Wandel weg vom Weberschen Bürokra-
tiemodell und hin zu einem postbürokratischen bzw. managerialistischen Verwaltungsmodell vollzogen. Die Emergenz einer ‚consultocracy', so Michael Jackson
und Christopher Hood, sei eine logische Konsequenz der politisch gewollten Einführung dieses neuen Managerialismus (Hood/Jackson 1991: 24).
    Anders als Hood und Jackson, die die These einer Quasi-Kausalität zwi-
schen NPM-Einführung in Behörden und Anstieg der Nachfrage nach externen
Consultants vertreten, arbeitet der Frankokanadier Saint-Martin in seiner ländervergleichenden Studie heraus, dass die Chancen von Unternehmensberatern,
in der Anfangsphase der NPM-Implementation an politisch eingeleiteten Politi-
tik- und Verwaltungsreforminitiativen in Form von (Folge-) Aufträgen beteiligt

---

20   Dass bestimmte Formen persönlicher Netzwerkbeziehungen im Organisationskontext durch-
      aus ambivalent einzuschätzen sind, haben jüngst Grabher/Ibert (2006) herausgearbeitet.
21   Vgl. für viele Pollitt (1990); Enteman (1993); Hood (1994).

zu werden, in Großbritannien, Kanada und Frankreich ländergeschichtlich unterschiedlich hoch gewesen sind. Zu den wichtigsten Voraussetzungen für den erfolgreichen Markteintritt von Unternehmensberatungen in den öffentlichen Sektor gehöre, dass Unternehmensberatungen bereits vor den ersten öffentlichen Aufträgen im jeweiligen Staat als „relatively respectable or credible field of activity" (Saint-Martin 2000: 198) ein Mindestmaß an öffentlicher Anerkennung erhalten haben. In Kanada und Großbritannien hätten die vom Staat konsultierten Wirtschaftsprüfungsgesellschaften in dieser Hinsicht ab den 1960er Jahren eine wichtige Vorarbeit geleistet, so dass die Strategieberatungen bei staatlichen Ausschreibungen bereits relativ früh in deren Fußstapfen hätten treten können. In Frankreich sei es stattdessen der Staat selbst gewesen, der in den 1980ern durch eine entsprechende Förderungspolitik nicht nur für mittelständische Unternehmen, sondern auch für öffentliche Verwaltungen Anreize gesetzt habe, sich bei bestimmten Fragestellungen an kommerzielle Unternehmensberatungen zu wenden (Saint-Martin 2000: 198). Dem Frankokanadier Saint-Martin zufolge waren es letzten Endes in allen drei Ländern

> the state and the political goals of government leaders seeking to make government more 'business-like' that enabled consultants to make claims to expertise in the field of public sector management (Saint-Martin 2000: 196-197).

Folgt man den historischen Analysen des Wirtschaftshistorikers Christopher McKenna, dann ist der mittlerweile für das US-amerikanische Verwaltungsmodell als typisch eingestufte, rege interpersonelle Austausch zwischen Politik und (Berater-) Wirtschaft das Ergebnis einer in den 1940er Jahren politisch kollektiv bindend getroffenen Entscheidung zur verwaltungsrechtlichen Umsetzung der Reorganisations-Empfehlungen der mit kommerziellen Unternehmensberatern besetzten Hoover-Kommission (vgl. McKenna 2006: 96f.).

Während Jackson und Hood mit einer internationalen Diffusion von NPM-Ideen noch eine relativ monokausale Erklärung für einen nationalen Behördenberaternachfrageboom angeben, zeiten Saint-Martin und McKenna exemplarisch, dass für die Erklärung des Zusammenkommens von Beraterangebot und Behördennachfrage noch einige weitere, von Staat zu Staat verwaltungshistorisch unterschiedlich bedeutsame Ereignisse als (zusätzliche) Faktoren herangezogen werden müssen.

3.1.5 Mikropolitik: Berater als Trigger von Innovationsspielen

Innerhalb der deutschen Verwaltungswissenschaft wurde lange Zeit die These einer verflechtungsbedingten Verwaltungsreformblockade vertreten. Zum Verhältnis von deutscher Politik und Verwaltung schreibt etwa Ellwein noch zu Beginn der 1990er Jahre:

> Die deutsche Politik hat sich der Möglichkeit begeben, aktive Verwaltungspolitik zu betreiben. Sie kann deshalb zwar manches vereinfachen und verbessern, aber nur wenig dem Grunde nach verändern. Dem Grunde nach bleibt deshalb Verwaltung auf Wachstum und Ausweitung hin angelegt. Das Dilemma der Verwaltung ist ihre Verflechtung mit der Politik. Sie bewirkt, daß Politik und Verwaltung zugleich verändert werden müssten. Da daran nicht zu denken ist, verfestigen sie wechselseitig ihre Zustände (Ellwein 1994: 121).

Konkretisiert auf den Fall der Kommunen:

> Anzunehmen ist wohl, dass in den Gemeinden die Umstellung der Haushalte und der Abbau der Querschnittsfunktionen rascher gelingt als beim Staat. Hier wie dort geht es aber nicht nur um Zweckmäßigkeiten, Einspar- und Rationalisierungschancen, sondern entscheidend um Machtfragen. Die bisherige Struktur der Gemeindeverfassung und -verwaltung erlaubt weithin der kommunalen Politik eine globale Steuerung nur in engen Grenzen, gewährte aber viele Einflußmöglichkeiten im Detail, was sich vor allem personalpolitisch auswirkte. Ob die Politik darauf zu verzichten bereit ist, erscheint nach allen bisherigen Erfahrungen zweifelhaft (Ellwein 1994: 82).

Aus Sicht einiger neuerer Autoren steigt mit zunehmender Parteipolitisierung des Gemeinderats[22] das Risiko des Ausuferns der Ämterpatronage.[23] Selbst für verbeamtete AmtsleiterkandidatInnen sei es empfehlenswert, bei der Stellenbewerbung das richtige Parteibuch mitzuführen (vgl. Twenhöven 1999). Darüber hinaus hätte eine parteipolitische Lokalinitiative häufig nur dann eine realistische Chance, jenseits der Initiative der Verwaltungsspitze einen sachlich fundierten Antrag im Gemeinderat mit Aussicht auf Erfolg zur Abstimmung zu bringen, wenn sie „auf das Expertenwissen und die fachliche Reputation der kommunalen Fachverwaltung zurückgreifen kann" (Holtmann 1998: 21). Im Grenzbereich zwischen einem mehr oder weniger konkreten *kommunal- bzw. parteipolitischen* Gestaltungswillen und dem mit der Entscheidungsvorbereitung

---

22   Zu den Determinanten des Ausmaßes an Parteipolitisierung auf kommunaler Ebene: „Insgesamt ergibt sich folgender Zusammenhang: Das Ausmaß der Parteipolitisierung steigt mit der Gemeindegröße, in der norddeutschen Ratsverfassung, bei steigendem Problemdruck bzw. Konfliktpotential in wichtigen Politikfeldern, aufgrund eines parlamentarischen Selbstverständnisses jüngerer Ratsmitglieder sowie durch den Einzug der Grünen in die Kommunalverwaltung" (Bogumil 2002b: 37).

23   Hierzu bereits früh: Eschenburg (1961); Lintz (1973).

bzw. Ausführung von Verordnungen betrauten Fachbeamtentum entfache sich daher ein subtiles, *mikropolitisches* Informations-Spiel: gezieltes Zuspielen von Informationen, bewusstes Zuschütten mit irrelevanten Detailinformationen, geschönte oder übertrieben arbeitsbelastete Außendarstellung des Amts, gezieltes Unterdrücken von Informationen u. v. m. (vgl. Vernau 2002: 114f.).

Vor diesem Hintergrund entwickeln die deutschen Verwaltungswissenschaftler Bogumil und Kißler eine mikropolitische Erklärung für die Entstehung von öffentlicher Nachfrage nach externen Beratungsanbietern.[24] Ähnlich wie Ellwein gehen die Autoren davon aus, dass in deutschen Kommunalverwaltungen traditionell eher Routine- als Innovationsspiele vorherrschen.[25] Routinespiele, so die Autoren, lassen sich jedoch – zumindest temporär – in Innovationsspiele verwandeln, und zwar dann, „wenn die Akteure dazu gebracht werden (z. B. durch externen Einfluß), sich neue Regeln zu geben bzw. wenn sie sich von den neuen Spielregeln größere Gewinne erhoffen" (Bogumil/Kißler 1998: 34). Während sich die erste Teilbedingung des eben ausgeführten Zitats auf das für die politische Verwaltungsführung offenbar traditionell heikle Gebiet der ‚Verwaltungspolitik' (vgl. Ellwein 1993; Böhret 1997) bzw. ‚Verwaltungsreformpolitik' (vgl. Wollmann 2004) bezieht, knüpft der zweiten Teilsatz an die klassische organisationstheoretische Frage nach den Möglichkeiten und Grenzen einer hierarchischen Steuerung des (Entscheidungs-) Verhaltens der Verwaltungsmitarbeiter mittels Setzung formaler und informeller Verhaltensanreize an (vgl. Busse 2002). Bogumil und Kißler zufolge können externe Berater sowohl in der Regelsetzungs- als auch in der Regelinterpretationsphase mit der Strategie einer ‚Überzeugung und Einbindung der Modernisierungspromotoren' im (bezahlten) Auftrag der Verwaltungsspitze als innovationsförderliche Akteure tätig werden.[26]

Während Ellwein noch zu Beginn der 1990er Jahre davon ausgeht, dass es aufgrund einer traditionellen, sich wechselseitig stabilisierenden Reformblockade zwischen Politik und Verwaltung in beiden Sphären auf absehbare Zeit zu

---

24 Auf die Rolle von ‚Innovatoren' für institutionelle Innovationen wurde bereits in den 1980er Jahren hingewiesen. Die Frage, ob diese Funktion auch oder gar nur von einer Person außerhalb der öffentlichen Verwaltung wahrgenommen werden kann, wurde aber zumindest in der juristisch geprägten, verwaltungswissenschaftlichen Literatur bis in die 1990er Jahre hinein offensichtlich kaum gestellt. Vgl. Becker (1988: 57ff.).

25 Mit Möglichkeiten der Überwindung von ‚Widerständen' bzw. ‚Systemabwehr' im Kontext von organisatorischen Veränderungen in Behörden schäftigen sich seit den 1990er Jahren auch verstärkt familientherapeutisch informierte Organisationsberater und Sozialpsychologen. Vgl. etwa Heintel/Krainz (1994) und Fisch (2000).

26 Ähnlich argumentiert auch Bakvis: „[T]he potential is there for executives to use management consulting firms as resources to gain advantage over other actors, including the bureaucracy, in setting and implementing its agenda" (Bakvis 1997: 112).

keinen größeren Veränderungen kommen wird, scheinen Bogumil und Kißler schon wenige Jahre später davon auszugehen, dass die politische Verwaltungsführung – im Zweifelsfall unter Hinzuziehung externer Unterstützung – in jedem Fall ein Interesse daran hat, dass in deutschen Kommunalverwaltungen verstärkt Innovationsspiele gespielt werden. Dies deutet zumindest darauf hin, dass sich in den wenigen Jahren zwischen Ellweins skeptischer Verflechtungsthese und Bogumil und Kißlers vergleichsweise optimistischer Hoffnung, die Politik könne unter anderem durch Hinzuziehung von Beratern die Verwaltung dazu bringen, verstärkt Innovationsspiele zu spielen, am grundlegenden Zusammenspiel zwischen Politik und Verwaltung etwas verändert haben könnte. Im folgenden Unterkapitel unternimmt der Verfasser daher den Versuch einer polit-historischen Rekonstruktion wichtiger Ereignisse, die im Laufe der 1990er Jahre bei den Behörden in der Bundesrepublik Deutschland zu einer Veränderung im Beraternachfrageverhalten geführt haben (könnten).

3.2 (Inter-) Nationaler Regime-Wandel und lokaler Adaptionsdruck – sozio-historischer Erklärungsversuch

Die im vorherigen Unterkapitel vorgestellten Partialerklärungen weisen alle auf organisations-, netzwerk- und institutionentheoretische Aspekte hin, die zwar zum Verständnis einer steigenden Beraternachfrage u. U. wichtig sind, im Kontext der in Kapitel 2 dargestellten (Gesellschafts-) Theorien der Beratung jedoch tendenziell unterbelichtet bleiben. In den beiden letzten Abschnitten wurde dann deutlich, dass es neben universell-abstrakten Partialerklärungen möglicherweise auch historisch-konkrete Besonderheiten sind, die u. U. maßgeblich dazu beitragen, dass in einem bestimmten Staat zu einer bestimmten Zeit eine Art ‚Take-off' für einen bestimmten, länger anhaltenden (Angebots-/Nachfrage-) Trend stattfindet. Zum besseren Verständnis der sozio-historischen Besonderheiten der Emergenz des Spezialmarkts für Behördenberatung in der Bundesrepublik Deutschland unternimmt der Verfasser daher im Folgenden den Versuch, eine stärker historisch-qualitativ ansetzende Trend-Theorie[27] zu skizzieren. Das gewählte Vorgehen bleibt daher bis zu einem gewissen Grad theoretisch-spekulativ. Im ersten Abschnitt (3.2.1) werden einige gesellschaftshistorisch bedeutsame Entwicklungstrends skizziert, die sich auf internationaler Ebene manifestieren und die in der Literatur der 1990er Jahre unter dem zumeist undifferenzierten Begriff der ‚Globalisierung' diskutiert wurden. Wie Saint-Martin

---

27   Vgl. hier einschlägig: Barton/Lazarsfeld (1993).

für die Staaten Frankreich, Großbritannien und Kanada gezeigt hat, gibt es trotz eines möglicherweise wirksamen globalen Konvergenzdrucks aufgrund verschiedener historisch gewachsener Politik- und Verwaltungskulturen von Staat zu Staat – und möglicherweise sogar von Kommunalverwaltung zu Kommunalverwaltung – eigenständige Arten und Weisen, mit vertikalen und horizontalen Angleichungsdrücken vor Ort umzugehen. Im Anschluss daran (3.2.2) erfolgt der Versuch einer historisch-spezifischen Rekonstruktion der Umstände, unter denen die Bundesrepublik Deutschland als Staat ihren ‚Take-off‘ im Hinblick auf die Nachfrage nach kommerzieller Behördenberatung erlebt hat. Der letzte Abschnitt (3.2.3) widmet sich schließlich der sozio-historischen Rekonstruktion der Bedingungen für Veränderungen des kommunalen Beraternachfrageverhaltens seit den 1990er Jahren.

3.2.1 Weltgesellschaftliche Entwicklungstrends und Regime-Wandel

Ein zentrales Problem, mit dem jede (Trend-) Theorie sozialen Wandels umzugehen hat, ist die Frage nach dem historisch-spezifischen Zusammenspiel von längerfristigen Makro-Trends und kurzfristigeren Mikro-Trends.[1] In diesem Abschnitt wird versucht, einige weltgesellschaftliche Entwicklungstrends der letzten Jahrzehnte zu skizzieren, die nach und nach auch kontingente Anpassungsprozesse auf nationalstaatlicher und auf kommunaler Ebene erforderlich gemacht haben. Anders als es die gewählte Reihenfolge der Abschnitte suggerieren mag, geht der Verfasser allerdings nicht davon aus, dass es sich bei den sozio-historischen Veränderungsprozessen ausschließlich um eine unidirektionale Logik der passiven Anpassung des Nationalen bzw. Lokalen an weltgesellschaftliche Entwicklungstrends handelt. Vielmehr muss davon ausgegangen werden, dass längerfristig beobachtbare, weltgesellschaftliche Entwicklungstrends das allerdings nichttriviale Ergebnis einer Vielzahl von zunächst lokal oder regional erprobten sozialen Real-Life-Experimenten mit neuartigen, rechtlichen, wirtschaftlichen, technischen und sozialen Arrangements sind, welche dann in deterritorialisierter Form auf andere Regionen – mit Durkheim gesprochen – einen Zwang ausüben.

Nach zwei Weltkriegen, die bei den Betroffenen nicht nur in materieller Hinsicht, sondern auch in kognitiv-emotionaler Hinsicht sehr viel zerstört haben, ist es

---

1   Die Forderung nach Herstellung einer Verbindung von Makro-Trends mit Mikro-Trends gesellschaftlichen Wandels ist alt. Vgl. für den Fall der Wissenssoziologie bereits rückblickend: Stehr (1992). In der Organisationsliteratur beschränkt man sich allerdings häufig auf die Nennung von Schlagwörtern. Es gibt allerdings Ausnahmen: John W. Meyer, Niklas Luhmann und mit Abstrichen auch Douglas C. North.

in der zweiten Hälfte des 20. Jahrhunderts zum Erstaunen vieler Zeitgenossen gelungen, über *politische Verhandlungen und bi- bzw. multilaterale Verträge*[2] zunächst vor allem zwischen Siegermächten und Nationalstaaten, später auch zwischen anderen korporativen Akteuren, eine weitgehende *Pazifizierung der internationalen Staats- und Handelsbeziehungen* zu erreichen.[3] Gute Beziehungen zwischen den Vereinigten Staaten von Amerika und dem sich in den Nachkriegsjahrzehnten erst allmählich als eigenständiges Staatengebilde konstituierenden Europa haben dabei nicht nur während, sondern auch nach der Zeit des Kalten Krieges eine wichtige Rolle gespielt. Da die USA nicht nur in militärischer und wirtschaftlicher Hinsicht Vorreiternation gewesen sind, sondern dort auch viele gesellschaftliche und organisatorische Entwicklungen häufig einige Jahre früher als in Europa sichtbar werden, orientiert sich die Wissenschaft und Wirtschaft des ‚Alten Kontinents' in ihrem eigenen Forschungs- bzw. Entscheidungsverhalten seit dem Ende des Zweiten Weltkriegs relativ stark an denjenigen Theorien, Trends und (Organisations-) Moden, die für Europäer in den USA beobachtbar sind.

Auf rechtlicher Ebene sind in den letzten Jahrzehnten zahlreiche *suprastaatliche Normierungs- und Rechtsetzungsinstanzen*, darunter die OECD, die WTO und die EU entstanden, die seit einigen Jahren auf je eigene Art und Weise versuchen, einen nachhaltigen Einfluss bzw. Vertragszwang auf heutige nationalstaatliche (Gesetzgebungs-) Entscheider über für die jeweiligen Staatsbürger zukünftig verbindlichen Entscheidungsprämissen auszuüben.[4] Spätestens in den 1980er[5] und frühen 1990er Jahren[6] geben viele Regierungen westlicher Nationalstaaten qua kollektiv bindender Entscheidung faktisch einen beträchtlichen Teil ihrer einstigen nationalen Rechtsetzungs- und Normierungsautonomie an suprastaatliche Regulierungs- und Normierungsinstanzen ab.[7] Die relative

---

2   Hier hat sicherlich die inzwischen historische Konstellation eines bipolaren ‚Kalten Krieges' eine zentrale Rolle gespielt.

3   Dies schließt nicht aus, dass in eher peripheren Weltregionen blutige Kriege und Hungersnöte nach wie vor auf der Tagesordnung stehen. In jüngster Vergangenheit sind terroristische Guerrilla-Kriege zunehmend transnational orientiert.

4   Natürlich sind Vertreter nationalstaatlicher Regierungen an Vertragsverhandlungen beteiligt. Aber ähnlich wie im Falle von anderen interorganisationellen Beziehungen müssen vertraglich fixierte Verhandlungsergebnisse zwischen politischen Eliten nicht zwangsläufig bei allen hiervon in Umsetzungsfragen Betroffenen automatisch auf politische Akzeptanz stoßen.

5   Man denke hier insbesondere an das ‚Einheitliche Europäische Akte' im Jahr 1985.

6   Aus heutiger Sicht können insbesondere die Unterzeichnung des Vertrags von Maastricht im Jahr 1992 sowie der Beitritt zur WTO im Jahr 1994 als nationalstaatlich äußerst folgenreiche Entscheidungen gewertet werden. Vgl. auch Huchler (2007a).

7   Formal müssen EU-Richtlinien zwar weiterhin die nationalen Gesetzgebungsinstanzen passieren. Faktisch können es sich einzelne EU-Mitgliedsstaaten aber nur noch unter Inkaufnahme von Geldstrafen oder anderen Sanktionen erlauben, einmal verabschiedete EU-Richtlinien nicht frist-

Intransparenz der hierdurch ermöglichten supranationalen Entscheidungen über national folgenreiche Entscheidungsprämissen bringt für die jeweils aktuell Regierenden neuartige Chancen, sich beim Wähler z. B. als EU-Kritiker zu profilieren, auf supranationaler Ebene folgenreiche Entscheidungen aber dennoch mittragen zu können, die auch von evtl. Amtsnachfolgern oder von Amtsinhabern untergeordneter politischer Entscheidungsinstanzen als kaum mehr grundsätzlich revidierbare, sondern bestenfalls im eigenen Sinne positiv mitgestaltbare Entscheidungsprämissen für zukünftige Nationalpolitiken akzeptiert werden müssen.

Auf der Grundlage einer rechtlich garantierten Investitions- und Handelssicherheit auf internationalem Terrain steht auch einem *weltweiten Waren-, Dienstleistungs- und Kapitalverkehr* seit einiger Zeit nur noch wenig im Wege. Obwohl es Banken und Börsen schon sehr lange gibt, haben es erst die sukzessive Verrechtlichung der internationalen Staats- und Wirtschaftsbeziehungen sowie die enormen Fortschritte auf dem Gebiet der Informations- und Kommunikationstechnologie – vor allem in den letzten zwei Jahrzehnten – möglich gemacht, dass sich *ein elektronisch vernetztes, internationales Banken- und Börsensystem* etablieren konnte, in welchem neben Aktien, Anleihen und Währungen fast tägliche neue derivative Finanzprodukte emittiert und – teils hochspekulativ – gehandelt werden. Seit der rechtlichen Legalisierung und steuerlichen Begünstigung des Eintritts internationaler Kapitalinvestoren in nationale Märkte der Unternehmensfinanzierung ist es in Europa innerhalb der letzten 10 Jahre aber auch zu einer *enormen Dynamisierung des sog. Private-Equity-Markts* gekommen.[8] Weiterhin lässt sich zudem eine *Ausweitung brancheninterner und branchenübergreifender Benchmarkings bzw. Vergleiche* beobachten,[9] die für bestimmte Entscheidungsträger auch tatsächlich entscheidungsrelevant geworden sind. Da auch Nationalstaaten ihr *öffentliches Schuldenmanagement* über internationale Finanzmärkte abwickeln[10] und eine deutliche Abwertung bei internationalen Staaten-Ratings für öffentliche Gebietskörperschaften kostspielig werden kann, sind nationalstaatliche Regierungen in der Regel[11] darum bemüht, eine Politik zu betreiben, die im Großen und Ganzen

---

gerecht in nationales Recht umzusetzen. Spielräume für national oder regional abweichendes Verhalten dürfte es im Bereich der Rechtsauslegung allerdings nach wie vor geben.

8 Vgl. dazu näher: Jansen (2004); Schäfer (2006).
9 Vieles hiervon geht auf Camp (1989) zurück.
10 In der BRD ist hierfür seit dem Jahr 2000 die Finanzagentur GmbH mit Sitz in Frankfurt zuständig.
11 Es gibt freilich auch die Möglichkeit des Widerstands, die allerdings – vor allem für geopolitisch schwache Staaten – mit harten Sanktionen von IWF, Weltbank und anderen transnationalen korporativen Akteuren beantwortet wird.

mit den Erwartungen von Rating-Agenturen und finanzkräftigen institutionellen Anlegern konform geht.

Eine weitere, in ihrer Bedeutung häufig unterschätzte gesellschaftliche Veränderung stellt die spätestens seit den 1970er Jahren in (fast) allen ‚westlichen' Staaten beobachtbare, deutliche Ausweitung des tertiären Bildungssektors dar. Zum einen hat diese Entwicklung zu einer tendenziellen *Verwissenschaftlichung bzw. genauer: Verwirtschafts-, Veringenieurs- und Verrechtswissenschaftlichung des Berufswissens vieler Entscheidungsträger* in heute einflussreichen Positionen in Wirtschaft, Politik und Kultur beigetragen.[12] Zum anderen produziert diese aktive Politik der Bildungsexpansion seit den 1980er Jahren aber auch eine zunehmende Anzahl von Hochschulabsolventen, die ihre Karriere weder in klassischen Branchen der Wirtschaft noch im tendenziell unterfinanzierten Erziehungs- und Bildungssystem beginnen können bzw. wollen.[13] Für viele dieser ‚Wissensarbeiter' wirken neuartige Branchen mit hohen Gehaltsaussichten und unkonventionellen Arbeits- und Karrieremodellen wie man sie unter anderem im Investment-Banking, in Unternehmensberatungen oder in neuartigen Technologie-Unternehmen finden kann, nicht erst seit dem New-Economy-Hype als berufliche Einmündungsfelder äußerst attraktiv. Aufgrund der kontinuierlich hohen Beliebtheit wirtschafts-, rechts- und ingenieurwissenschaftlicher Studiengänge an (Fach-) Hochschulen ist in den letzten Jahrzehnten eine ganze Heerschar von formal hoch (aus-) gebildeten und mit mehr oder weniger praxisorientiertem Methodenwissen ausgestatteten jungen Erwachsenen auf die (inter-) nationalen Arbeitsmärkte entlassen worden und hat dort entweder innerhalb oder aber außerhalb von Organisationen zur selektiven Diffusion des an Hochschulen erworbenen, überwiegend dogmatisiert vermittelten Orientierungs- und Technolo-

---

12 In der Praxis können universitär vorgebildete Entscheidungsträger gesellschaftlich folgenreiche Entscheidungen selbstverständlich nicht auf der alleinigen Grundlage von prinzipiell jederzeit falsifizierbarem, wissenschaftlichem Wissen treffen, sondern bedürfen in der Regel eines – im Zweifelsfall auch rechtlich bestandskräftigen – Orientierungs- bzw. Technisierungswissens, bei dem theoretische oder methodologische Bedenken von Seiten (para-) wissenschaftlicher Wissensproduzenten kontingent ausgeblendet werden. Gesellschaftlich folgenreiche (Anwendungs-) Forschung wird – auch, aber nicht nur aus Gründen einer Unterfinanzierung von universitärer Forschung – zudem zunehmend von außerwissenschaftlichen Forschungseinrichtungen und Entwicklungsabteilungen großer Unternehmen erbracht. Zur grundsätzlichen Unterscheidung von Spezialisten, Experten und Professionellen vgl. Hitzler (1994).

13 Hier sei Bourdieus Argumentation aus Abschnitt 2.3.3 gefolgt, der die wachsende Zahl von UniversitätsabsolventInnen, die anschließend nicht in Forschung und Lehre tätig sind, als ‚bellatores' bezeichnet und aufgrund ihrer Neigung, häufig zu Verfechtern einer ‚technokratischen Herrschaft' zu werden, kritisiert.

giewissens beigetragen.[14] Neben der Diffusion dogmatisierten, ingenieurwissenschaftlichen Wissens, das über neuere Verkehrs- und Kommunikationstechnologien eine *tendenzielle Enträumlichung des Sozialen* technisch ermöglicht hat,[15] leistet die großflächige Diffusion einer dogmatisierten Form des wirtschaftswissenschaftlichen Wissens in organisierten gesellschaftlichen Praxisfeldern ihren Beitrag zu einer *potentiell grenzenlosen Monetarisierung, Kontraktualisierung und Auditisierung* der vertraglich geregelten sozialen Beziehungen.[16] Schließlich trägt auch die zunehmend selbst unter kommerziellem Auflagen- bzw. Quotendruck stehende Berufsgruppe der Journalisten dazu bei, dass gesellschaftliche Entscheidungseliten neue Chancen, aber auch neue Zwänge, der massenmedialen Selbst- und Fremdinszenierung erhalten.

Diese neueren Entwicklungstendenzen haben sukzessive auch zu einer Umstellung zunächst privatwirtschaftlich geführter Unternehmen, dann aber auch (para-) staatlicher Behörden beigetragen. War in der deutschen Wirtschaft noch bis in die 1980er Jahre hinein der vertikal integrierte Mischkonzern das Modell, an dem sich zumindest in der Bundesrepublik Deutschland noch die meisten Unternehmenslenker orientierten, so wird spätestens seit den 1990er Jahren in vielen deutschen Unternehmenszentralen in einem bis dato unbekannten Ausmaß informatisiert, virtualisiert, dezentralisiert, kostenoptimiert, desintegriert, out-gesourct, ge-offshoret und netzwerk-gesteuert. Analog dazu ist auch die Politik von einem Privatisierungs-, Deregulierungs- und Managerialisierungsdiskurs erfasst worden, der seit den 1980er Jahren von Nationalstaat zu Nationalstaat zu unterschiedlich radikalen Staatsreorganisationsmaßnahmen geführt hat[17]. An diesem *womöglich auf Dauer gestellten Prozess der selektiv-reflexiven Infragestellung und Neuerfindung des weltweiten Kapitalismus und der ihn stützenden Organisationen* sind vielfältige Akteure beteiligt – unter anderem auch international agierende Wissenschaftler, Think Tanks,

---

14 Der soziologische Neoinstitutionalismus hat in zahlreichen Studien die organisationsinternen Folgen dieser Art von ‚normativem Isomorphismus' herausgearbeitet.

15 Ähnlich argumentiert Calhoun (1992), der davon ausgeht, dass die großflächige Implementation (informations-) technischer Infrastruktur den für die Moderne typischen Trend der Zunahme von ‚indirekten sozialen Beziehungen' nun über nationale Grenzen hinaus fortsetzt.

16 Dass das Streben nach ‚accountability' von allem und jedem selbst schon wieder rituelle Züge annehmen kann, hat Michael Power (1999) herausgearbeitet. Niklas Luhmann stellt den jüngst beobachtbaren inflationären Einsatz des Mediums Geld in den Kontext der in den 1980er Jahren geführten Debatte um die Risikogesellschaft und weist darauf hin, dass die Verwendung von Geld neben dem erhofften symbolischen Generalisierungsleistungen immer auch die Kehrseite diabolischer Generalisierungen mit sich bringt. Vgl. Luhmann (1994a: 246ff.).

17 Haque (1996) gibt – noch in ideologiekritischer Absicht – einen Überblick über Argumentationen und Maßnahmen bis Mitte der 1990er Jahre. Schneider/Häge (2008) bemühen sich um eine international vergleichende Quantifizierung der organisationspraktischen Folgen dieses Diskurses.

(Wirtschafts-) Journalisten, Wirtschaftsprüfungsgesellschaften und Strategie- bzw. IT-Beratungsunternehmen.[18] In der politikwissenschaftlichen Literatur zu den ‚Internationalen Beziehungen' wird dieses Netzwerk von international agierenden, wissensbasierten Experten als ‚epistemic community' (vgl. klassisch: Haas 1992) bezeichnet und deren Aktivitäten als ein möglicher Erklärungsfaktor für den beobachtbaren Wandel internationaler Regime[19] eingestuft. Welchen Einfluss welche Typen von potentiellen Beratungsanbietern in welchen Politikfeldern mit welchen (inter-) nationalen Folgen gehabt haben, lässt sich allerdings nicht mit einer, wie auch immer gearteten (Verschwörungs-) Theorie,[20] sondern letztlich nur mit historisch-empirischer IR-Forschung nachzeichnen. Die folgenden Abschnitte müssen sich allerdings auf die Rekonstruktion des historisch-länderspezifischen Markteintritts von Behördenberatern in der BRD beschränken.

3.2.2 Bundesebene: Wiedervereinigung, Europäische Integration und Regierungswechsel 1998

In einer jüngeren Studie stellt der Soziologe Christian Lahusen auf der Grundlage empirischer Daten fest, dass die meisten der heute in der Europäischen Union tätigen kommerziellen Beratungsunternehmen „in Antizipation und/oder Reaktion auf die Einheitliche Europäische Akte (EEA) von 1986 gegründet wurden" (Lahusen 2005: 257). Lahusens Datensatz bekräftigt außerdem die Plausibilität der weiter oben eingeführten These von Saint-Martin, dass Beratungsunternehmen beim Markteintritt von Staat zu Staat unterschiedlich erfolgreich sein können. Trotz ihrer enormen wirtschaftlichen und politischen Bedeutung, so Lahusen, habe die BRD zumindest im Jahr 1998 noch zu denjenigen EU-Staaten

---

18   Zum Zusammenhang von (reflexiver) Modernität, (Re-) Organisationsmoden und sich daraus ergebenden manifesten und latenten Funktionen von Behördenberatung siehe ausführlicher Huchler (2008).

19   Dazu nur folgende frühe ‚Konsensdefinition': „Regimes can be defined as sets of implicit or explicit principles, norms, rules and decision-making procedures around which actors' expectations converge in a given area of international relations" (Krasner 1983: 2) und weiter: „Principles are beliefs of fact, causation, and rectitude. Norms are standards of behaviour defined in terms of rights and obligations. Rules are specific prescriptions or proscriptions for actions. Decision-making procedures are prevailing practices for making and implementing collective choices" (ebd.).

20   NeomarxistInnen wie Resch (2005) etwa müssten zur Aufrechterhaltung ihrer These von der Berater(welt-)Herrschaft in solchen ‚epistemic communities' unter Beratern ein hohes Maß an Klassensolidarität empirisch nachweisen, das trotz aller Interessenheterogenität noch zu konzertierten Aktionen führt. In der Policy-Forschung würde man demgegenüber eher technisch-unpersönlich von ‚Policy-Transfer' sprechen. Vgl. Lütz (2007).

gezählt, in denen die europäische Beratungsindustrie vergleichsweise schwer Fuß fassen kann (Lahusen 2005: 263). Die Rechercheergebnisse deuten darauf hin, dass auch der Spezialmarkt für Behördenberatung in der BRD erst im Laufe der 1990er Jahre zu einer Quasi-Selbstverständlichkeit geworden ist. Für den Take-off auf Bundesebene, so die im folgenden zu begründende These des Verfassers, waren vor allem drei, einander in der BRD zeitlich überlagernde, polit-historische Ereignisse von besonderer Bedeutung: 1) die historisch-spezifische Abwicklung der deutschen Wiedervereinigung und ihrer Folgen für die öffentlichen Haushalte, 2) die schleichende Europäisierung nationalstaatlicher Politikbereiche und 3) der Regierungswechsel im Jahr 1998 und der damit verbundene Generationswechsel in der politisch besetzten Ministerialbürokratie.[21]

Obwohl das eine oder andere Bundesministerium auch schon in den 1980er Jahren einen öffentlich finanzierten Auftrag an als seriös eingestufte Wirtschaftsprüfungsgesellschaften o. ä. vergeben haben mag,[22] deutet in der Literatur vieles darauf hin, dass erst im Zusammenhang mit der deutschen Wiedervereinigung, genauer: im Zuge der Umsetzung des im Jahr 1990 verabschiedeten ,Treuhandgesetzes' (vgl. Treuhandgesetz 1990), von der damaligen Regierung Kohl neben Wirtschaftsprüfungsgesellschaften wie KPMG und Treuarbeit (erstmals?) auch große Strategieberatungsunternehmen wie McKinsey, Boston Consulting Group und Roland Berger mit der Ausarbeitung von Sanierungs- und Privatisierungsvorschlägen beauftragt und in einen politischen Leitungsausschuss bestellt worden sind.[23] In den folgenden Jahren steht mit der Privatisierung der Deutschen Bundespost ein weiteres Mammut-Reorganisationsprojekt an, bei dem u. a. die

---

21 Ergänzend hinzufügen könnte man die von Renate Mayntz Anfang der 1990er Jahre als neuartig beschriebene ,Tendenz zur Politikentwicklung in Netzwerken'. Dazu Mayntz: „Politikentwicklung in Verhandlungssystemen ist nicht dasselbe wie Politikentwicklung durch Politiker und Ministerialbürokraten, die im Gespräch mit ihren wissenschaftlichen Beratern sind. Im Netz ist die Entscheidungsmacht verteilt" (Mayntz 1994: 24). Auf internationaler Ebene entspräche dies in etwa den ,epistemic communities' von Haas (1992).

22 So wurde bereits Mitte der 1980er Jahre von der Gebera, heute Teil von Deloitte, vor ihrer Fokussierung auf den Bereich Krankenhaus-Management Mitte der 1980er Jahre unter anderem eine Aufsatzsammlung zu ,Rationalisierungsreserven in öffentlichen Verwaltungen und öffentlichen Unternehmen' herausgegeben – möglicherweise auch in der Zuversicht, hiermit u. U. in einen neuen Markt eintreten zu können.

23 Vgl. zeitnah und eher affirmativ: „Von Kanzler Kohl gedrängt, sollen Feuerwehrmann Detlev Rohwedder (links) und seine Einsatztruppe den Flächenbrand in der DDR-Wirtschaft löschen. [...] Mit Hochdruck arbeiten die Treuhand-Manager daran, aussagefähige Daten über die Sanierungswürdigkeit und Marktchancen ihrer Betriebe zu erheben. Zwar basteln schon seit Januar westdeutsche Topberater wie Roland Berger, Boston Consulting, McKinsey oder Price Waterhouse an Crash-Programmen und Zukunftsstrategien in vielleicht 100 Betrieben [...] – aber das ist nur ein Tropfen auf den heißen Stein" (Nölting/Wilhelm 1990). Dagegen schon rückblickend und eher beraterkritisch: Rügemer (2004).

deutsche Niederlassung des US-amerikanischen Strategieberatungsunternehmens Booz Allen Hamilton einen öffentlichen Großauftrag erhält.[24] Nach diesen initialen Großaufträgen sehen auch Gründer von auf den öffentlichen Sektor spezialisierten Beratungshäusern die Chance, in diesem neuen Markt Fuß zu fassen.[25] Bereits im Jahr 1994 gründet der Bundesverband für Unternehmensberater e. V. einen eigenständigen Fachverband ‚Öffentliche Auftraggeber' (BDU_FöA 2008). Kurze Zeit später kündigt der deutsche Software-Hersteller SAP eine ‚Public-Sector'-Variante seiner sich in der Privatwirtschaft zunehmend zum weltweiten Standard entwickelnden ERP-Software SAP/R3 an.[26]

In der zweiten Hälfte der 1990er Jahre kommt es zu dem bekannten New-Economy-Hype. Die öffentlichen Gebietskörperschaften sind jedoch zeitgleich dazu angehalten, sich fiskalpolitisch den Konvergenzkriterien des Maastricht-Vertrags anzunähern, damit die BRD ab dem Jahr 1999 von Anfang an zu den Mitgliedsstaaten der europäischen Währungsunion gehören kann. Im Wahljahr 1998 empfehlen sich deutsche Repräsentanten international führender Strategieberatungsunternehmen mit dem Buch ‚Modell Deutschland 21' der Politik als Helfer bei der Überwindung des Reformstaus (Andersen Consulting et al. 1998). Mit der Ablösung der Regierung Kohl durch die Regierung Schröder findet zugleich ein Personal- und Generationswechsel statt. Man will, wie ein Wahlslogan suggeriert, „nicht alles anders, aber vieles besser" machen. Unter dem Eindruck des New-Economy-Hypes sieht sich die Bundesregierung ebenfalls unter Zugzwang, einen bundesweiten Fahrplan für die Digitalisierung und Vernetzung von Verwaltungsprozessen in Bund, Ländern und Kommunen zu verkünden. Unter der Schirmherrschaft des Bundesinnenministers werden im Jahr 2000 die Netzwerkhardware-Herstellerfirma Cisco und das Strategieberatungsunternehmen Bearingpoint – damals noch KPMG Consulting – damit beauftragt, jährlich einen ‚eGoverment-Wettbewerb' auszuschreiben und die innovativsten Behörden-IT-Lösungen zu küren. Im selben Jahr verabschieden die europäischen Staats- und Regierungschefs auf einem Sondergipfel die sog. Lissabon-Strategie, mit der man die Europäische Union bis zum Jahr 2010 „zum wettbewerbsfähigsten und dynamischsten wissensbasierten Wirtschaftsraum in

---

24   So jedenfalls laut Online-Selbstauskunft zur Geschichte des Unternehmens: „1993 – Booz Allen provides strategic planning, privatization, and operations support to Europe's largest communications entity, Deutsche Bundespost Telekom (Germany). The Worldwide Commercial Business adopts a new strategy known as Vision 2000" (BoozAllen 2008).

25   So fallen die Gründungsdaten der auf öffentliche Auftraggeber spezialisierten deutschen Beratungsunternehmen ‚BSL Public Sector' sowie ‚Agens PSC' auf die Jahre 1991 bzw. 1993.

26   In den folgenden Jahren wird IT-Beratung zunehmend zu einem zweiten ‚harten Einfallstor' für den AddOn-Verkauf von scheinbar eher ‚weichen' Strategie- und Organisationsberatungsleistungen.

der Welt" (Europäischer Rat 2000) machen will. Der dadurch ‚von ganz oben'
erzeugte Policy-Learning- und Modernisierungsdruck dürfte in den kommenden
Jahren vor allem in Bundes- und Landesverwaltungen für eine Zunahme der
Nachfrage nach IT-nahen Beratungsleistungen gesorgt haben.[27] Das Bundesver-
teidigungsministerium benötigt im Jahr 2001 offenbar externe Unterstützung bei
der Modernisierung der Bundeswehr und beauftragt unter anderem Roland Berger – angeblich freihändig. In den Jahren 2000 bis 2002 finden im Grenzfeld
zwischen Wirtschaftsprüfung, IT-Beratung und Strategieberatung einige interessante Fusionen und Übernahmen statt.[28] Im Zusammenhang mit dem Enron-
Skandal wird in den USA mit Arthur Andersen auch eine große Wirtschaftsprüfungsgesellschaft rechtskräftig zur Zahlung eines hohen Geldbetrags verurteilt.
In der BRD wird in der Folge die Strategieberatung Arthur Andersen Deutschland in die Wirtschaftsprüfungsgesellschaft Ernst&Young integriert. Ab 2002
schließt das Bundesverwaltungsamt mit den Vertragspartnern Bearingpoint,
CSC Deutschland Solutions GmbH und der Elektroniksystem- und Logistik-
GmbH sowie deren Unterauftragnehmern wiederholt Rahmenverträge zur sukzessiven Modernisierung aller Bundesbehörden.[29] Im selben Jahr setzt die
Schröder-Regierung die Hartz-Kommission für ‚Moderne Dienstleistungen am
Arbeitsmarkt' ein. Unter den Kommissionsmitgliedern befinden sich zwei hoch-
rangige Repräsentanten von Roland Berger und McKinsey.[30] Als Anfang 2004
öffentlich bekannt wird, dass beide genannten Strategieberatungen von der
Bundesagentur für Arbeit auch Großaufträge in Millionenhöhe erhalten haben,
entzündet sich in den Feuilletons für kurze Zeit eine Beraterdebatte, die schließlich zur Entlassung des damaligen BfA-Chefs Florian Gerster beiträgt.[31] Ende
2006 tritt die sog. EU-Dienstleistungsrichtlinie in Kraft. Die darin enthaltenen
Vorgaben müssen von allen EU-Mitgliedsstaaten bis 2009 umgesetzt werden.
Betroffen ist auch und vor allem das Beschaffungswesen nahezu aller Bundes-,

---

27 Wie im folgenden Abschnitt gezeigt werden wird, sind deutsche Kommunalverwaltungen um
    die Jahrtausendwende im Hinblick auf die Implementation kostensenkender EDV-Lösungen
    häufig schon deutlich weiter als viele Bundes- und Landesverwaltungen.
28 So übernimmt etwa die Wirtschaftsprüfungsgesellschaft Price Waterhouse Coopers die Pub-
    lic-Sector-Beratungsunternehmen Wibera AG und KGSt Consult. Das europäische IT- und
    Managementberatungsunternehmen Capgemini kauft Ernst & Young Consulting.
29 Zentraler Koordinator des sog. 3-Partner-Modells ist die Bundesstelle für Informationstechnik.
    Auch für die Jahre 2008 bis 2012 sind erneut Ausschreibungen von Rahmenverträgen in jähr-
    lich zweistelliger Millionenhöhe geplant. Vgl. BIT (2008).
30 Dazu passend die Berichterstattung über einen geheimen Strategie-Papier von McKinsey: „Sie
    wollen mit Bundesbehörden, Landesregierungen oder kommunalen Betrieben groß ins Ge-
    schäft kommen. Bis 2005 will McKinsey für diese Klientel 200 Berater abstellen; fünf Mal so
    viele wie heute" (Balzer/Student 2002).
31 Raffel (2006: 157ff.). Vgl. auch o. V. (2004).

Landes- und Kommunalverwaltungen. Auch die geplante Föderalismusreform II wird als Chance gehandelt, bestimmte grundlegende Verwaltungsreorganisationsprozesse einleiten zu können, die auch ‚Bürokratiekosten' reduzieren. Die Modernisierungsinitiativen gehen nun zunehmend auch von einzelnen Bundesländern sowie von Think-Tanks, bestehend aus Staatssekretären, Rechts- und Verwaltungswissenschaftlern sowie IT- und Strategieberatungsanbietern, aus.[32]

Auf Basis dieser Chronik von Einzelereignissen lässt sich feststellen, dass es Strategieberatungsunternehmen, ähnlich wie in anderen Ländern (Saint-Martin 2004), auch in der Bundesrepublik Deutschland gelungen ist, ‚im Huckepack' mit den bereits in den 1980er Jahren als seriös geltenden Wirtschaftsprüfungsgesellschaften initial den Markteintritt in die Politik- und Behördenberatung zu vollziehen. Im Falle der BRD dürfte die sachliche und personelle Überforderung der Regierung Kohl mit der Privatisierung einer Vielzahl von DDR-Wirtschaftsbetrieben dazu geführt haben, dass man auf politischer Seite die evtl. bis dato noch existenten Berührungsängste abgebaut hat. Mit der Reorganisation und Privatisierung der Deutschen Bundespost haben die internationalen Strategieberater von der Bundespolitik Anfang/Mitte der 1990er Jahre eine weitere Gelegenheit erhalten, ihre Fähigkeiten und politischen Loyalitäten unter Beweis zu stellen. Im neuen Jahrtausend benötigt die auch personell neu besetzte Bundesregierung, auch vor dem Hintergrund von drohenden ‚blauen Briefen' aus Brüssel, verstärkt externe Unterstützer beim IT-gestützten Cost-Cutting in Bundes- und Landesverwaltungen. Ähnlich wie in der Privatwirtschaft wird auch in der Politik die Digitalisierung und Vernetzung von Verwaltungsprozessen dazu genutzt, in den Behörden auch organisatorische und rechtliche Strukturreformen durchzuführen. In zunehmendem Maße wird nun auch mit Hilfe von Institutionen der EU auf nationaler Ebene ein Konvergenz- und Modernisierungsdruck erzeugt.[33] Neben den kollektiv bindenden, ggf. unter Androhung

---

32   Vgl. neuerdings etwa ISPRAT (2008).
33   Dennoch: von ‚Beraterherrschaft' kann man dann und nur dann sprechen, wenn man empirisch plausibilisieren könnte, dass und ggf. wie genau es kommerziellen Unternehmensberatern historisch gelungen ist, politische Entscheider dazu zu bringen, auf EU-Ebene kollektiv bindende Entscheidungen zu treffen, die (immer) genau den kommerziellen (Einflussausweitungs- und Umsatz-) Interessen von Beratern entgegenkommen. Auch hier müsste man sich dann wohl Formen der interorganisationalen Aufstiegsmobilität und der Wissensvalidierung in epistemic communities genauer anschauen. Interessant wäre auch die Herausarbeitung von Chancen und Grenzen einer grenzüberschreitenden Vernetzung über Branchen- und Staatengrenzen hinweg. Vgl. in Ansätzen: Glückler (2003). Interessant wäre interessant, herauszufinden, welchen inhaltlichen Einfluss die Branchenvertretung auf die jüngeren VOF-Reformwellen tatsächlich (gehabt) hat: „Ein wichtiger Schritt hin zu einem optimierteren Vorgehen bei der Vergabe von öffentlichen Aufträgen ist die 2006 reformierte Verdingungsverordnung für freiberufliche Leistungen (VOF). Die Entstehung dieser verbindlichen Vergaberegelung für alle Beratungs-

von finanziellen Strafen durchsetzbaren Richtlinienvorgaben der EU-Kommission setzt eine zunehmend wirtschaftsnah und pragmatisch denkende Politikelite auch auf (scheinbar) sanftere Formen einer EU-Governance.[34]

3.2.3 Kommunale Ebene: Rationalisierungs- und Managerialisierungsdruck durch staatlich verordnete Finanzkrise

Auf der kommunalen Ebene wurde bereits im Jahr 1949, interessanterweise im gleichen Jahr wie die Verabschiedung des Grundgesetzes der BRD, eine ‚Kommunale Gemeinschaftsstelle' (KGSt) eingerichtet für Fragen der ‚Verwaltungsvereinfachung' bzw. (seit 2005) des ‚Verwaltungsmanagements'[35]. Obwohl die Mitgliedschaft freiwillig ist, zählt die KGSt angeblich nahezu alle deutschen Städte zu ihren Mitgliedern. Aufgrund dieser Zentralität[36] ist die KGSt zumindest noch in den frühen 1990er Jahren ein geeigneter Diffusor für Rationalisierungskonzepte und Managementmoden. Glaubt man den Ausführungen von Hans Hack, einem in der kommunalen Szene bekannten KGSt-Mitarbeiter, so hat die KGSt ihren Mitgliedskommunen bis Ende der 1980er Jahre zwar durchaus brauchbare, aber letztlich isolierte Ansätze der Verwaltungsreform – Hack spricht von ‚Insellösungen' – anbieten können. Mit dem von einer Arbeitsgruppe um den damaligen KGSt-Vorsitzenden Gerhard Banner erarbeiteten ‚Neuen Steuerungsmodell' (KGSt 1993; Reichard 1994) sei jedoch seit Anfang der 1990er Jahre endlich ein ‚kohärentes Gesamtkonzept' verfügbar. Damit dieses Gesamtkonzept allerdings „in der deutschen Praxis ‚Fuß fassen' konnte" (Hack 1998: 177), habe es, so Hack weiter, zunächst „der Finanzkrise und des Anstoßes einzelner westeuropäischer Länder, hauptsächlich der Niederlande" (Hack 1998: 177) bedurft.[37]

---

aufträge, deren geschätztes Volumen 211.000 € + MwSt. (137.000 bei obersten Bundesbehörden) übersteigt, wurde vom Fachverband Öffentliche Auftraggeber in den vergangenen Jahren inhaltlich begleitet" (BDU_FöA 2008).

34 So ist etwa die sog. Lissabon-Strategie eine Anwendung der den Regierungschefs offenstehenden ‚Open Method of Coordination'. Vgl. Radaelli (2003).

35 Man beachte die (relativ spät vorgenommene) semantische Verschiebung von ‚Vereinfachung' auf ‚Management'.

36 In den USA kommt dem im Jahr 1965 von der dortigen Bundesregierung eingerichteten ‚Department of Housing and Urban Development'– kurz: HUD – historisch eine vergleichbare Trigger-Funktion für die spätere Verbreitung von Modernisierungskonzepten zu (Guttmann/Willner 1976: 189ff.).

37 Im Umkehrschluss ließe sich damit erklären, warum in der BRD der 1980er Jahre – anders als in anderen westeuropäischen Staaten – die NPM-Bewegung in den (Kommunal-) Verwaltungen noch auf vergleichsweise wenig Resonanz stieß: Mit Unterstützung der KGSt und anderer moderat-

Hinter dem Wort ‚Finanzkrise' steckt konkret die ab Mitte der 1990er Jahre spürbare, finanzielle Beteiligung der Kommunen einerseits an der Finanzierung des Schuldendienstes des Bundes und der Länder an dem im Staatsvertrag vom 25. 6. 1990 (BGBl. II, S. 518) vereinbarten, ca. 160 Mrd. DM schweren Fonds ‚Deutsche Einheit' (vgl. Häde 1994; Hülsmann 2002: 16f.), andererseits aber auch eine Beteiligung der Kommunen an den erheblichen fiskalpolitischen An-strengungen, die die BRD in den 1990er Jahren unternehmen musste, um eine weitgehende Annäherung an die Konvergenzkriterien des Maastricht-Vertrags zu erzielen und damit 1999 zur Kerngruppe der Mitglieder der europäischen Währungsunion gehören zu können.[38]

Abbildung 1 zeigt, ausgehend vom Referenzjahr 1995 (= 100%), wie sich die Einnahmesituation der Gemeinden zwischen 1995 und 2005 preisbereinigt entwickelt hat.[39] Auffallend ist zunächst, dass die ‚reale Kaufkraft' (= Gemein-deeinnahmen) der kommunalen Haushalte im Bundesaggregat im Jahr 2003 um 10% unterhalb der Kaufkraft von 1995 liegt.[40] Bis zum Jahr 2002 lässt sich der Rückgang der Gemeindeeinnahmen insgesamt vor allem mit dem Rückgang der Landesumlagen (= Gemeindeanteils an der Einkommensteuer) erklären. Zwi-schen 2002 und 2004 trägt dann zusätzlich ein massiver Einbruch bei den Ge-meindesteuereinnahmen, vor allem – Eichel-bedingt – bei den Gewerbesteuer-einnahmen dazu bei, dass die reale Kaufkraft der Kommunen im Vergleich zum jeweiligen Vorjahr von Jahr zu Jahr weiter zurückgeht.

---

pragmatischer Verwaltungsreformisten hatten die Städte nach den Ölkrisen der 1970er Jahre ihre Spar-Hausaufgaben offenbar so gut erledigt, dass sich ‚Mister Städtetag' Bruno Weinberger (1984) dazu veranlasst sah, vor den Gefahren einer Überkonsolidierung zu warnen. Wenn aber Kommunal-verantwortliche „– aus welchen Gründen auch immer – der Suche nach der besten Organisations-form – außer der Forderung nach ‚Privatisierung' schlechthin – keine Aufmerksamkeit" widmen, müssen sich auch GEBERA-‚Rationalisierungs'-Schriften nach einem kurzen Verwaltungsinter-mezzo ab Mitte der 1980er Jahre mit ihren Reformvorschlägen notgedrungen auf den offensichtlich lukrativeren Bereich des ‚Krankenhausmanagements' konzentrieren. Vgl. Schmidt (1985).

38 In einer international vergleichenden Perspektive wird deutlich, dass die kommunalen Haus-halte von den ‚von oben' verordneten Sparkursen auch in anderen OECD-Ländern überdurch-schnittlich stark betroffen sind. Vgl. Caulfield (2002).

39 Auf Anfrage hat Markus Zwick, Mitarbeiter des Statistischen Bundesamts, dem Verfasser dan-kenswerterweise die Original-Datei mit gegenüber der in Zwick (2007) veröffentlichten Origi-nalabbildung bereits aktualisierten Daten zugesandt und eine Veröffentlichung genehmigt.

40 Nur um ökologischen Fehlschlüssen vorzubeugen: trotz dieses Negativtrends im Bundesag-gregat kann es im genannten Zeitraum durchaus einzelne deutsche Kommunen gegeben haben, die hinsichtlich Kaufkraft einen kontinuierlichen Aufwärtstrend erlebt haben.

Abbildung 1: Preisbereinigte Entwicklung der Gemeindefinanzen 1995 bis 2005

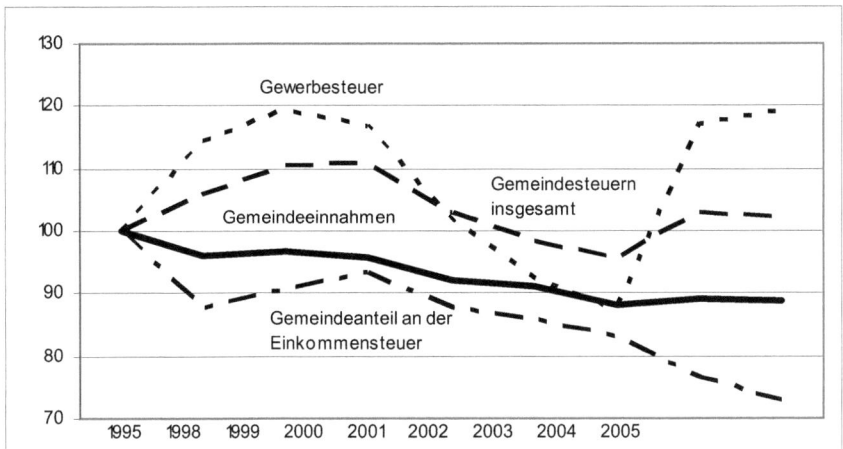

Quelle: Statistisches Bundesamt (bis 2005); für 2006ff.: Schätzungen der Bundesvereinigung der kommunalen Spitzenverbände; Berechnungen von Zwick (2007), Original in Farbe.

Erst ab 2004 bewirkt ein massiver Wiederanstieg der Gewerbesteuereinnahmen bei weiterhin zurückgehendem Gemeindeanteil an der Einkommensteuer eine vorläufige Stabilisierung der realen Kaufkraft der Gemeindehaushalte bei knapp unter 90% des bereits im Jahr 1995 erreichten Stands.[41] Neben den normalen konjunkturellen Schwankungen, denen etwa die Gewerbesteuer als wichtigste Kommunalsteuer ohnehin unterliegt, haben in den späten 1990er Jahren auch die Länder und ab 2002 auch noch der Bund durch entsprechende gesetzliche Veränderungen des Umlageanteils zuungunsten der Gemeinden dazu beigetragen, dass die reale Kaufkraft der Gemeinden sukzessive zurückgegangen ist. Auf diesen Rückgang der realen Kaufkraft kann man einerseits durch Aufnahme von Krediten, andererseits durch massive Anstrengungen zur Kostensenkung reagieren.

---

41   Vorausschauend steht zu befürchten, dass den Kommunen nicht nur während der aktuellen Weltwirtschaftskrise erneut die Gewerbesteuereinnahmen wegbrechen, sondern, dass Bund und Länder in den kommenden Jahren (wieder) versuchen werden, die Schulden, die zur Konjunkturbelebung aufgenommen werden, zumindest zum Teil auf die kommunalen Haushalte abzuwälzen.

Abbildung 2:   Entwicklung der Kreditmarktschulden und Kassenkredite der Länder und Kommunen
                 zwischen 1992 und 2006

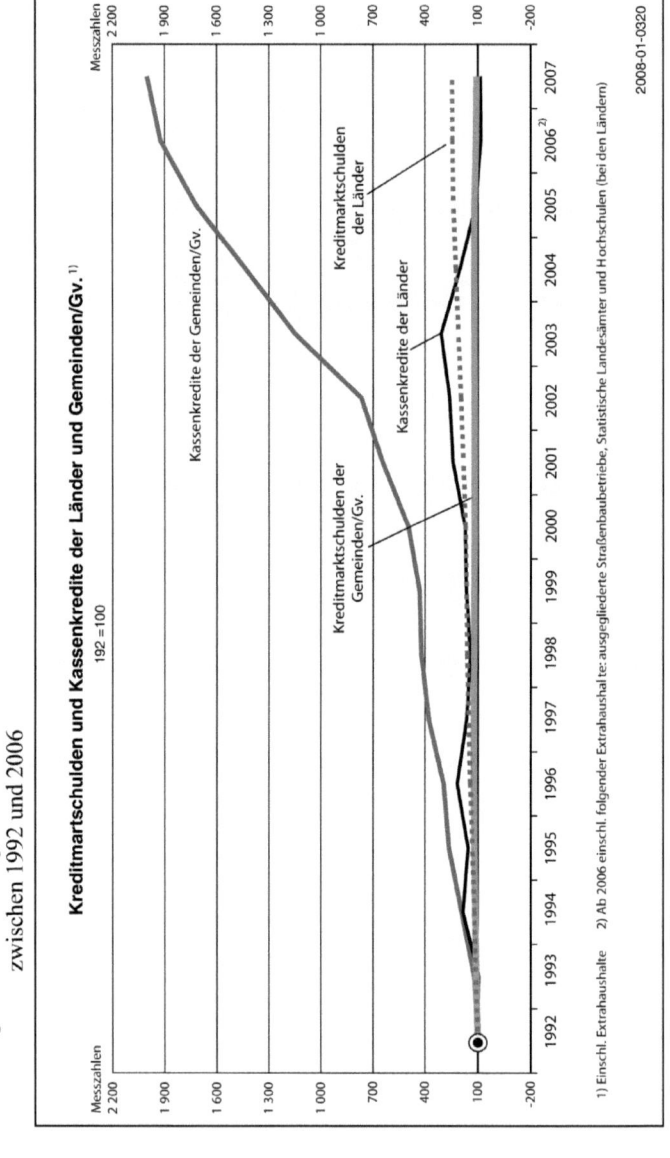

Quelle: Nicodemus (2006: 809)

Abbildung 2 zeigt, wie sich die bundesweit aggregierte Höhe der Kredit-marktschulden und Kassenkredite auf Länder- und Gemeindeebene in den Jahren 1993 bis 2006 gegenüber dem Referenzjahr 1992 verändert hat.[42] Auffallend ist zunächst, dass sich die Kreditmarktschulden der Länder seit 1992 nur sehr moderat, die der Gemeinden nahezu gar nicht erhöht haben. Demgegenüber ist die bundesweit aggregierte Summe aller von Kommunen aufgenommenen kurzfristigen Kassenkredite bereits bis zum Jahr 1999 – dem Jahr der Währungsunion – gegenüber 1992 um 400% angestiegen.

Zwischen 1999 und 2002, dem Jahr des ersten drohenden ‚blauen Briefs‘ aus Brüssel und zugleich Jahr der Bundestagswahl, stiegen sowohl die Kassenkredite der Länder als auch die Kassenkredite der Gemeinden nochmals kräftig an. Ab dem Jahr 2003 gingen die Kassenkredite der Länder bei moderat steigenden Kreditmarktschulden wieder gegen Null zurück. Gleichzeitig nahmen allerdings die aggregierten Kassenkredite der Gemeinden in den folgenden Jahren geradezu explosionsartig zu: von 700% im Jahr 2003 auf 2000% im Jahr 2006 – jeweils gegenüber dem Referenzjahr 1992. Parallel zur Ausweitung der Aufnahme von kurzfristigen Kassenkrediten unternehmen die Kommunen aber auch organisations-intern enorme Rationalisierungsanstrengungen, um die Höhe der auf Ausgabenseite jährlich zu deckenden Summen möglichst zu senken (vgl. Knaier 1999). Der anteilig größte Ausgabenblock sind traditionell die Personalkosten.

Abbildung 3 zeigt, dass die aggregierte Gesamtsumme aller Beschäftigten in bundesdeutschen Kommmunen binnen 10 Jahren von etwa 1,3 Mio. im Jahr 1995 auf etwa 800 Tausend im Jahr 2005 zurückgegangen ist. Wie man sieht, waren die kommunalen Angestellten und die Arbeiter besonders stark von Personalabbau bzw. Stellenstreichungen betroffen, während die Gesamtsumme der kommunalen Richter und Beamten sowie der Teilzeitbeschäftigten nahezu konstant blieb. Wenngleich der Stellenabbau von Kommune zu Kommune unterschiedlich hoch ausgefallen sein dürfte, muss man doch davon ausgehen, dass es vielen Kommunen nicht leicht gefallen ist, sich von einer nicht unerheblichen Anzahl von festangestellten MitarbeiterInnen ersatzlos zu trennen.[43]

---

42   Auch hier hat das Bundesamt für Statistik dem Verfasser auf Anfrage freundlicherweise die Original-Grafik zugesandt und zur Veröffentlichung genehmigt.

43   Dies mag auch ein Grund dafür gewesen sein, dass die meisten Bundesländer, die bis dato noch andere Gemeindeordnungen tradiert hatten, in der zweiten Hälfte der 1990er Jahre ihre Gemeindeordnungen bereitwillig auf Varianten der sog. ‚süddeutschen Ratsverfassung‘ umgestellt haben: mit einem Zuviel an Transparenz gegenüber Ratsmitgliedern wären die z. T. einschneidende Restrukturierungs- und Privatisierungsentscheidungen – einschließlich der in dieser Zeit evtl. zunehmenden Vergabe von Beraueraufträgen – kommunalpolitisch womöglich noch schwerer durchsetzbar gewesen als mit ‚monokratischer Führung‘. Zur Entscheidungsproblematik in Oberstadtdirektor-Verfassungen vgl. bereits Banner (1972).

Abbildung 3:   Entwicklung der absoluten Beschäftigtenzahlen in deutschen
Gemeinden zwischen 1995 und 2005 – aggregiert und getrennt
nach Anstellungsform

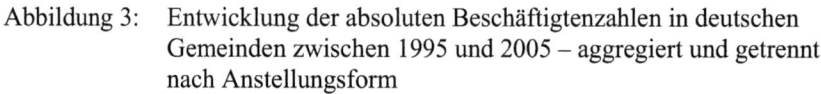

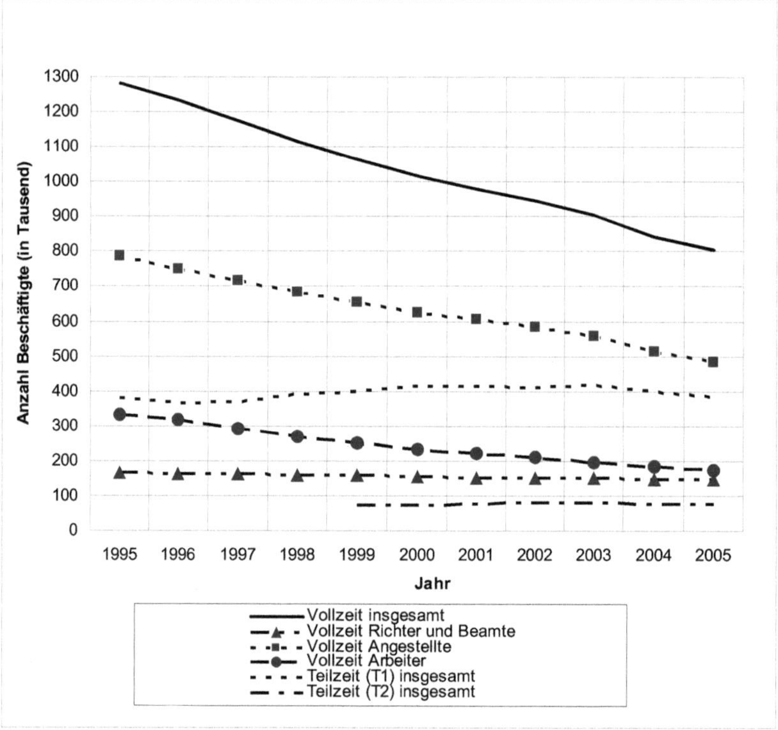

Quelle: ‚GENESIS-Online Regional', Statistisches Bundesamt; eigene Darstellung.

Die Kommunen dürften ab Mitte der 1990er Jahre aber auch jenseits von Perso-
nalkosteneinsparungen nach Möglichkeiten gesucht haben, die Gesamtsumme
der jährlichen Verwaltungsausgaben zu reduzieren. In diesem Zusammenhang
dürften sowohl die NSM-Managerialisierungs- als auch die von kommerziellen
IT-Beratungsanbietern versprochenen Cost-Cutting- und Auslagerungskonzepte
bei den Kommunen auf fruchtbaren Boden gefallen sein.[44] Bereits im Jahr
1994, also sehr kurz nach der Erstvorstellung des ‚Neuen Steuerungsmodells',

---

44   Vgl. für viele Bräunig (1994); Budäus et al. (1996); Engelhardt (1996); Schuppert (1996);
Naschold et al. (1997).

veröffentlichen Mitarbeiter der KGSt einen KGSt-Bericht mit dem Themen-
schwerpunkt ‚Externe Organisationsberatung'.[45] Etwa zeitgleich brachte die
Bertelsmann Stiftung mit ihren Aktivitäten im Bereich der ‚interkommunalen
Leistungsvergleiche'[46] eine wachsende Zahl von Kommunen in (Erst-) Kontakt
mit kommerziellen Beratungsanbietern.[47] Ab Mitte der 1990er Jahre erhöhte
sich die Anzahl der direkt an Kommunen adressierten Reformkonzepte merk-
lich.[48] Je unangenehmer bzw. komplexer die verwaltungspraktisch wahrnehmbaren Cost-Cutting- und Governance-Entscheidungen allerdings geworden sind
und je offensichtlicher es wurde, dass die von Seiten der (verwaltungs-) wissenschaftlichen Politikberatung und z. T. auch von Seiten der KGSt propagierten
Reformkonzepte für viele kommunale Problemstellungen entweder zu ‚unter-
komplexe'oder aber zu ‚praxisferne' Lösungsvorschläge bereithalten, desto
nahe liegender dürfte es für kommunale Top-Entscheider geworden sein, erstmals oder verstärkt auf Dienstleistungen von kommerziellen Beratungsanbietern
zurückzugreifen. Zumal diese sich ja in privatwirtschaftlichen Unternehmen und
bei der Privatisierung von VEBs und der einstigen Bundespost auch auf Bundesebene angeblich/tatsächlich bereits bewährt haben.[49] Die seit Anfang des
neuen Jahrtausends sichtbaren Folgen der hierdurch ausgelösten, z. T. radikalen
organisatorischen Restrukturierungen und (Teil-) Privatisierungen im ‚Konzern
Stadt' werden in (Kommunal-) Wissenschaft[50] und kritischem Journalismus[51]
beschrieben und mit Schlagwörtern wie ‚Private Stadt' (Häußermann 2001),
‚Ökonomisierung des öffentlichen Sektors' (Harms/Reichard 2003) oder ‚Ge-
samtdeutscher Ausverkauf' (Rügemer 2005) in den politischen Diskurs einge-
speist. An Stelle der alten kommunalen Selbstverwaltung findet man nach dieser
Auslagerungswelle in Kommunen immer häufiger „ein mehrstrahliges, ver-
schachteltes und ausdifferenziertes ‚Konzernbild', in dem private und öffentliche Aufgaben in unterschiedlichen privat- und öffentlich-rechtlichen Organisa-

---

45 Vgl. KGSt (1994). Interessanterweise ist 1994 auch das Jahr der KGSt-internen Ausgründung
der kommerziell orientierten KGSt Consult GmbH, die ab 2001 100%-ige Tochter von Wibe-
ra/PWC ist.
46 Vgl. bereits skeptisch-zurückblickend: Schuster (2001), heute KPMG-Prokurist im Bereich
Öffentlicher Sektor.
47 Zu den Koautoren der Mitte der 1990er Jahre erscheinenden ‚Masterordner' und ‚Jahres-
berichte' zählen regelmäßig bekannte Beratungsanbieter wie Mummert und Zuendel.
48 Vgl. exemplarisch für viele in dieser Zeit erscheinenden Publikationen: Stratemann/Wottawa
(1995); Koetz et al. (1995); Schückhaus (1996). Systematischer ließe sich das Ganze sicherlich mit Hilfe einer Diskurs- bzw. Printmedienindikatorenanalyse auch für Fachzeitschriften
herausarbeiten.
49 Ähnlich – und bereits die Konsequenzen reflektierend – auch Sack (2006).
50 Vgl. Wohlfahrt/Zühlke (1999); Hülsmann (2002); Edeling/Reichard (2003).
51 So etwa Jungfer (2005), selbst Stadtkämmerer der Stadt München.

tionsformen wahrgenommen werden, denen gegenüber politische Steuerungsinstrumente wie Macht und Recht sich als wenig wirksam erweisen".[52] Vor dem Hintergrund dieses polit-historischen Rekonstruktionsversuchs sollen im folgenden Kapitel die Ergebnisse einer im Sommer 2007 durchgeführten Querschnittserhebung vorgestellt und diskutiert werden.

---

52   So bereits Wohlfahrt/Zühlke (1999: 57).

4 Methodik und Ergebnisse einer quantitativen Querschnittsstudie

Trotz der in regelmäßigen Abständen wiederkehrenden, politisch motivierten Diskussionen über den angeblichen Missbrauch öffentlicher Steuergelder zum Zwecke der Finanzierung fragwürdiger Beratungsprojekte existieren bislang in der Bundesrepublik Deutschland keine seriös und systematisch erhobenen Zahlen über das tatsächliche Ausmaß und die (mitteilbaren) Gründe der öffentlichen Inanspruchnahme von Beratungsleistungen externer Anbieter. Wie es sich bei der Aufarbeitung des Stands der Literatur gezeigt hat, konzentrieren sich die wenigen bislang in der BRD durchgeführten quantitativen Studien auf Befragungen von Bundes- und Landesbehörden und weisen in Erhebung und Auswertung zudem erhebliche methodische Mängel auf. Im Folgenden werden die empirischen Ergebnisse einer vom Verfasser im Zeitraum Winter 2006 bis Frühjahr 2008 durchgeführten quantitativ-empirischen Studie auf der Ebene deutscher Kommunalverwaltungen vorgestellt. Auf Basis der realisierten Stichprobe lassen sich mittels statistischem Inferenzschluss zumindest vorsichtig generalisierbare Aussagen über das jüngere Beraternachfrageverhalten deutscher Stadtverwaltungen insgesamt ableiten.

Primäres Ziel der Studie war es, auf der Grundlage einer methodisch sauberen eigenen Primärerhebung erstmalig einen einigermaßen validen und quantifizierbaren Eindruck von Art und Umfang der von deutschen Stadtverwaltungen innerhalb eines Jahres an externe Anbieter vergebenen Beratungsprojekte zu gewinnen. Sofern es die realisierte Datenbasis zulassen würde, sollte ein weiteres Ziel der Studie darin bestehen zu zeigen, dass sich die Survey-Forschung mit Hilfe moderner multivariater Analyseverfahren selbst bei der empirischen Untersuchung von theoretisch multidimensionalen Fragestellungen wie der Frage, in welchen Situationen und mit welchen (Erfolgs-) Erwartungen (politische) Organisationen die Beratungsleistungen externer Anbieter in Anspruch nehmen, noch (erkenntnis-) gewinnbringend einsetzen lässt.

Im Folgenden sollen zunächst einige methodologische Überlegungen zum geplanten Design und zu den bei der Implementation aufgetretenen Problemen der Datenerhebung erfolgen (4.1). Im Anschluss daran erfolgt ein erster Vergleich der mittels des Erhebungsinstruments der postalischen Befragung faktisch realisierten Stichprobe mit der anvisierten Grundgesamtheit (4.2). Danach werden die Ergebnisse zweier Städtetypisierungsversuche auf der Basis von Cluster-Analysen vorgestellt (4.3). Hieran anschließend erfolgen dann (4.4) diverse bi- bzw. multivariate Analysen. Im Zentrum dieser Analysen steht das Bemühen, theoretisch begründet, aber in der methodischen Vorgehensweise doch explorativ, mögliche Determinanten für das im Jahr 2006 von den Teilnehmerstädten gezeigte Beraternachfrageverhalten (4.4.3), für die Anzahl der jährlich vergebenen Beratungsprojekte (4.4.4), für den Grad der (Un-) Zufriedenheit von Kommunalverantwortlichen mit vergangenen Beraterleistungen (4.4.5) und für deren subjektive Beraternachfrageprognosen für die nahe Zukunft (4.4.6) zu identifizieren. Das Kapitel endet mit einer Zusammenfassung und einer kurzen Diskussion (4.5).

4.1 Erhebungsmethoden und realisiertes Forschungsdesign

Die Primärerhebung erfolgte auf der Basis einer postalischen Stadtverwaltungsbefragung.[1] Persönliche Vor-Ort-Interviews schienen angesichts von monetären, zeitlichen und personellen Restriktionen nicht realisierbar – es sei denn, man hätte sich auf einige wenige, qualitative Feldzugänge beschränkt und damit von Anfang an auf das Ziel der Gewinnung einer möglichst umfänglichen, quantitativen Datenbasis zum Zwecke einer statistischen Analyse verzichtet. Für Telefoninterviews fehlten das CATI-System und ein geschulter Interviewerstab. Außerdem hätte man im Falle einer Organisationsbefragung pro Organisation zunächst einmal – an evtl. Gatekeeper-SekretärInnen vorbei – den/die jeweilige/n HauptverwaltungsbeamtIn zur Teilnahme bewegen und um Nennung der Direktdurchwahl eines verwaltungsintern informierten key respondents bitten müssen. Dies erschien nicht nur aufgrund technischer und personeller Restriktionen nicht sinnvoll, sondern auch angesichts des Wunsches, in den Fragebogen einige Fragen aufzunehmen, für deren Beantwortung den Befragten die Gelegenheit zu einer kurzen internen Nachrecherche gegeben werden sollte. Einzig hinsichtlich der Frage, ob der schriftliche Fragebogen postalisch oder elektro-

---

1   Das Erhebungsverfahren ‚Befragung' war von Anfang an gesetzt, da der Verfasser keine Möglichkeit sah, anders an die dezentral, über die gesamte Republik verteilten (Beratungs-) Projekt(vergabe-)Informationen zu gelangen. Die EU-Vergabedatenbanken enthalten ausschließlich Ausschreibungs- und Vergabetexte für EU-ausschreibungspflichtige Aufträge. Mit Ausnahme einiger weniger Ausschreibungen von Großstädten bleiben kommunale Beratungsaufträge aber in der Regel unterhalb der Schwelle der EU-Ausschreibungspflicht.

nisch (etwa als pdf-Attachment per E-Mail) an die Organisationen bzw. die key respondents geschickt werden sollten, bestand zu Beginn Unsicherheit. Die Entscheidung fiel letztlich aber – auch dank des freundlichen Angebots einer finanziellen Unterstützung von Seiten der Betreuer – zugunsten der teureren, aber bislang zumindest im Hinblick auf die Höhe der erzielbaren Rücklaufquoten vergleichsweise geeigneteren postalischen Befragung aus.[1] Bei der Fragebogenkonstruktion wurde so gut wie möglich mitreflektiert, ob die späteren key respondents, die in unterschiedlich großen Organisationen womöglich unterschiedliche Positionen bekleiden, jeweils *sowohl dazu in der Lage als auch willens* sein würden, eine konkrete Frage überhaupt und ggf. möglichst reliabel und valide zu beantworten. Neben den Verbesserungsvorschlägen von Seiten des beteiligten Kommunalverbands wurden auch Anregungen aus einem kleinen Pretest[2] zur Optimierung des Fragebogens herangezogen.

Konkret angeschrieben wurden die OberbürgermeisterInnen der 400 größten deutschen Städte[3] mit der Bitte um Teilnahme und ggf. um Weiterleitung des schriftlichen Fragebogens an eine/n Verwaltungsmitarbeiter/in, der/die verwaltungsintern am ehesten über die für die Beantwortung der Fragen notwendigen Informationen verfügt. Um die Wahrscheinlichkeit einer enttäuschend niedrigen Rücklaufquote zu verringern, wurden bereits deutlich vor der Erhebung Vertreter kommunaler Spitzenverbände kontaktiert, um diese dafür zu gewinnen, die Befragung in Form von pretestartigen Fragebogen-Feedbacks, vor allem aber in Form eines Begleitschreibens mit Teilnahmeempfehlungscharakter, zu unterstützen.[4] Aus

---

1   Vgl. hierzu auch die jüngeren Methodenvergleiche von Tuten et al. (2002). Wie die Erhebungspraxis zeigte, gibt es in einigen deutschen Städten durchaus VerwaltungsmitarbeiterInnen, die das Ausfüllen eines Paper-and-Pencil-Fragebogens im Zeitalter des Internets als ,oldfashioned' einstufen und es bevorzugten, einen selbst eingescannten und online ausgefüllten pdf-Fragebogen per E-Mail an den Projektverantwortlichen zurückzusenden.

2   Der eigentliche Fragebogen-Pretest erstreckte sich im Wesentlichen auf das detaillierte Feedback eines Kämmerers einer Landeshauptstadt und dasjenige eines befreundeten Bürgermeisters einer relativ kleinen Gemeinde, zu denen der Projektverantwortliche jeweils persönlichen Kontakt aufbauen konnte.

3   Angestrebt wurde eine Vollerhebung aller Stadtverwaltungen, die zum Stichtag 31.12.2005 für mehr als 30.000 Einwohner zuständig waren. Aufgrund einer zeitlich deutlich verzögerten Verfügbarkeit entsprechender amtlicher Statistiken wurde hierfür auf die als verlässlich eingestufte Liste der Homepage ,citypopulation.de' zurückgegriffen, wohlwissend, dass sich damit vor allem im Falle derjenigen Städte, die in den letzten Jahren eine Einwohnerzahl knapp über oder unter 30.000 hatten, möglicherweise eine over- bzw. undercoverage von einigen wenigen Populationsmitgliedern ergeben könnte. Mit Hilfe studentischer MitarbeiterInnen wurden für alle 400 Städte Name, Anschrift und E-Mail-Adresse der OberbürgermeisterInnen bzw. der OB-SekretärInnen recherchiert.

4   Der Verfasser musste erleben, dass die formale und inhaltliche Einbindung derartiger, nicht nur wissenschaftlich, sondern auch verbandspolitisch denkender ,Gatekeeper'-Verbände Doktoran-

monetären, zeitlichen und personellen Gründen wurde auf eine telefonische bzw. postalische Vorabkontaktierung der OberbürgermeisterInnen verzichtet. Stattdessen erhielten die OberbürgermeisterInnen im Juni 2007 einen Brief, der alle Unterlagen und Informationen – darunter auch den Hinweis auf eine vom Projektverantwortlichen eigens hierfür eingerichtete Projekt-Homepage[5] – enthielt. Das erste (Teilnahme-) Erinnerungsschreiben wurde nach etwa drei Wochen, das zweite nach ca. weiteren drei Wochen, jeweils in Form einer freundlichen Teilnahmeerinnerungs-E-Mail mit angehängter Fragebogen-PDF,[6] ausgesandt. Obwohl die Rücksendungsfrist im zweiten Erinnerungsschreiben bereits auf Mitte August 2007 gesetzt wurde, gingen, vermutlich aufgrund der auch urlaubsbedingten, personellen Unterbesetzung, noch bis in den September 2007 hinein ausgefüllte Fragebögen in der Poststelle der Universität ein. In den folgenden Analysen mitberücksichtigt werden konnten alle bis zum 11.9.2007 zurückgesandten Fragebögen.

Für diejenigen Städte, für die durch Eingabe gemäß eines Codeplans[7] Datensätze angelegt werden konnten, wurden auf der jeweiligen Stadt-Homepage Informationen zum bzw. zur im Referenzjahr 2006 amtierenden Oberbürgermeisterln sowie zu den Ergebnissen der vor dem bzw. im Jahr 2006 durchgeführten OB- bzw. Gemeinderatswahlen nacherhoben.[8] Als letzte Quelle zur Erweiterung der mittels Fragebogen erstellten individuellen (Teilnehmer-) Städtedatensätze konnte schließlich die ab dem dritten Quartal 2008 vom Statistischen Bundesamt erwerbbare und glücklicherweise bereits Kommunalstatistiken vom 31.12.2005 enthaltende DVD ,Statistik Lokal Ausgabe 2007' verwendet werden. Neben den amtlich beglaubigten Einwohnerzahlen konnten hieraus vor allem einige valide Daten zur Situation der öffentlichen Finanzen sowie zum Realsteuervergleich auf der Aggregatebene von (auch kreisangehörigen) Gemeinden entnommen werden.

---

den mit einem befristeten Zeit- und Stellenhorizont Kompromissbereitschaft und vor allem Geduld abverlangt.

5   Siehe hierzu: KOBE (2007).

6   Zum Ausschluss der Möglichkeit, dass von einer Stadtverwaltung mehrere Fragebögen von mehreren selbstrekrutierten key respondents in die Stichprobe gelangen sowie zur Erhaltung der Möglichkeit des nachträglichen Matchens der Fragebogendaten mit weiteren Regional- und Internetdaten wurde sowohl auf den Print- als auch auf den PDF-Versionen der Fragebögen auf der jeweils letzten Seite eine eineindeutige Stadt-ID platziert.

7   Um etwaige Lese- oder Tippfehler durch Konzentrationsstörungen oder ähnliches zu minimieren, wurden alle Fragebögen mit ausreichenden Pausen zu zweit eingegeben: eine Person konnte sich auf das konzentrierte Lesen der Antwortkategorien gemäß Codeplan spezialisieren, eine zweite Person gewann dadurch Zeit, beim Eintippen der vorgelesenen Zahl am Bildschirm auf etwaige Tippfehler zu achten.

8   Auch hier war bereits bei der Fragebogenkonstruktion in etwa abschätzbar, welche Daten im Nachhinein für (fast) alle Teilnehmerstädte nachrecherchierbar sein würden.

Fallspezifisch aufgetretene Item-Nonresponse bei für die Regressionsmodelle wichtigen Variablen wurde durch nachträgliche direkte Kontaktierung zunächst der zuständigen statistischen Landesämter, in Einzelfällen auch der jeweiligen Stadtkämmerer selbst, so gering wie möglich gehalten.

Hinsichtlich des Forschungsdesigns konnte im Zusammenhang mit der vorliegenden Arbeit zunächst einmal nur eine einmalige ‚Posttest-Messung‘ in Form eines Querschnittsdesigns realisiert werden. In der sozialwissenschaftlichen Umfrageforschung sind derartige Ex-post-facto-Designs gängig (vgl. Schnell/Hill/Esser 2005: 230f.). Gegenüber (quasi-) experimentellen Designs ergibt sich jedoch eine Reihe zusätzlicher methodischer Probleme.[9] Besonders heikel ist der Umstand, dass ex ante weder eine randomisierte Zuordnung der Untersuchungseinheiten zur Versuchs- bzw. Kontrollgruppe möglich ist, noch überhaupt eine Messung vor Auftritt des vom Forscher ebenfalls nicht systematisch beeinflussbaren Treatments – z. B. Auftragsvergabe an einen externen Beratungsanbieter – erfolgt. Wenn aber nur eine Messung zu einem festgelegten Zeitpunkt durchgeführt werden kann, dann wäre es wünschenswert, wenn man diesen Zeitpunkt nach Möglichkeit so wählen könnte, dass bei einer hinreichend großen Zahl von Analyseeinheiten in ausreichend geringem zeitlichem Abstand vor der Messung von den Untersuchungseinheiten erinnerbare Unterschiede erfassbar sind – sowohl im Hinblick auf Ausprägungen des Treatments als auch im Hinblick auf Ausprägungen der mittels retro- und prospektiven (Verhaltens- und Einstellungs-) Messungen erhebbarer Gruppen- und Drittvariablen.

Auf der Basis der Daten, die aus einer (zunächst) einmaligen Querschnittbefragung gewonnen worden sind, lassen sich Kausalhypothesen im strengen Sinne leider nicht überprüfen.[10] Unter der Annahme, dass die erhobenen Merkmale ‚in der Natur‘ zumindest näherungsweise bestimmten mathematischen Verteilungen folgen, lassen sich mit multivariaten Analyseverfahren aber statistisch mehr oder weniger signifikante und zudem theoretisch plausibilisierbare Korrelationszusammenhänge zwischen jenen Variablen sichtbar machen, die zuvor mit Hilfe des gewählten Erhebungsinstruments einigermaßen objektiv, reliabel und valide gemessen wurden (Schnell et al. 2005: 236). Einen (meta-) theoretisch begründbaren Königsweg zur Konstruktion derartiger, mit statistischen Mitteln ex post falsifizierbarer (Zusammenhangs-) Modelle gibt es zwar nicht.[11] Man könnte jedoch im Anschluss an Hypothesentests der quantitativen

---

9   Vgl. auch grundlegend für Organisationsstudien: Cook/Campbell (1976).

10   Zur Problematik des methodisch gesicherten Nachweises von Kausalzusammenhängen mittels Survey-Daten vgl. bereits Marsh (1982) sowie Stolzenberg/Land (1983).

11   Vgl. für die deutsche Survey-Forschung etwa Brüderl (2004: 177).

Survey-Forschung theoriegeleitet weitere Daten erheben und hoffen, dass sich mit deren Hilfe die von Umfragen systematisch ausgeblendeten ‚Transformationsmechanismen' letztlich doch noch empirisch nachweisen lassen (Schnell et al. 2005: 236). Hierzu müsste man allerdings ein Mikrodesign realisieren, das Primärziel und Budget der vorliegenden Studie deutlich gesprengt hätte. Trotz dieser grundsätzlichen Schwächen der quantitativen Survey-Forschung kann auf Basis der vorliegenden Querschnittsdaten im Folgenden erstmals der Versuch einer *methodologisch qualitätsgesicherten Quantifizierung des Beraternachfrageverhaltens* auf der politisch-administrativen Ebene *deutscher Kommunalverwaltungen* unternommen werden.

4.2   Die Stichprobe

Angestrebt wurde eine Vollerhebung der Grundgesamtheit aller deutschen Städte, die zum Stichtag 31.12.2005 über mehr als 30.000 Einwohner verfügten.[12] Wenn in den folgenden Analysen von ‚Stichprobe', ‚Sample' oder ‚Teilnehmerstädte' die Rede ist, so handelt es sich hierbei um die Summe all derjenigen Städte der gesamten Städtepopulation, die sich im Hinblick auf Teilnahme/ Nichtteilnahme an der postalischen Befragung positiv selbstselegiert haben. Bis Mitte September haben 139 der insgesamt 400 angeschriebenen Städte einen auswertbaren Fragebogen zurückgesandt. Die sog. Ausschöpfungs- bzw. Rücklaufquote liegt damit bei knapp 35 Prozent. In der einschlägigen Survey-Literatur wird nicht selten davon berichtet, dass unter der Bedingung einer Befolgung bestimmter Design- und Administrationsempfehlungen auch bei postalischen Befragungen Ausschöpfungsquoten von bis zu 70% realisierbar seien.[13] Angesichts des beigelegten offiziellen Teilnahmeempfehlungsschreibens der KGSt wäre ein noch etwas höherer Rücklauf wünschenswert gewesen. Ein wahrscheinlicher Grund für eine pauschal etwas niedrigere Rücklaufquote dürfte darin liegen, dass der Erhebungszeitraum in die urlaubsreichen Sommermonaten Juni bis August gefallen ist.

---

12   Der Schnitt wurde aus organisationstheoretischen und aus methodologischen Gründen bei der Zahl 30.000 gemacht und mag etwas willkürlich wirken.
13   Vgl. insbesondere Dillman (2007).

Tabelle 1: Vergleich des auswertbaren Sub-Samples mit Unit-nonresponse-Städten und gesamter Städtepopulation

	Auswertbares Sub-Sample	Subsample mit unit nonresponse	Gesamte Städte-Population
Anzahl N	139	261	400
Bevölkerungsstand (31.12.2005):			
Mittelwert	65808	120828	101708
Standardabweichung	68676,60	268248,96	221830,95
Über 100.000 EW.	12,2%	24,5%	20,3%
50.000 – 100.000 EW.	34,5%	22,6%	26,8%
30.000 – 50.000 EW.	53,2%	52,9%	53,0%
Kreisfreie Stadt	25,2%	31,8%	29,5%
DSt-Mitglied	42,4%	44,1%	43,5%
Ostdeutsche Stadt *	10,8%	15,3%	13,8%
Baden-Württemberg	16%	13%	14%
Bayern	12%	7%	9%
Berlin	0%	0%	0%
Brandenburg	1%	4%	3%
Bremen	1%	0%	1%
Hamburg	0%	0%	0%
Hessen	8%	7%	7%
Mecklenburg-Vorpommern	0%	3%	2%
Niedersachsen	9%	15%	13%
Nordrhein-Westfalen	37%	34%	35%
Rheinland-Pfalz	5%	3%	4%
Saarland	0%	3%	2%
Sachsen	4%	3%	3%
Sachsen-Anhalt	4%	3%	3%
Schleswig-Holstein	1%	3%	3%
Thüringen	1%	3%	3%

Quelle: eigene Studie; eigene Berechnungen;
* ohne Berlin; Kursivsetzungen: hier weicht Sample ggb. anderen Samples relativ stark nach oben bzw. unten ab.

In Tabelle 1 wird das Sub-Sample der letztlich auswertbaren Teilnehmerstädte im Hinblick auf eine Reihe von Strukturmerkmalen mit dem Sub-Sample
der Nichtteilnehmerstädten und der Gesamtpopulation verglichen. Besonders
auffallend ist hierbei der beträchtliche Mittelwertsunterschied im Hinblick auf
die Einwohnerzahl der Städte. Stadtverwaltungen, die sich dazu entschieden haben, an der Befragung *nicht* teilzunehmen, ‚regieren' im Durchschnitt über eine
fast doppelt so große Anzahl von registrierten Gemeindemitgliedern als Stadtverwaltungen, deren zurückgesandter Fragebögen in den folgenden Analysen
berücksichtigt werden können. Dieser Größeneffekt spiegelt sich in der Teilnehmerstichprobe vor allem in der im Vergleich zum Nichtteilnehmer-Sub-
sample und zur Gesamtpopulation (deutlich) niedrigeren ‚Repräsentanz' von
Städten über 100.000 Einwohnern und von kreisfreien Städten wider – darunter
leider auch nahezu alle Landeshauptstädte. Städte mit einer Einwohnerzahl zwischen 50.000 und 100.000 Einwohnern sind dagegen in der Teilnehmerstichprobe (deutlich) überrepräsentiert. Einzig kleinere Stadtverwaltungen, die zwischen
30.000 und 50.000 Einwohner ‚regieren', sind in der Teilnehmerstichprobe anteilig nahezu identisch vertreten wie in der Gesamtpopulation.[1]

Aus Sicht des Verfassers sind für die überdurchschnittlich negative Selbstselektion von Großstadtverwaltungen mit über 100.000 Einwohnern vor allem
zwei Gründe nahe liegend. Zum einen dürfte es den OberbürgermeisterInnen
bzw. deren AssistentInnen in Großstadtverwaltungen mit zum Teil mehreren
tausend MitarbeiterInnen und der größenbedingt beinahe erzwungenen, dezentralen Vergabe von (Beratungs-) Aufträgen selbst bei einer grundsätzlich vor-
handenen Teilnahmebereitschaft häufig schwer gefallen sein, innerhalb der vorgegebenen Zeit an die dezentral vorgehaltenen Vergabeinformationen zu
gelangen und diese auf einigermaßen angemessene Art und Weise in den Fragebogen zu übertragen.[2] Zum anderen dürfte mit der Größe der Stadtverwaltung
aus Sicht der jeweils politisch gewählten Verwaltungsspitze aber auch die subjektive Risikowahrnehmung im Hinblick auf mögliche Folgen einer öffentlichen
Bekanntgabe derartiger Zahlen tendenziell überproportional ansteigen.[3] Unab-

---

1   Ein ähnlicher Größeneffekt konnte durchaus auch in anderen der jüngeren Vergangenheit
     durchgeführten postalischen Kommunalverwaltungsbefragungen verzeichnet werden. Vgl.
     etwa Egner/Heinelt (2005).
2   Der Verfasser hat im Erhebungszeitraum von einigen Großstädten einige durchaus authentisch
     wirkende telefonische Rückmeldungen erhalten, die darauf hindeuten, dass die Spitze von
     Großstadtverwaltungen teilweise derartige Zahlen intern erst umständlich erheben muss.
3   Ein Indiz hierfür ist, dass die Ablehnung der Unterstützung der postalischen Befragung des Verfas-
     sers durch den zunächst kontaktierten Spitzenverband damit begründet wurde, dass nicht etwa die
     MitarbeiterInnen des Spitzenverbands, sondern der regelmäßig tagende Ausschuss von Haupt- und

hängig davon, ob die deutlich unterdurchschnittliche Vertretung sehr großer Stadtverwaltungen in der Teilnehmerstichprobe eher auf ein Nicht-verlässlich-Ausfüllen-Können oder aber auf ein Politisch-nicht-unbedingt-Bekanntgeben-Wollen zurückzuführen ist: diese negative Selbstselektion von Großstadtverwaltungen stellt für die Generalisierbarkeit der Studienergebnisse ein erhebliches Problem dar. Letztlich sind Schlüsse, die auf der Basis von lediglich 17 auswertbaren Städtefällen mit einer Einwohnerzahl von mehr als 100.000 Einwohnern – darunter ein Stadtstaat, der einer gesonderten Behandlung bedarf – auf die insgesamt 81 Ü100-TSD-Großstädte gezogen werden, mit allergrößter Vorsicht zu genießen.[4]

Anders als temporär befürchtet, befindet sich in der Teilnehmerstichprobe ein die Verhältnisse der Grundgesamtheit mehr oder weniger repräsentierender Anteil von Mitgliedsstädten des Deutschen Städtetags (DSt). Demgegenüber sind Städte aus ostdeutschen Bundesländern im auswertbaren Sub-Sample leider etwas unterrepräsentiert. Zunächst muss hierbei berücksichtigt werden, dass es in den fünf ostdeutschen Bundesländern – vermutlich nicht zuletzt auch abwanderungsbedingt – zusammen genommen Ende 2005 gerade einmal so viele Städte über 30.000 Einwohner gibt wie z. B. in Westdeutschland allein im Land Baden-Württemberg (n=55). Weiterhin ist bekannt, dass sich die Haushaltslage vieler, wenn auch nicht aller ostdeutschen Städte vergleichsweise prekär darstellt. Unter den wenigen ostdeutschen Städten, die in der Teilnehmerstichprobe vertreten sind, befinden sich überdurchschnittlich viele Städte aus Sachsen und Sachsen-Anhalt. Brandenburg und Thüringen sind demgegenüber im auswertbaren Sample nur mit jeweils zwei, Mecklenburg-Vorpommern fast erwartungsgemäß mit keiner der ohnehin nur sieben Städte über 30.000 Einwohner vertreten. Schaut man sich die westdeutschen Bundesländer an, fällt vor allem auf, dass (Groß-) Städte aus Niedersachsen in der Teilnehmerstichprobe vergleichsweise unterrepräsentiert, (Groß-) Städte aus Baden-Württemberg, Bayern und Nordrhein-Westfalen dagegen tendenziell überrepräsentiert sind. Auch dies ließe sich – ähnlich wie in den ostdeutschen Bundesländern – zumindest zum Teil mit einem ‚bundeslandspezifischen Prosperitäts- und Siedlungsstruktureffekt' erklären. Zumindest die Nichtbeteiligung der 7 angeschriebenen Städte aus Mecklenburg-Vorpommern sowie die eher unterdurchschnittliche Beteiligung der angeschriebenen Städte aus Thüringen und Niedersachsen lässt sich ver-

---

Organisationsamtsleitern der größten 20-30 Städte mehrheitlich zu dem (politischen) Entschluss gekommen sei, dass diese postalische Befragung offiziell nicht unterstützt werden soll.

4   Mittelwert bzw. Standardabweichung der Einwohnerzahl der in der Teilnehmerstichprobe enthaltenen und damit auswertbaren Stadtverwaltungen mit mehr als 100.000 Einwohnern liegen gerundet bei E1=182.988 und SD1=148.165. Die entsprechenden Werte des Vergleichs-Sub-Samples mit Unit-Nonresponse liegen dagegen gerundet bei E2=346.326 und SD2= 477.136 !!

mutlich auf den Umstand zurückführen, dass die Beteiligung an einer postalischen
Befragung zum Thema ‚Externe Beratungsanbieter' mangels ausreichender eigener
Erfahrung von den OberbürgermeisterInnen für nicht sinnvoll erachtet wurde. Im
Umkehrschluss dürfte man in Städten aus Baden-Württemberg und Bayern angesichts vergleichsweise solider Haushaltslagen und einer womöglich durchaus regelmäßigen Hinzuziehung externer Beratungsanbieter kein größeres Problem darin gesehen haben, sich an einer derartigen Befragung zu beteiligen. Eine Ausnahme
bilden die immerhin 52 antwortenden von insgesamt 140 angeschriebenen (Groß-)
Städte aus Nordrhein-Westfalen. Dass sich in dem einwohnerstärksten Bundesland
überhaupt tendenziell überdurchschnittlich viele Städte an der postalischen Befragung beteiligt haben, mag zum Teil darin begründet liegen, dass es hier strukturbe-
dingt überdurchschnittlich viele Städte mittlerer Größe gibt. Weiterhin sind Städte in
NRW ein von Verwaltungswissenschaftlern – und womöglich auch von außerwissenschaftlichen Verbänden und Beratungseinrichtungen – besonders intensiv ‚be-
ackertes' Terrain, so dass man von städtischer Seite her wissenschaftlichen Fragestellungen gegenüber etwas positiver eingestellt ist. Nordrhein-Westfalen ist aber –
noch vor Bayern – zugleich auch das Bundesland, in dem bundesweit die höchste
‚Beraterdichte' ermittelt wurde.[5]

4.3   Typisierung der Teilnehmerstädte mittels Cluster-Analyse

Ein Ziel der Primärerhebung in Form einer postalischen Befragung einzelner
Kommunalverwaltungen besteht – wie eingangs dargestellt – darin, erstmals einen
quantifizierbaren Eindruck von Art und Umfang der kommunalen Nachfrage
deutscher (Groß-) Städte nach externen Beratungsdienstleistern zu erhalten.[6] Zu

---

5   Dazu der damalige BDU-Präsident Rémy Redley Anfang 2006: „Gut 23 Prozent der deut-
     schen Unternehmensberatungen haben ihren Sitz in Nordrhein-Westfalen, aus dem Bundes-
     land Bayern sind knapp 20 Prozent der Marktteilnehmer für ihre Klienten tätig. Damit besit-
     zen diese beiden Bundesländer mit Abstand die höchste Beraterdichte. Mit zur Spitzengruppe
     zählen auch Baden-Württemberg mit 13 Prozent sowie Hessen mit 11,4 Prozent. Bei der Ana-
     lyse der urbanen Beraterdichte kristallisieren sich fünf Städte als Beraterhochburgen her-
     aus,[…]. Auf 1000 Einwohner kommt in Düsseldorf etwa eine Beratungsfirma, in Frankfurt
     sind es 0,85 Beratungsfirmen, in München 0,74 und in Hamburg sowie in Stuttgart jeweils
     rund 0,5. Mit etwas Abstand folgt Köln mit 0,41. Die Bundeshauptstadt Berlin weist hingegen
     nur eine Firmendichte von 0,24 auf" (Redley 2006).

6   Erste Ergebnisse vorwiegend univariater Analysen finden sich bereits in einem Ergebnisbe-
     richt, den der Verfasser im Herbst 2007 erstellt und in ansprechender Form an die Teilneh-
     merstädte ausgesandt hat. Vgl. Huchler (2007b).

diesem Zweck wurden im vordersten Teil des Fragebogens[1] einige Frage-Antwort-Sets aufgenommen, in dem die Befragten – rückblickend auf das zum Erhebungszeitpunkt noch nicht allzu lang abgelaufene Referenzjahr 2006 – einige Schätzungen abgeben sollten im Hinblick auf Auftragsvergaben an unterschiedliche externe Beratungsanbieter.[2] Dazu sollte ein Set von ordinalskalierten Variablen, die insbesondere die geschätzten Beauftragungshäufigkeiten und das beratungsbezogene Ausgabevolumen widerspiegeln,[3] die Basis für eine clusteranalytische Bestimmung von kommunalen Beraternachfrage-Typen bilden.

4.3.1 Methodische Vorbemerkungen

Minimalvoraussetzung für die Anwendung von Cluster-Analyseverfahren ist die Verfügbarkeit einer Datenmatrix, in der keine fehlenden Werte enthalten sein sollten (vgl. Backhaus et al. 2006: 553). Leider finden sich im Rohdatensatz immerhin 57 Fälle, in denen die Befragten bei *mindestens einer* der 10 Item-Skalen mit vorgegebenem Beratertyp darauf verzichtet haben, einen der fünf vorgegebenen Skalenwerte anzukreuzen. Über Gründe für dieses für die weiteren Auswertungen eher ‚unschöne' Antwortverhalten kann man durchaus Vermutungen anstellen. Die Tatsache, dass jeder der 139 Befragten in dem 10er-Block in mindestens einer der 10 Item-Zeilen ein Kreuz gemacht hat, legt die Vermutung nahe, dass eine Item-Nonresponse in einer oder mehreren der restlichen 9 Zeilen in den allermeisten Fällen nicht etwa als prinzipielle Antwortverweigerung des Befragten, sondern eher als Zeichen dafür gedeutet werden kann, dass der Befragte keine Lust hatte, mehrfach hintereinander die eigentlich zutreffende Null-Antwortkategorie ‚in 2006 kein Mal' anzukreuzen. Für die Durchführung der Cluster-Analyse wurden daher die von derartigen Item-Nonresponse betroffenen Variablen nachträglich entsprechend in diese Null-Kategorie umkodiert.[4]

---

1   Der Orignal-Fragebogen kann im Anhang eingesehen werden.
2   Die Antwortskalen wurden vom Projektverantwortlichen in Abstimmung mit dem beratungserfahrenen Vertreter des kommunalen Spitzenverbands bewusst größtenteils auf ordinalem Skalenniveau belassen. Die Anzahl der Fälle mit (systematischem) Item-Nonresponse bei diesen für die Studie wichtigen Items sollte nach Möglichkeit relativ niedrig gehalten werden. Eine Konfrontation der Befragten mit Fragen, die die Nennung der exakten Zahl von Auftragsvergaben an verschiedene Beratungsanbieter erfordert hätten, wäre nicht nur ‚heikel' gewesen, sondern hätte die Befragten mit hoher Wahrscheinlichkeit auch kognitiv überfordert.
3   Vgl. Fragenblock 2.1 bis 2.11 des im Anhang abgedruckten Fragebogens.
4   Damit ist also – vereinfachend – auch eine mögliche itemspezifische Antwortverweigerung für die Zuordnung zu einem der Nachfrage-Cluster gleichbedeutend mit ‚in 2006 kein Mal'.

Da die gängigen Statistikpakete in der Regel nur (Un-) Ähnlichkeitsmaße für Daten auf Nominalskalen- oder auf Intervall- bzw. Ratioskalen-Niveau berechnen können, mussten die auf Ordinalskalenniveau vorliegenden Daten zunächst in eine binäre Datenstruktur transformiert werden (vgl. hierzu Backhaus et al. 2006: 501). Als Cluster-Algorithmus sollte das Ward-Verfahren zum Einsatz kommen, dem in der Literatur tendenziell überdurchschnittlich gute Cluster-Bildungseigenschaften zugeschrieben werden (Backhaus et al. 2006: 528). Damit stand auch die quadrierte Euklidische Distanz als Unähnlichkeitsmaß fest. Da bei der endgültigen Festlegung der 3-5 ähnlich großen Gruppen ggf. auch theoretische Überlegungen eine Rolle spielen sollten, wurden auf der Basis verschiedenster theoretisch plausibler Variablen-Sets eine beträchtliche Anzahl von 3-bis-8-Cluster-Lösungsvorschlägen jeweils im Hinblick auf relative Robustheit und auf sinnvolle inhaltliche Interpretierbarkeit untersucht. Abschließend sei darauf hingewiesen, dass die Entscheidung für eine bestimmte Cluster-Lösung notwendig ein kontingenter – also auch nichtbeliebig anders möglicher – Vorgang ist. Die Menge der mittels eines bestimmten Datensatzes produzierbaren Alternativlösungen ist zwar endlich, aber letztlich doch zu groß, um sie im Rahmen einer vorwiegend inhaltlich motivierten Dissertation ausführlich darstellen und diskutieren zu können. Wie sich weiter unten zeigen wird, entscheidet man mit der Entscheidung für eine Cluster-Lösung zugleich über die Frage mit, ob die Cluster-Variable in Regressionsmodellen ein brauchbarer Regressor bzw. Regressand werden wird

4.3.2 Typisierung der Teilnehmerstädte 1: Beraternachfrageverhalten 2006

Ausgangsmaterial für die erste Typologisierung ist das Antwortverhalten der Befragten in Frage 2 des ausgesandten Fragebogens. Abbildung 4 visualisiert zugleich die absoluten (Zahlen) und relativen (relative Balkenlänge) Häufigkeiten der Nennungen der Befragten im Hinblick auf die geschätzte Zahl der Auftragsvergaben an externe Beratungsanbieter im Jahr 2006.

Der Verfasser ist sich darüber bewusst, dass damit die Wahrscheinlichkeit steigt, dass zumindest einzelne Städte einem nicht realitätsnahen Beraternachfrage-Cluster zugeordnet werden. Da die Cluster-Variable auch in späteren Regressionsmodellen als Kontrollvariable Eingang finden soll, hätte es aus Sicht des Verfassers im Hinblick auf die Fallzahl aber wenig Sinn gemacht, die Cluster-Analyse lediglich für die 82 vermeintlich ‚sicheren' Fälle durchzuführen.

Abbildung 4:   Absolute und relative Nennungen der ordinalskalierten
Häufigkeit von Auftragsvergaben an externe Beratungsanbieter
im Jahr 2006

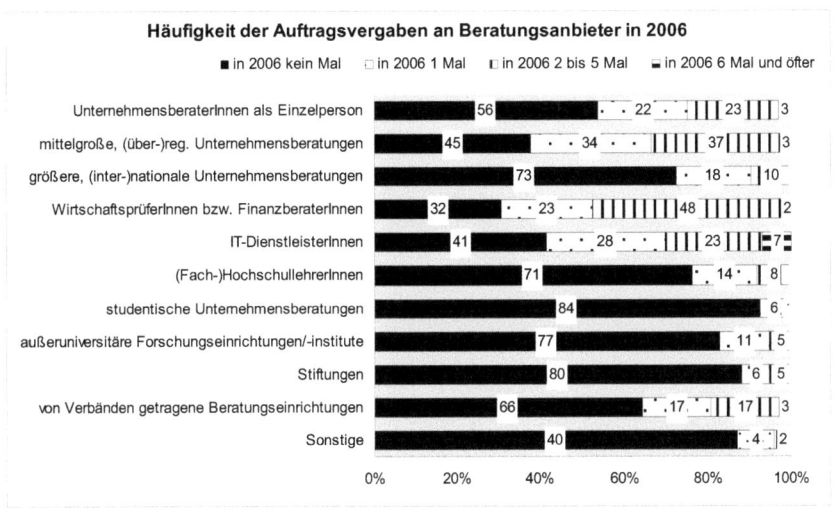

Quelle: Daten aus eigener Studie; Huchler (2007b: 10); Original in Farbe.

Anders als man es bislang der Literatur zur (wissenschaftlichen) Politikberatung
von Kommunen entnehmen kann, beauftragen die Kommunalverwaltungen in
den Teilnehmerstädten der Studie im Falle eines Bedarfs an externer Unterstützung – aggregiert betrachtet – nicht in erster Linie (Fach-) Hochschullehrer (22
Nennungen, darunter 14 Mal ‚in 2006 1 Mal‘) oder außeruniversitäre Forschungseinrichtungen (16 Nennungen, darunter 11 Mal ‚in 2006 1 Mal‘). Selbst die
im Zuge der Diffusion des Neuen Steuerungsmodells verwaltungswissenschaft-
lich viel diskutierten Verbände und verbandsnahen Beratungseinrichtungen –
darunter die KGSt – sind im Jahr 2006 in den Teilnehmerkommunen nicht die
den kommunalen Beratungsmarkt dominierenden Beratungsanbieter (37 Nennungen, darunter 17 Mal ‚in 2006 1 Mal‘), wenngleich ihre Leistungen immerhin von knapp 27% der Teilnehmerkommunen mindestens ein Mal nachgefragt
wurden.[5] Zumindest quantitativ sehr viel bedeutsamer als ‚wissenschaftliche‘
oder ‚verbandliche‘ Politik- bzw. Behördenberatung sind die (Beratungs-)

---

5   Wobei hier womöglich ein Selbstselektions-Bias vorliegt: Aufgrund des dem Fragebogen beigelegten Empfehlungsschreibens der KGSt muss davon ausgegangen werden, dass Städte mit hoher
Affinität zu KGSt-Beratern im Sample sogar eher überrepräsentiert sind.

Dienstleistungen, die von WirtschaftsprüferInnen bzw. FinanzberaterInnen (73 Nennungen, darunter 50 Mal mehr als 1 Mal), von mittelgroßen Unternehmensberatungen (74 Nennungen, darunter 40 Mal mehr als 1 Mal) und/oder von IT-DienstleisterInnen (58 Nennungen, darunter 30 Mal mehr als 1 Mal) erbracht werden. Es gibt gute Gründe anzunehmen, dass in den in der vorliegenden Studie deutlich unterrepräsentierten Großstadtverwaltungen von Städten über 100.000 Einwohner kommerzielle Beratungsanbieter absolut und relativ eine noch größere Relevanz besitzen. *Damit bestätigt sich empirisch die Arbeitshypothese der vorliegenden Arbeit, dass externe Beratung zumindest auf kommunaler Ebene im Jahr 2006 nicht (mehr) primär von Wissenschaftlern oder Verbandsberatern, sondern von vorwiegend kommerziell motivierten Behördenberatungsanbietern erbracht wird.*

Einschränkend muss allerdings vermerkt werden, dass man aus der bloßen (geschätzten) Zahl von Auftragsvergaben noch nichts über Auftragsvolumen und Qualität der von den jeweiligen Anbietertypen erbrachten (Beratungs-) Dienstleistungen ableiten kann. So könnte etwa ein KGSt-Mitarbeiter theoretisch einmal einen Auftrag für 10 Beratertage zur Klärung wichtiger politstrategischer Fragen erhalten haben, die dann zwei mittelgroßen Unternehmensberatungen in jeweils nur 3 Vor-Ort-Präsenztagen zur Implementation übergeben wurden. Dazu im Folgenden noch einige Konkretisierungen, soweit diese auf der Basis der Fragebogendaten möglich sind.

Tabelle 2 zeigt das Ergebnis der Bemühungen, mittels Ward-Algorithmus basierter Cluster-Analyse eine sowohl statistisch, als auch inhaltlich akzeptable Zuordnung der Teilnehmerstädte zu einer begrenzten Anzahl von Beraternachfrage-Typen vorzunehmen. Auf der Basis von letztlich nur noch vier binären Kernvariablen – darunter drei eigens gebildeten Dummys für eine erhöhte Nachfrage nach mittelgroßen und großen Unternehmensberatungen, Verbandsberatungen und einer Dummy-Variablen, die auf 1 gesetzt wurde, wenn das beratungsspezifische Auftragsvolumen den ordinalen Schwellenwert von 50.000 EUR überschritten hat – konnte eine auch im Hinblick auf einige weitere Nachfragecharakteristika erfreulich einheitlich ‚diskriminierende' 5-Cluster-Lösung ermittelt werden.[6] Um eine das typische Nachfrageverhalten der jeweiligen Kommune widerspiegelnde Gruppierungsvariable auch in späteren Regressionsana-

---

6 Lediglich für zwei Städtefälle, die bei letztgenannter Budget-Variable fehlende Werte aufweisen, konnte keine Cluster-Zuordnung erfolgen. Zumindest in einem der beiden Fälle handelt es sich jedoch um eine Stadt, deren Fragebogen bei regressionsrelevanten Variablen eine erhöhte Anzahl von fehlenden Werten aufweist und daher bei den Regresssionsanalysen ohnehin herausgefiltert worden wäre.

Tabelle 2: Ergebnis einer cluster-analytischen Typisierung von Teilnehmerstädten mit ‚ähnlichem‘ Beraternachfrageverhalten im Jahr 2006 (Fragen 2 und 3 des Fragebogens)

Kurzbeschreibung des Beraternachfrage-Typus	Kommerzieller Beratung gegenüber weitestgehend Ausgabe-Unwillige	Primär umsetzungsorientierten klein-mittelgroßen Beratungsanbietern gegenüber (moderat) Ausgabe-Willige		Auch oder primär größeren Unternehmensberatungen gegenüber (erheblich) Ausgabe-Willige	
	Cluster 1	Cluster 2	Cluster 3	Cluster 4	Cluster 5
Ursprüngliche 5-Cluster-Lösung (Ward-Verfahren)	Cluster 1	Cluster 2	Cluster 3	Cluster 4	Cluster 5
Fallzahl der 5-Cluster-Lösung	58	21	23	11	24
Cluster-spezifische Nachfrage-Charakteristika: gewählte Beratungsanbieter					
Nachfrage nach großen UBs	--	--	--	+	++
Nachfrage nach mittelgroßen UBs	--	0	++	++	+
Nachfrage nach UB-Einzelberatern	-	+	+	+	0
Nachfrage nach Wirtschafts-Prüfern/Finanzberatern	-	++	0	++	0
Nachfrage nach IT-Dienstleistern	0	--	+	++	0
Nachfrage nach Hochschullehrern	0	+	0	0	0
Nachfrage nach Verbandsberatungen	+	-	--	+	-
Ausgabevolumen für externe Beratungsaufträge im Jahr 2006	alle unter 50.000 €	alle über 50.000€; 95% zwischen 50.000 und 100.000€	35% unter 50.000€; über 50% zwischen 50.000 und 200.000€	alle über 50.000€; mehr als 50% über 100.000€	17% unter 50.000€; mehr als 75% zwisch. 50.000 und 200.000€

Quelle: eigene Studie;
Interpretation: -- (stark) / - (leicht) unterdurchschnittl. Nachfrage, 0 durchschnittl. Nachfr. , + (leicht) / ++ (stark) überdurchschnittl. Nachfrage (jeweils bezogen auf das Bezugsjahr 2006).

lysen in statistischer Hinsicht sinnvoll verwenden zu können, war es notwendig, die typusspezifische Fallzahl auf eine auch inhaltlich vertretbare Weise durch Zusammenfassungen einzelner Minicluster (deutlich) über die in der Literatur geforderte Mindestzahl von 25 hinaus anzuheben. Glücklicherweise konnten abschließend auch für die auf nur noch drei Basistypen reduzierte Gruppierungsvariable ‚Beraternachfragetyp' jeweils auch inhaltlich noch vertretbare Kurzbeschreibungen gefunden werden.

Als besonders extrem im Hinblick auf ihr (zumindest) im Jahr 2006 gezeigtes Beraternachfrageverhalten erweisen sich Städte im größten Cluster 1 und Städte im kleinsten Cluster 4. Erstere geben durchweg unter 50.000 EUR für Beratungsprojekte aus und greifen – so sie überhaupt externe Beratung in Erwägung ziehen – vor allem auf vergleichsweise kostengünstige Beratungsanbieter wie etwa Verbände und von Verbänden getragenen Beratungseinrichtungen sowie Hochschullehrer zurück. Die 11 Städte aus Cluster 4 hingegen investieren mehrheitlich über 100.000 EUR, um – mit Ausnahme der Hochschullehrer – dann auch die unterschiedlichen Leistungsspektren der verschiedenen Anbieter von Kommunalverwaltung in tendenziell stark überdurchschnittlichem Umfang in Anspruch nehmen zu können.

Als weitere Extremgruppe interessant ist darüber hinaus auch Cluster 5, in dem sich – mit Ausnahme einiger weniger Fälle, die dem Minicluster 4 zugeordnet worden sind – praktisch alle Städte befinden, die im Jahr 2006 mindestens einmal einen Beratungsauftrag an eine oder mehrere große, (inter-) national tätige Unternehmensberatung(en) vergeben haben. Städte aus Cluster 2 und 3 bilden im Hinblick auf ihr Beraternachfrageverhalten in 2006 schließlich eine Art Mittelfeld, in dem teils unter eher bescheidenen, teils aber durchaus auch unter großzügigen Budget-Voraussetzungen (Beratungs-) Aufträge vorwiegend an Finanz- bzw. IT-Dienstleister oder an ähnlich seriös wirkende kleinere und mittlere Unternehmensberatungen vergeben worden sind.

Aus Tabelle 3 kann man entnehmen, dass die links nach sinkender Zahl der Gesamtnennungen geordneten Beratungsthemen im Jahr 2006 in den fünf Städte-Clustern unterschiedlich häufig nachgefragt worden sind.[7] Welche Beratungsinhalte zu den Top 5 zählen, wird cluster-übergreifend noch relativ einheitlich signalisiert. Beim Themenkomplex ‚Outsourcing / PPP / Beteiligungsmanagement'

---

7   Auf ‚echte' statistischen Chi2-Tests von Zusammenhangshypothesen wird hier und in den folgenden, bivariaten Analysen explizit verzichtet, weil in den meisten Fällen die für derartige Tests minimal geforderten Zellhäufigkeiten nur auf Kosten der Differenziertheit der bivariaten Tabellen erreicht worden wäre. Ausgewählte Signifikanztests finden sich an geeigneter Stelle bei den multivariaten Regressionsanalysen.

Tabelle 3: Cluster-spezifische Unterschiede in der Nachfrage nach Themenkomplexen

Kurzbeschreibung des Beraternachfrage-Typus	Kommerz. B. ggb. weitestgehend Ausgabeunwillige	Primär umsetzungsorientierten klein- bis mittelgr. BAs ggb. (moderat) Ausgabewillige		Auch o. primär größeren UBs ggb. (erheblich) Ausgabewillige	
Ursprüngliche 5-Cluster-Lösung (Ward-Verfahren)	Cluster 1	Cluster 2	Cluster 3	Cluster 4	Cluster 5
Fallzahl der 5-Cluster-Lösung	58	21	23	11	24
Cluster-spezifische Nachfrage-Charakteristika: Themenkomplexe					
Optimierung Aufbau-/Ablauforg. einzelne Org.-Einh.	27%	38%	56%	64%	50%
Strateg. Ausrichtung des Verw.-Handelns	29%	29%	56%	45%	33%
Outsourcing / PPP / Beteiligungsmanagement	13%	38%	43%	73%	46%
Strateg. Ausrichtung Verw. in einzelner Organisationseinheit	23%	33%	35%	45%	46%
Optimierung städtische IT / E-Government	19%	24%	43%	54%	37%
Personalbedarfsermittlung / Stellenbemessung	17%	38%	26%	45%	21%
Geschäftsprozessoptimierung	11%	33%	30%	54%	25%
Gebäudemanagement	10%	33%	26%	9%	37%
(Standort-) Marketing	6%	24%	26%	46%	21%
Optimierung Aufbau/ Ablauforg. Gesamtverwaltung	14%	29%	4%	27%	21%
Interkommunale Zus.arbeit	6%	19%	17%	27%	13%
Leitbildprozess	2%	14%	35%	18%	8%
Einkaufsoptimierung	0%	5%	9%	18%	4%
Bürgerhaushalt	2%	5%	9%	0%	0%

Quelle: eigene Studie, eigene Berechnungen;
Kursivsetzungen: clusterintern besonders häufige/seltene Nennung.

reißen allerdings die weitgehend beratungsresistenten Cluster-1-Städte und die besonders beratungsfreudigen Cluster-4-Städte besonders stark nach unten (nur 13%) bzw. nach oben (stolze 73%) aus. Weniger stark, aber von der Tendenz her ähnlich ‚extrem‘ unterscheiden sich diese beiden Extrem-Cluster im Hinblick auf die subjektiv geschätzte Bedeutung der Themenkomplexe ‚Optimierung der städtischen IT/ E-Government‘ (19% vs. 54%), ‚Geschäftsprozessoptimierung‘ (11% vs. 54%) und ‚(Standort-) Marketing‘ (6% vs. 46%).

Will man Themen identifizieren, mit denen im Jahr 2006 möglicherweise verstärkt große, international tätige Unternehmensberatungen betraut worden sein dürften, lohnt sich die parallele Einbeziehung der jeweiligen Werte der hintersten Spalte des Städte-Clusters 5.[8] Obwohl es auf der Basis des Fragebogens nicht eineindeutig nachgewiesen werden kann, deutet doch einiges darauf hin, dass große Unternehmensberatungen im Jahr 2006 vor allem bei den Themenkomplexen ‚Strategische Ausrichtung des Verwaltungshandelns in einer einzelnen Organisationseinheit‘ und ‚Gebäudemanagement‘ von den befragten Kommunen überdurchschnittlich häufig nachgefragt worden sind. Dass beim Thema ‚Gebäudemanagement‘ Cluster-2-Städte einen ähnlich hohen Wert aufweisen, lässt sich womöglich damit erklären, dass bei der Bearbeitung dieses Themenkomplexes Finanzberater, Unternehmensberater als Einzelpersonen oder Hochschullehrer womöglich teilweise substitutiv eingesetzt werden konnten. Erwähnenswert ist auch, welche Themenkomplexe in weitgehend beratungsresistenten Kommunen des Clusters 1 am ehesten aus dem Blick fallen. Es handelt sich hierbei überwiegend um vermeintlich ‚weiche‘ Themen wie ‚(Standort-) Marketing‘, ‚Interkommunale Zusammenarbeit‘ und ‚Leitbildprozess‘. Sieht man von der mit 35% ungewöhnlich hohen Nennhäufigkeit von Cluster-3-Städten beim Thema ‚Leitbildprozess‘ ab, spielen die Themen ‚Leitbildprozess‘, ‚Einkaufsoptimierung‘ und ‚Bürgerhaushalt‘ zumindest im Jahr 2006 in den Teilnehmerstädten bei Beratungsprojekten cluster-übergreifend eine (noch) eher marginale Rolle.

Jenseits des Themenkomplexes, mit dem sich ein externer Beratungsanbieter zu befassen hat, werden in der Ausschreibung in der Regel auch bereits erste Weichenstellungen getroffen: im Hinblick auf den Grad der von Auftraggeber-

---

8   Leider ist eine systematische Beantwortung der Frage, welche Themenkomplexe aus Sicht der Kommunalverwaltungen als substitutiv oder komplementär von welcher Art von Beratungsanbieter bearbeitbar angesehen werden, auf der Basis des Fragebogens nicht möglich. Der Verfasser hat die ursprüngliche Idee, die Befragten mit einer Liste zu konfrontieren, in der für jeden einzelnen im Jahr 2006 vergebenen Beratungsauftrag jeweils zumindest der Themenkomplex wie auch der beauftragte Beratungsanbieter zu nennen gewesen wäre, aus Gründen einer erwartbar erhöhten Nonresponse zugunsten von zwei getrennten Frage-Antwort-Blöcken aufgegeben.

Tabelle 4: Cluster-spezifische Unterschiede hinsichtlich durchschnittlicher Vor-Ort-Präsenz der Berater und hinsichtlich Typ des Beratungsprojekts im Jahr 2006

	Kommerz. B. ggb. wei-testgeh. Ausgabeunwillige	Primär umsetzungsorientierten klein- bis mittelgr. BAs ggb. (moderat) Ausgabewillige		Auch o. primär größeren UBs ggb. (erheblich) Ausgabewillige	
Ursprüngliche 5-Cluster-Lösung (Ward-Verfahren)	Cluster 1	Cluster 2	Cluster 3	Cluster 4	Cluster 5
Fallzahl der 5-Cluster-Lösung	58	21	23	11	24
Typ 1: Nur Konzeptpräsentation *ohne* Mitwirkung bei Umsetzung					
genau 1 Mal	26%	29%	22%	9%	29%
2 bis 5 Mal	15%	38%	35%	55%	42%
mehr als 5 Mal	4%	0%	9%	9%	8%
Typ 2: *Sowohl* Konzeptpräsentation *als auch* Mitwirkung bei Umsetzung					
genau 1 Mal	23%	29%	22%	27%	33%
2 bis 5 Mal	19%	43%	52%	36%	29%
mehr als 5 Mal	0%	0%	13%	27%	13%
Typ 3: Nur Mitwirkung bei Umsetzung von Konzepten Dritter					
mind. 1 Mal	9%	5%	17%	27%	12%
Typ 4: Übernahme der Projektorganisation					
mind. 1 Mal	9%	24%	30%	55%	29%
Typ 5: Wissenschaftl. Begleitung(sforschung)					
mind. 1 Mal	11%	10%	9%	27%	21%
Median: Anzahl der in 2006 vergebenen Aufträge, in denen Berater…					
ca. 1 bis 3 Tage Vor Ort präsent (n=66)	1	3	3	5,5	3,5
Mehr als 3 Tage vor Ort präsent (n=94)	1	2	3	4	3

Quelle: eigene Studie, eigene Berechnungen.

seite erwarteten Mitwirkung der Externen sowie im Hinblick auf die ungefähre Anzahl der Tage, an denen der/die betreffende/n externe/n Beratungsanbieter voraussichtlich in der Stadtverwaltung vor Ort tätig sein wird/werden. Auch hier wäre es für detaillierte Auswertungen schön gewesen, wenn man im Rahmen des Fragebogens für jedes einzelne im Jahr 2006 von der betreffenden Stadtverwaltung vergebene Beratungsprojekt nähere Informationen hätte bekommen können. Derartige Detailfragen hätten jedoch im Rahmen einer postalischen Befragung schnell zu einer deutlich erhöhten Item- oder gar Unit-Nonresponse beigetragen. Tabelle 4 zeigt die cluster-spezifischen Antwortunterschiede im Hinblick auf die Fragebogen-Fragen 5 und 4. Interessant ist hier vor allem, dass die Befragten aus den tendenziell beratungsausgabefreudigen Städten in Cluster 4 in 50% und in Cluster 5 sogar in über 60% der Fälle angeben, dass bei ihnen im Jahr 2006 in mindestens zwei Fällen externe Beratungsanbieter ausschließlich zum Zweck der Erstellung und Präsentation von Konzepten beauftragt worden sind. In diesen beiden Clustern ist die Anzahl der beauftragten mittleren und großen Unternehmensberatungen denn auch überdurchschnittlich hoch. Bei Typ2-Beratungsprojekten mit Umsetzungsunterstützung ist demgegenüber der Anteil der Befragten aus Cluster-3- bzw. Cluster-2-Städten, die angeben, im Jahr 2006 zwei Mal oder häufiger entsprechende Beratungsaufträge vergeben zu haben, im Vergleich zu den Clustern 4 und 5 vergleichsweise hoch. Auffallend ist ansonsten vor allem, dass Beratungsanbieter mit Ausnahme von Cluster-1-Städten cluster-übergreifend in einem Viertel bis zur Hälfte der Städte im Jahr 2006 mindestens einmal den Auftrag erhalten haben, die Projektorganisation zu übernehmen. Wissenschaftliche Begleitung(sforschung) spielt demgegenüber nur in den ohnehin beratungsaffinen Cluster-4- und Cluster-5-Städten in der Praxis als Beratungstyp eine größere Rolle. Den bislang aufgedeckten Cluster-Trend im Großen und Ganzen bestätigend ist auch der cluster-spezifisch berechnete Median der jeweils genannten Anzahl derjenigen Beratungsaufträge, in denen Beratungsanbieter ‚ca. 1 bis 3 Tage' bzw. ‚mehr als 3 Tage' in der Stadtverwaltung vor Ort präsent waren. Auch hier reißt Cluster 4 rein nominell betrachtet aus dem übrigen Bild aus. Eine insgesamt erhöhte Beraterkonsultationshäufigkeit bringt es erwartungsgemäß mit sich, dass absolut betrachtet auch eine tendenziell höhere Zahl von Beratungsprojekten mit mehrtägiger Vor-Ort-Präsenz der Beratungsanbieter erforderlich wird.

4.3.3   Typisierung der Teilnehmerstädte 2:
verfolgte Beratereinsatzstrategie 2002-2006

Neben dem im Jahr 2006 tatsächlich von den Teilnehmerstädten gezeigten Beraternachfrageverhalten lässt sich auf der Basis des Antwortverhaltens der Befragten bei dem retrospektiv ansetzenden, manifeste und latente Funktionen (indirekt) abfragenden Frage-Antwort-Set – bei aller methodischen Vorsicht – rückblickend auf die vergangenen 5 Jahre auch eine von der jeweiligen Kommune
tendenziell dominant verfolgte ,Beratereinsatzstrategie' (re-) konstruieren und
mittels Cluster-Analyse in eine überschaubare Zahl von Typen verdichten.

In Frage 7 des Fragebogens wurden die Befragten mit einer Liste von 11
möglichen ,Gründen' konfrontiert, die bei den in den Jahren 2002 bis 2006 vergebenen Projekten an externe Beratungsanbieter in mehr oder weniger vielen
Fällen eine gewisse Rolle gespielt haben könnten. Die Variablen, die diese Re-
levanzen itemspezifisch gemessen haben, dienten in der Aufbereitung als Basisvariablen zur Bildung von theoretisch sinnvollen Dummy-Variablen,[9] welche
selbst wiederum als Schlüsselvariablen für eine erneute, theoriegeleitete Cluster-
Analyse nach dem Ward-Verfahren[10] zur Typisierung der in den Jahren 2002
bis 2006 dominanten ,Beratereinsatzstrategie' herangezogen wurden.

---

9   Mit ,1' kodiert wurden dabei Dummys nur dann, wenn bei den ursprünglichen Basisvariablen
    von Befragtenseite mindestens ,in etwa der Hälfte der Projekte' angekreuzt worden war. An-
    dernfalls – auch im Fall etwaiger Item-Nonresponse – wurde die Variable auf ,0' gesetzt. Eine
    rigide Ausklammerung all jener Fälle, bei denen in mindestens einer der Cluster-Variablen im
    Rohdatensatz ein missing value registriert werden musste, hätte dazu geführt, dass letztlich
    nur noch etwas mehr als die Hälfte aller Teilnehmerstädte eindeutig einem der Typen hätte
    zugeordnet werden können. Aus methodisch-pragmatischen Gründen wurde daher auch hier
    die Annahme getroffen, dass sich missing values bei einzelnen Items ohne größere Verzerrun-
    gen als die Ausprägung ,(Fast) in keinem der Projekte' zugehörig interpretieren lassen. Dieses
    sicherlich nicht ganz unproblematische Vorgehen hat unter anderem dazu beigetragen, dass
    ein mit 53 von 139 Fällen nicht ganz unerheblicher Anteil der Teilnehmerstädte in die als
    weitgehend a-politische einzustufende Beratereinsatzstrategie ,primär Kompensation für intern
    fehlendes Fach- und Methodenwissen' erfolgen musste. Bei der Verwendung der Typ-
    Dummys in den folgenden Regressionsanalysen muss daher davon ausgegangen werden, dass
    sich unter den 53 Fällen, die laut cluster-analytischer Typzuordnung in der jüngeren Vergan-
    genheit externen Beratungsdienstleistern angeblich nur aufgrund von intern fehlendem Fach-
    und Methodenwissen Aufträge erteilt haben, auch ein mehr oder weniger hoher Anteil von
    Teilnehmerstädten befindet, deren kommunalen Repräsentanten ein klares Bekenntnis zu
    einer (auch) mikro- und/oder kommunalpolitischen Beratereinsatzstrategie trotz Zusicherung
    von Anonymität als zu heikel erschien.
10   Der Ward-Algorithmus neigt bekanntermaßen zur Bildung näherungsweise gleich großer Cluster.
    Trotz mehrfacher Alternativ-Clusterungen hat sich die Cluster-Lösung mit drei von fünf Clustern
    mit Fallzahl ,20' als die theoretisch und statistisch fruchtbarste herauskristallisiert.

Tabelle 5:   Cluster-analytische Typisierung der „Beratereinsatzstrategie 2002 bis 2006" auf Basis theoretisch zusammengefasster Cluster-Variablen (Frage 7 des Fragebogens)

Kurzbeschreibung des Typus „Beratereinsatzstrategie' zwischen 2002 und 2006	Primär zusätzl. personelle Kapazitäten für temporäre interne Großprojekte	Primär Kompensation für intern fehlendes Fach- bzw. Methodenwissen	Primär mikropolitisches Instrument für bessere verwaltungsinterne Entscheidungsprozesse	Primär kommunalpolitisches Instrument für bessere Außenwirkung	Sowohl für kommunal- als auch für mikropolitische Veränderungsprozesse
Fallzahl der 5-Cluster-Lösung (Ward-Verfahren)	20	53	20	20	26
Fehlendes internes fachl. Know-how (n=119)	61% (von 20)	70% (von 32)	73% (von 13)	69% (von 15)	61% (von 23)
Zusätzliche personelle Kapazitäten (n=103)	100% (von 17)	0% (von 47)	0% (von 15)	33% (von 16)	65% (von 23)
Qualitätssicherung intern umstrittener Pläne	12% (von 17)	0% (von 31)	60% (von 15)	0% (von 14)	79% (von 24)
Argumentation ggb. Personalvertr. (n=95)	6% (von 17)	0% (von 30)	8% (von 13)	0% (von 13)	36% (von 22)
Aufbrechen reform- bedürft. Routinen (n=97)	24% (von 17)	0% (von 30)	53% (von 15)	0% (von 13)	68% (von 22)
Interne Konflikte zw. Org.einheiten (n=100)	6% (von 17)	0% (von 31)	47% (von 17)	0% (von 13)	27% (von 22)
Verbesserung des Images der Stadt (n=95)	0% (von 17)	0% (von 30)	0% (von 12)	47% (von 15)	29% (von 21)
Berater als Mittler zw. Stadt u. wichtiger Person (n=103)	0% (von 17)	0% (von 32)	0% (von 12)	61% (von 18)	54% (von 24)
Versachlichg. d. Disk. Rat vs. Verwaltungsspitze (n=99)	0% (von 18)	0% (von 32)	0% (von 12)	53% (von 15)	73% (von 22)

Quelle: eigene Studie; eigene Berechnungen;
Prozentwerte in Zellen geben cluster-spezifischen Anteil der Nennungen, bei denen in mindestens „etwa der Hälfte' der zwischen 2002 und 2006 vergebenen Beratungsprojekten links nebenstehender Grund eine Rolle gespielt hat (Spaltensummen in Klammern, da Anzahl fehlender Werte variiert).

Die Befragten der Kommunen, die externe Beratungsanbieter in jüngerer Vergangenheit primär als mikropolitisches Instrument für die Verbesserung verwaltungsinterner Entscheidungsprozesse eingesetzt haben, weisen – mit Ausnahme des typübergreifend als wichtig eingestuften Grunds eines fehlenden internen fachlichen Know-hows – durchgehend ein komplementäres Antwortverhalten auf, das mit Ausnahme der ‚Argumentation gegenüber der Personalvertretung' hinsichtlich Prozentsatzunterschieden eindeutig zweistellig differiert. Einem Mischtypus zurechnen lassen sich demgegenüber die immerhin 26 Kommunen, in denen das Antwortverhalten der Befragten darauf hindeutet, dass externe Beratungsanbieter in den vergangenen Jahren sowohl für mikro- als auch für kommunalpolitische Veränderungsprozesse eingesetzt worden sind. In Kommunen diesen Typs kamen externe Beratungsanbieter in jüngerer Vergangenheit aus einer Vielzahl von Gründen zum Einsatz, darunter überdurchschnittlich oft die ‚Qualitätssicherung intern umstrittener Pläne', die ‚Argumentation gegenüber der Personalvertretung', das ‚Aufbrechen reformbedürftiger Routinen', aber eben auch der Einsatz des Beraters als ‚Mittler zwischen der Stadt und einer wichtigen Person aus Politik/Wirtschaft' bzw. die ‚Versachlichung der Diskussion zwischen Rat und Verwaltungsspitze'. Allerdings spielten derartige mikro- bzw. kommunalpolitische Gründe in gewissem Umfang auch für jene Kommunen eine Rolle, die externe Beratungsanbieter in jüngerer Vergangenheit ‚primär als zusätzliche personelle Kapazitäten für temporäre interne (Groß-) Projekte' beauftragt haben. Damit erlauben Dummys, die auf der Basis jeweils nur eines der 5 Beratereinsatzstrategie-Typen gebildet werden, bestenfalls eine qualitative Tendenzaussage.[1]

4.4 Determinanten des Nachfrageverhaltens nach sowie der Zufriedenheit mit Beratern

Im Folgenden werden nach den methodischen Vorbemerkungen zur gewählten Auswertungsstrategie (4.4.1) und der bivariaten Analyse erster Kandidaten für Zusammenhangshypothesen (4.4.2) nacheinander die Ergebnisse folgender multivariaten Regressionsanalysen vorgestellt: Determinanten des im Jahr 2006 faktisch von den Teilnehmerkommunen gezeigten Beraternachfrageverhaltens (4.4.3 und 4.4.4), Determinanten der gegenwärtigen (Un-) Zufriedenheit der

---

1   Für etwaige Replikationsstudien wäre es sinnvoll, noch etwas mehr Zeit und Methodenenergie in die Ausarbeitung und den Pretest von möglichst noch klarer differenzierenden Item-Batterien zu investieren. Sicherlich besteht hier weiterhin ein Trade-Off zwischen dem Bedürfnis nach noch klarerer (Typen-) Differenzierung einerseits und dem Wunsch nach einer möglichst geringen Nonresponse-Rate andererseits.

Kommunalverantwortlichen mit externen Beratungsanbietern (4.4.5) und schließlich Prädiktoren des in naher Zukunft erwartbaren Beraternachfrageverhaltens deutscher Kommunalverwaltungen (4.4.6).

4.4.1 Methodische Vorbemerkungen

Jenseits der Art der zu beantwortenden Forschungsfrage spielt bei der Entscheidung für oder gegen ein bestimmtes statistisches (Regressions-) Verfahren auch das jeweils (höchste) Skalenniveau der abhängigen und der unabhängigen Variablen eine wichtige Rolle. Wie in vielen anderen sozialwissenschaflichen Survey-Studien zuvor konnten auch in der vorliegenden Studie die im späteren Regressionsmodell (potenziell) abhängigen Variablen vorwiegend auf Ordinalskalenniveau[2] valide gemessen werden. Abhängige Variablen auf diesem Skalenniveau verletzen allerdings regelmäßig die vergleichsweise anspruchsvollen Annahmen des Linearen Regressionsmodells.[3] Auch die Anwendung der Diskrimanzanalyse stellt für robuste Schätzungen Mindestanforderungen an die Daten, denen in der Auswertungspraxis häufig nicht Rechnung getragen werden kann (vgl. Frenzen/ Krafft 2008: 645ff.). Glücklicherweise sind jedoch seit einiger Zeit alternative Auswertungsalgorithmen in Statistikpaketen implementiert, deren Modellannahmen weniger anspruchsvoll sind und deren Parameter nicht mittels Ordinary-Least-Square- (OLS), sondern mittels eines Maximum-Likelihood-Schätzverfahrens (ML) geschätzt werden.[4] Den in dieser Arbeit durchgeführten multivariaten Regressionsanalysen liegt die Annahme zugrunde, dass im vorliegenden Datensatz die für eine statistisch legitime Anwendung des sog. Binary- bzw. Multinomial-Logit-Modells[5] bzw. des Negativ-Binomial-Modells erforderlichen Mindestvoraussetzungen (annähernd) erfüllt sind.[6] Bei der Konstrukti-

---

2   In wenigen Fällen liegen Daten auch als sog. ‚Zählvariablen' vor.

3   Vgl. für viele Menard (2002: 4f.).

4   Vgl. Long/Freese (2006); O'Connell (2006).

5   Die Entscheidung für Logit – und damit gegen Probit – fiel beim Verfasser u. a. auf Basis der folgenden Experten-Einschätzung: „If your substantive findings turn on whether you used logit or probit, we would not place much confidence in either result. In our own research, we tend to use logit, primarily because of the availability of interpretation in terms of odds and odds ratios [.]" (Long/Freese 2006: 160).

6   Bei Verwendung des Binary-Logit-Modells muss bspw. davon ausgegangen werden, dass die Wahrscheinlichkeit des Auftretens der binären Werte 0 oder 1 in der jeweils als ‚abhängig' bestimmten Variable Y des Regressionsmodells auch in der Realität (näherungsweise) einer nichtlinearen – genauer: logistischen – Verteilung entspricht. Anders als bei einem Linearen Regressionsmodell kann bei einem Logit/Probit-Modell auch die Varianz des Fehlerterms ε nicht mit Hilfe der vorliegenden Daten geschätzt werden, sondern muss als fix angenommen werden. Im Falle des Binary-Logit-Modells nimmt man an, dass der Mean $(\varepsilon)=0$ und die Var $(\varepsilon) = \pi 2 / 3$.

on von Regressionsmodellen für die Analyse von Datensätzen kleinerer oder mittelgroßer Fallzahl steht man häufig vor der Frage, wie mit Variablen umzugehen ist, die zwar aus theoretischen Überlegungen heraus heiße Kandidaten für Prädiktorvariablen sind, die aber durch eine nicht unerhebliche Anzahl von fehlenden Werten dazu beitragen könnten, dass die Gesamtzahl der für die Regressionsanalysen noch zur Verfügung stehenden Fälle deutlich unterhalb der Gesamtzahl aller im Datensatz befindlichen Fälle liegt. In der Community der sozialwissenschaftlichen Regressionsanalytiker behilft man sich häufig damit, fehlende Variablenwerte durch Anwendung sog. Imputationsverfahren ex post ‚sinnvoll zu ergänzen' (vgl. etwa Little/Rubin 2002). Aufgrund des hierdurch erhöhten Risikos einer Ersetzung fehlender Werte mit unrealistischen Werten wurde in den folgenden Analysen von dieser Imputationstechnik bewusst kein Gebrauch gemacht. Weiterhin wirkt sich auch ein hoher Grad an Multikollinearität zwischen zwei oder mehreren unabhängigen Variablen ungünstig auf die Aussagekraft der Schätzergebnisse aus. Bei der Zusammenstellung der unabhängigen Variablen für die folgenden Regressionsmodelle wurde daher jeweils ein entsprechender Test auf Multikollinearität durchgeführt und die betreffende Variable im Fall einer stark erhöhten Kollinearität aus den weiteren Analysen ausgeschlossen.[7]

4.4.2 Kandidaten für unabhängige Regressionsvariablen

Ausgehend von dem relativ valide und weitgehend vollständig erhebbaren Datenmaterial wurden zunächst unter anderem bivariate Tabellenanalysen für folgende Zusammenhangshypothesen durchgeführt und entsprechende Regressions-Dummys gebildet.

H1: Städte aus Bundesländern, die die Frist für die landesweite Einführung des NKF rechtlich forciert haben, neigen im Jahr 2006 zu einem erhöhten Beraternachfrageverhalten und weisen zudem ein bundeslandspezifisches Beraternachfrageverhalten auf.

Näheres hierzu bei Long/Freese (2006: 133f.). Weiterhin geht man bei Durchführung einer Regression, die auf dem Logit-Modell beruht, davon aus, dass sich der logit-Wert der logistisch verteilten abhängigen Variablen als eine lineare Kombination der metrischen und/oder binarisierten unabhängigen (Dummy-) Variablen zusammensetzt. Prinzipiell ließe sich aber auch auf der Seite der unabhängigen Variablen Nichtlinearität ‚ins Spiel' bringen. Vgl. Long/Freese (2006: 427f.). Eine Modellierungsstrategie empfehlen u. a. Chao-Ying/Tak-Shing (2002).

7   Vgl. ähnlich Tabachnick/Fidell (2007: 441ff.); Frenzen/Krafft (2008: 629ff.).

Diese Hypothese klingt intuitiv naheliegend, lässt sich allerdings angesichts des erheblichen Fallzahlenungleichgewichts der verschiedenen Bundesländer regressionsanalytisch kaum verwenden. Eine bivariate Tabellenanalyse des Teilnehmer-Samples hat ergeben, dass man bestenfalls bei Stadtverwaltungen aus Hessen und Baden-Württemberg den Eindruck gewinnen könnte, dass der ‚von oben' forcierte, fortgeschrittene Stand der NKF-Implementation positiv mit der Zugehörigkeit der Städte zu den eher unternehmensberatungsintensiveren Nachfrage-Clustern 3 bis 5 korreliert. Innerhalb des zahlenmäßig größten und auch in der Studie eindeutig dominanten Bundeslands NRW, welches sich landesrechtlich zum Ziel gesetzt hat, bereits bis Ende des Jahres 2005 in allen Kommunen das NKF zu implementieren, lassen sich dagegen keine systematischen Hinweise auf eine Unter-/Überrepräsentanz bestimmter Beraternachfrage-Cluster im Vergleich zum Durchschnitt des Gesamt-Samples finden.

H2: Ein merklicher Rückgang bzw. eine merkliche Zunahme des in einer Kommune registrierten Bevölkerungsstands in den Jahren 2000 bis 2005 wirkt sich tendenziell verstärkend bzw. hemmend auf das von der Kommune im Jahr 2006 gezeigte Beraternachfrageverhalten aus.

Eine durchgeführte bivariate Zusammenhangsanalyse der prozentualen Veränderung des Bevölkerungsstands zwischen 2000 und 2005 hat zunächst nahegelegt, dass Städte, die innerhalb dieser fünf Jahre einen merklichen Bevölkerungsrückgang (-1,3% oder mehr) zu verzeichnen hatten, im Hinblick auf ihr Beraternachfrageverhalten im Jahr 2006 tendenziell überdurchschnittlich oft im eher beraterschwachen Cluster 2 und tendenziell unterdurchschnittlich oft im beraterstarken Cluster 4 vertreten sind. Umgekehrt lassen sich Städte, die im gleichen Zeitraum ein merkliches Bevölkerungswachstum (+2,24% oder mehr) aufweisen, im Hinblick auf ihr Beraternachfrageverhalten etwas seltener im beraterschwachen Cluster 2, dafür jedoch häufiger im beratungsstarken Cluster 5 verorten. In den anschließend durchgeführten multivariaten Regressionsanalysen stellen die Dummys für merklichen Rückgang bzw. merkliche Zunahme der Bevölkerung jedoch keine signifikanten Erklärungsfaktoren mehr dar.

H3.1: Ein merklicher realer Rückgang bzw. eine merkliche reale Zunahme des konjunkturabhängigen Gewerbesteuer-Istaufkommens zwischen dem Haushaltsjahr 2004 und dem Haushaltsjahr 2005 wirkt sich tendenziell verstärkend bzw. hemmend auf das von der Kommune im Jahr 2006 gezeigte Beraternachfrageverhalten aus.

Mittels bivariater Analysen kann man nur eine relativ schwache Korrelation zwischen der Höhe des Gewerbesteuer-Istaufkommens und der Zugehörigkeit einer Stadt zu einem bestimmten Beraternachfrage-Cluster im Jahr 2006 nachweisen: Die 33 Städte des 75%-Quartils (Steigerungsrate der Istaufkommens >= 1,32%) sind im Jahr 2006 etwa 7 Prozentpunkte seltener in Beraternachfrage-Cluster 1, dafür jedoch etwa 6 Prozentpunkte häufiger in Cluster 3 anzutreffen als die 33 Städte des 25%-Quartils (Steigerungsrate des Istaufkommens <= 0,99%). Entsprechend erwies sich auch die gebildete Dummy-Variable in später durchgeführten Regressionsmodellen als durchgehend nicht-signifikant.

H3.2: Kommunen, in denen sich die politischen Repräsentanten im Jahr 2006 in einem Kohabitationsverhältnis befinden, weisen ein tendenziell anderes/höheres Beraternachfrageverhalten auf als Kommunen, in denen die Parteizugehörigkeit des amtierenden Oberbürgermeisters mit der größten (und damit in der Regel regierenden) Fraktion in der Stadtvertretung (weitgehend) identisch ist.

Die 50 Städte im Teilnehmer-Sample mit Kohabitationsverhältnissen verteilen sich allerdings in bivariaten Analysen anteilig relativ gleichmäßig auf die 5 Nachfrage-Cluster. Anders als theoretisch erwartet weichen die Zugehörigkeiten der kohabitierenden Städte zu den beiden unternehmensberaterintensiven Clustern 4 und 5 mit 45% bzw. 46% jeweils um weniger als 10 Prozentpunkte vom cluster-übergreifenden Mittel von 37% nach oben ab. Einzig im Nachfrage-Cluster 3 sind kohabitierende Städte im Vergleich zu nichtkohabitierenden Städten im Jahr 2006 mit mehr als 10 Prozentpunkten unterrepräsentiert. Auch diese Dummy-Variable hat sich in den weiteren Regressionsanalysen als durchgehend nichtsignifikant herausgestellt.

H4: Je höher die Mitarbeiterzahl einer Stadtverwaltung ist, desto komplexer und tendenziell problemanfälliger sind die organisationsinternen Kommunikationsprozesse und desto eher liegen auch die finanziellen Ressourcen für eine erhöhte Nachfrage der Verwaltungsspitze nach externen Beratungsanbietern vor.

Die Gesamtbeschäftigtenzahl der Kernverwaltung lag auf metrischem Skalenniveau vor und stellte sich nicht nur in bivariaten Tabellen-, sondern auch in den multivariaten Regressionsanalysen als vergleichsweise erklärungskräftige unabhängige Variable heraus. Dazu weiter unten mehr.

H5: Stadtverwaltungen, die sich im Hinblick auf die Einführung zentraler Maßnahmen der Verwaltungsmodernisierung noch in einer relativ frühen Phase befinden, unterscheiden sich im Hinblick auf ihr Beraternachfrageverhalten (deut-

lich) von Stadtverwaltungen, die sich im Hinblick auf die Einführung dieser Modernisierungsmaßnahmen bereits in einer späten Phase befinden.
In den bivariaten Analysen konnten zwischen verschiedenen, vom Verfasser in Abhängigkeit des Antwortverhaltens in Frage 13 definierten ‚Stufen' der Verwaltungsmodernisierung kaum signifikante Unterschiede entdeckt werden. Bei der multivariaten Prädiktion des Beraternachfrageverhaltens im Jahr 2006 stellte sich jedoch das Überschreiten der Modernisierungsstufe 2 – inhaltlich: sowohl die ‚Budgetierung' als auch das ‚regelmäßige Berichtswesen für den Stadtrat' wurden bis Mitte 2007 mindestens ‚teilweise eingeführt' – in verschiedenen Modellen als brauchbarer Prädiktor für die Gruppenzugehörigkeit zu einem der drei Beratungsnachfrage-Großcluster heraus. Auch dazu weiter unten mehr.

H6: Stadtverwaltungen, deren amtierende OberbürgermeisterInnen innerhalb von weniger als 3 Jahren einen erneuten OB-Wahlkampf zu bestreiten haben, neigen in den Jahren vor der OB-Wahl zu einem anderen Beraternachfrageverhalten als Stadtverwaltungen, deren OBs auf absehbare Zeit sicher im Amt bleiben.
Mittels bivariater Analysen ließ sich ein derartiger Zusammenhang weder klar belegen noch eindeutig falsifizieren. Wie sich weiter unten zeigen wird, zählt diese kommunalpolitische Dummy-Variable jedoch in mehreren multivariaten Modellen neben der Gesamtbeschäftigtenzahl zu den erklärungskräftigsten Determinanten.

H7: Politische Stadtverwaltungen vergeben Beratungsaufträge an Externe nicht ausschließlich aufgrund der erhofften ‚manifesten' Funktionalität eines Einkaufs von verwaltungsintern nicht oder nur kostenintensiv aufbaubaren Fachwissens bzw. des temporären Zugewinns an zusätzlichen personellen Kapazitäten für die Abarbeitung eines größeren internen Projekts, sondern auch – wenn nicht sogar in erster Linie – aufgrund der mit einer Beraterkonsultation zusätzlich erwarteten ‚latenten Funktionalitäten' für mikro- und/oder kommunalpolitische Kommunikations- und Entscheidungsprozesse.
Das prozentuale Auftreten dieser Dummy-Variablen variiert in den bivariaten Analysen zum Teil erheblich zwischen den verschiedenen Beraternachfrage-Clustern. In den multivariaten Modellen konnten jedoch nur noch die beiden Extrempositionen von Beratereinsatzstrategien der jüngeren Vergangenheit – zum einen ‚primär Kompensation für intern fehlendes Know-how', zum anderen ‚sowohl als kommunal- als auch als mikropolitisches Instrument' – in bestimmten Modellen einen zusätzlichen Beitrag zur Vorhersage der Cluster-Zugehörigkeiten liefern. Auch hierzu weiter unten mehr.

Nachdem die bivariaten Analysen zwischen theoretisch naheliegenden Einzelprädiktoren und der zu erklärenden Cluster-Zugehörigkeit noch vergleichsweise bescheidene Ergebnisse produziert haben, werden im Folgenden die Einzelergebnisse verschiedener multivariater Regressionsanalysen auf Basis des vergleichsweise robusten ML-Schätzverfahrens vorgestellt.[8]

4.4.3 Determinanten des Beraternachfrageverhaltens im Jahr 2006

Welche Faktoren leisten im Jahr 2006 einen signfikanten Beitrag zur Erklärung der Zugehörigkeit einer Kommune zu einem bestimmten Beraternachfrageverhalten-Typus? Zunächst einige Bemerkungen zur abhängigen Variablen. Mit 20 bzw. 11 Städtefällen bleiben die eingangs mittels Ward-Verfahren ermittelten Beraternachfrage-Cluster 2 bzw. Cluster 4 für sich genommen jeweils (deutlich) unterhalb der in der Literatur für robuste ML-Schätzungen geforderten Mindestgruppengröße von n>=25 (vgl. z. B. Backhaus et al. 2006). Wie in den bisherigen Kreuztabellen über die Typbeschreibungen bereits angedeutet, wurden daher – trotz des damit verbundenen Risikos einer Partialnivellierung von clusterübergreifenden Unterschieden – Cluster 2 und Cluster 3 zum neuen Großcluster 'primär umsetzungsorientierten, klein- bis mittelgroßen Unternehmensberatungen gegenüber ausgabewillige Kommunen' (n=43) sowie Cluster 4 und Cluster 5 zum neuen Großcluster 'auch oder primär größeren Unternehmensberatungen gegenüber (erheblich) ausgabewillige Kommunen' (n=35) zusammengefasst.

Tabelle 6 zeigt, wie sich die Merkmale, die bei den weiter unten geschätzten Regressionsmodellen als Kandidaten für unabhängige Variablen behandelt werden, hinsichtlich Prozent- bzw. Mittelwerten über die drei zusammengefassten Beraternachfrageverhalten-Cluster hinweg unterscheiden. Auffallend ist hier zunächst, dass die prozentualen Anteils- bzw. Mittelwerte der Behördenmerkmale 'Kreisfreie Stadt', 'Gesamtbeschäftigtenzahl' und 'Modernisierungsstufe 2'[9] von Beraternachfrage-Cluster 1 über Cluster 2 bis Cluster3 offensichtlich

---

8   Aus Gründen der besseren Lesbarkeit wurden in den Tabellen der vorliegenden Buchfassung lediglich die für die inhaltliche Interpretation wichtigsten Werte aufgenommen. Insbesondere wurde aus Platzgründen auf den ausführlichen Tabellenanhang der längeren Manuskriptfassung, die der Begutachtung zugrundelag, verzichtet. Auf Anfrage können – unter Wahrung der Anonymität der Teilnehmerstädte – etwaig interessierende Tabellen mit zusätzlichen Odds-Ratio- oder Standardfehler-Werten zur Verfügung gestellt werden.

9   Zur Erinnerung: Modernisierungsstufe 2 schaltet von 0 auf 1, wenn in einer Kommune laut Antwortverhalten in Frage 13 bis Mitte 2007 sowohl die 'Budgetierung' als auch das 'regelmäßige Berichtswesen für den Stadtrat' zumindest 'teilweise eingeführt' wurden.

Tabelle 6:   Prozentuale Verteilung behördlicher, kommunalpolitischer und einsatzstrategischer Merkmale in den drei Beraternachfrage-Großclustern im Vergleich

	Kommerzieller B. ggb. weitestgeh Ausgabeunwillige	Primär umsetzungsorientierten klein- bis mittelgr. BAs ggb. (moderat) Ausgabewillige		Auch o. primär größeren UBs ggb (erheblich) Ausgabewillige	
	Cluster 1	Cluster 2	Cluster 3	Cluster 4	Cluster 5
Fallzahl der 5-Cluster-Lösung	55	43		35	
Behördenmerkmale					
Kreisfreie Stadt	14%	28%		37%	
Gesamtbeschäftigtenzahl	M: 536 (SD: 412)	M: 651 (SD: 431)		M: 1104 (SD: 1613)	
Modernisierungsstufe 2 *	55%	67%		74%	
Kommunalpolitische Situation					
Oberbürgermeisterneuwahl in weniger als 3 Jahren	38%	16%		34%	
Beratereinsatzstrategie 2002 bis 2006					
Primär Kompensation für intern fehlendes Know-how	45%	44%		26%	
Primär mikropolitisches Instrument	15%	12%		11%	
Primär kommunalpolitisches Instrument	11%	16%		17%	
Sowohl kommunal- als auch mikropolitisches Instrument	27%	30%		46%	

Quelle: eigene Studie, eigene Berechnungen;
*Budgetierung und regelmäßiges Berichtswesen für Stadtrat Mitte 2007 mindestens teilweise eingeführt;
M = arithmetisches Mittel, SD = Standardabweichung.

zunehmen. Weiterhin gehören Teilnehmerstädte, bei denen in weniger als drei Jahren OB-Neuwahlen anstehen, unterdurchschnittlich oft dem fusionierten Beraternachfrage-Cluster 2 an. Im UB-intensiven Beraternachfrage-Cluster 3 findet sich ein eher unterdurchschnittlicher Anteil von Städten, die laut Befragung in den Jahren 2002 bis 2006 externe Beratungsanbieter primär zur Kompensation von fehlendem internem Know-how genutzt haben, dagegen ein überdurchschnittlicher Anteil von Städten, die die Beratungsanbieter sowohl als kommunal- als auch als mikropolitisches Instrument genutzt haben. Mit dieser Tabelle kann man also sehen, dass die einzelnen unabhängigen Variablen jeweils für sich genommen im Hinblick auf die Zugehörigkeit von Städten zu einem der drei Beraternachfrage-Großcluster mehr oder weniger stark streuen. Die Frage, welchen Beitrag die einzelnen unabhängigen Variablen in einem linear-additiv gedachten Gesamtmodell zur Vorhersage der Wahrscheinlichkeit der Zugehörigkeit einer Stadt zu einem der drei Beraternachfrage-Großcluster hat, kann nur mittels geeigneter Regressionsanalyse beantwortet werden.

Dazu wurde zunächst eine Serie von Modellen geschätzt, bei denen davon ausgegangen wurde, dass ausschließlich organisationale und wirtschaftliche Faktoren einen Beitrag zur Erklärung bzw. Prognose der Beraternachfrage-Gruppenzugehörigkeit einer Kommune leisten. Als Nullreferenz für die multinomialen Logitregressionen wurde aus theoretischen Überlegungen heraus das bislang kaum berateraffine Cluster 1 ausgewählt, das nach Abzug von drei Städtefällen, für die trotz intensiver Nachrecherchen auf der Seite der unabhängigen Variablen keine gültigen Werte gefunden werden konnten,[10] noch jene 55 Teilnehmerstädte enthält, die sich laut Antwortverhalten der Befragten zumindest im Jahr 2006 ‚kommerziellen Beratungsanbietern gegenüber als weitestgehend ausgabeunwillig' zeigten.

In Modell 1 in Tabelle 7 wird als unabhängige Variable zunächst nur die Dummy-Variable ‚kreisfreie Stadt' und die metrische Variable ‚ln (Gesamtbeschäftigtenzahl)' aufgenommen, die jeweils den logarithmierten Wert der Gesamtbeschäftigtenzahl der Kernverwaltung einer jeden Teilnehmerstadt enthält.[11] Diese beiden Variablen weisen im Basismodell ein noch tolerierbares Maß an Kollinearität (VIF=1.32; Tolerance=0.7549) auf. Ein LR-Test auf Prü-

---

10   Aus Sicht des Verfassers sind die sechs Ausfälle zwar unschön, aber für sich genommen jeweils verschmerzbar. Selbstverständlich kann dieser selektive Ausfall von 4,3% aller Fälle in den Regressionsanalysen dennoch zu einer geringen Verzerrung der Parameterschätzung und der Ergebnisse der Teststatistiken beitragen.

11   Die Transformation von Variablen mittels logarithmus naturalis ist ein in der Linearen Regressionsanalyse gängiges Verfahren, um eine metrische Variable, deren empirische Verteilung relativ stark von der Normalverteilungskurve abweicht, für Regressionszwecke etwas zu glätten. Vgl. Tabachnick/Fidell (2007: 86ff.).

Tabelle 7: Wahrscheinlichkeit der Zugehörigkeit zu einer der drei Beraternachfrage-Typen: Mlogit-Regression ohne (1,1a) und mit (2b) Berücksichtigung kommunalpolitischer Einflussgrößen

	Modell 1	Modell 1a	Modell 2b
Primär umsetz.orientierte Beratungsdienstleister			
kreisfreie Stadt	0,06	0,07	0,19*
(ln) Gesamtbeschäftigtenzahl	0,02	0,02	-0,01
Modernisierungsstufe 2		0,07	0,04
Oberbürgermeisterneuwahl in weniger als 3 J.			-0,26***
Beratereinsatz: primär Kompensation von intern fehlendem Know-how			
Beratereinsatz: primär als kommunalpolitisches Instrument			-0,05
Konstante	0,07	0,04	0,04
Auch/primär mittlere/große Unternehmensberatungen			
kreisfreie Stadt	0,08	0,06	0,02
(ln) Gesamtbeschäftigtenzahl	0,11**	0,11**	0,13**
Modernisierungsstufe 2		0,10	0,10
Oberbürgermeisterneuwahl in weniger als 3 J.			0,03
Beratereinsatz: primär Kompensation von intern fehlendem Know-how		-0,12	
Beratereinsatz: primär als kommunalpolitisches Instrument			0,13
Konstante	0,00**	0,00**	0,00**
Nagelkerke R2	0,091	0,140	0,197
LL	-138,26	-135,08	-131,10
Df	4	8	10
Prob > chi2	0,03	0,03	0,01
N	133	133	133

Quelle: eigene Studie, eigene Berechnungen; Referenzkategorie der abhängigen Variablen: kommerzielle Beratung gegenüber weitestgehend ausgabeunwillige Kommunen. Der in den Spalten aufgeführte *discrete change* gibt (außer bei der Konstante) die prozentuale Veränderung an, wenn sich die jeweilige Dummy-Variable bei ansonsten auf Mittelwert gehaltenen anderen Variablen von 0 auf 1 ändert. Für die metrische Variable ,ln (Gesamtbeschäftigtenzahl)' wurden die Marginaleffekte tabelliert. Signifikanzniveaus: *p<0,10; **p<0,05; ***p<0,01.

fung der Hypothese, dass ‚kreisfreie Stadt'=0 ist, kann bei alleiniger Kopräsenz der metrischen Variablen ‚ln (Gesamtbeschäftigtenzahl)' aber streng genommen nicht verworfen werden (Prob>chi2=0.5051 in Basismodell 1). Obwohl die Kopräsenz der Dummy-Variable ‚kreisfreie Stadt' in allen Modellen dazu führt, dass die Beta-Werte der metrischen Variablen ‚ln (Gesamtbeschäftigtenzahl)' systematisch ein wenig niedriger geschätzt werden, erschien die diskriminierende Dummy-Variable aus substanztheoretischen Gründen und im Interesse einer Erhöhung der modellübergreifenden Vergleichbarkeit der Schätzer in den weiteren Regressionsmodellen dennoch bewahrenswert.[12]

Modell 1a enthält zusätzlich die Dummy-Variable ‚Modernisierungsstufe 2', die Teilnehmerstädte im Hinblick auf den bis Mitte 2007 erreichten Grad der Einführung von ‚Budgetierung' und ‚regelmäßigem Berichtswesen für den Stadtrat' voneinander unterscheidet.[13] Weiterhin wurde in Modell 1a die Dummy-Variable ‚primär Kompensation von intern fehlendem Know-how' aufgenommen.[14] In der ganz linken Spalte von Tabelle 7 findet sich das beste Ergebnis einer zweiten Modellserie. Ausgehend vom Basismodell 1 enthält das Modell 2b zusätzlich zu ‚Modernisierungsstufe 2' die Dummy-Variable ‚Oberbürgermeisterneuwahl in weniger als 3 J.' und ‚Beratereinsatz: primär als kommunalpolitisches Instrument'.[15] Zumindest die in Modell 2b neu aufgenommene

---

12   Im Falle einer Replikationsstude wäre – mit einer dann hoffentlichen höheren Beteiligung kreisfreier Städte – erneut zu prüfen, ob sich kreisfreie Städte im Hinblick auf ihr Beraternachfrageverhalten signifikant von kreisangehörigen Städten unterscheiden oder ob es tatsächlich genügt, ausschließlich die Gesamtbeschäftigtenzahl als Indikator für Aufgabenkomplexität zu verwenden.

13   Erneut zur Erinnerung: die Dummy ‚Modernisierungsstufe 2' schaltet von 0 auf 1, wenn der Befragte in Frage 13 des Fragebogens ankreuzt, dass sowohl die ‚Budgetierung' als auch das ‚regelmäßige Berichtswesen für den Stadtrat' bis Mitte 2007 zumindest ‚teilweise eingeführt' ist. Gegen die Aufnahme dieser Variable könnte man im Feld führen, dass die zeitliche Reihenfolge der Geschehnisse – zunächst Beratungsbeauftragung im Jahr 2006, dann Erreichung einer bestimmten Modernisierungsstufe in der Mitte des Jahres 2007 – auch eine umgekehrte Kausalbeziehung implizieren könnte. Eine solche Kritik ist – wenn auch erhebungstechnisch schwer umgehbar – sicherlich berechtigt und erfordert erhöhte Vorsicht bei der inhaltlichen Interpretation der Koeffizienten. Interessant ist dennoch, dass das Erreichen von ‚Modernisierungsstufe 2' in der Teilnehmerstichprobe eindeutig positiv mit der Wahrscheinlichkeit der Zugehörigkeit der beiden beratungsintensiveren Beratungsnachfrage-Typen korreliert.

14   Auf die Aufnahme weiterer Kandidaten für unabhängige Variablen, etwa die prozentuale Veränderung des Einwohnerbestands zwischen 2000 und 2005 und die logarithmierte prozentuale Veränderung des Gewerbesteueristaufkommens zwischen 2004 und 2005, wurde nach mehrfach erfolglosen Testläufen sowohl aus statistischen als auch aus substanztheoretischen Gründen verzichtet.

15   Zwischen den Dummy-Variablen ‚Oberbürgermeisterwahl in weniger als 3 J.' und dem Dummy-Variablen ‚kreisfreie Stadt' tritt Multikollinearität auf. Die entsprechenden Kennzahlen bewegen sich aber im noch vertretbaren Bereich (VIF=1,08; Tolerance=0,9295), so dass trotz einer möglicherweise leicht verzerrten Schätzung von der Entfernung einer der beiden Variablen abgesehen wurde.

kommunalpolitische Variable ‚Oberbürgermeisterneuwahl in weniger als 3 J.'
ist auch in anderen, hier nicht abgebildeten Modellen hochsignifikant und trägt
erheblich zur Verbesserung der Modellgüte bei.

Wie lassen sich nun die in Tabelle 7 nebeneinandergestellten Alternativmodelle inhaltlich interpretieren? Modell 1a repräsentiert gegenüber Modell 1
die Hypothese, dass neben dem staatlich delegierten Aufgabenspektrum und der
Größe für die Bestimmung des Beraternachfrageverhaltens einer Kommune vor
allem eine Rolle spielt, auf welcher Modernisierungsstufe sie sich aktuell befindet und ob sie bereits in jüngerer Vergangenheit primär zur Kompensation von
intern fehlendem Know-how auf externe Beratungsanbieter zurückgegriffen hat.
Demgegenüber spiegelt Modell 2b die Hypothese wider, dass man zur Vorhersage der Wahrscheinlichkeit der Zugehörigkeit einer Kommunalverwaltung zu
einem von mehreren diskreten Beraternachfrage-Typen neben Größen- und Mo-
dernitätseffekten zusätzlich kommunalpolitische Faktoren mitberücksichtigen
sollte. Wie der vor allem dank Hinzufügung der Dummy-Variablen ‚Oberbürgermeisterneuwahl in weniger als 3 J.' sprunghaft ansteigende Wert von Nagel-
kerke R2 zeigt, kann man durch Mitberücksichtigung von kommunalpolitischen
Faktoren zu einer höheren Modellgüte gelangen. Die tabellierten discrete-
change-Werte geben jeweils an, um wie viele Prozentpunkte sich die Chance
der Zugehörigkeit einer Kommunalverwaltung zum Cluster der ‚primär umsetzungsorientierten Beratungsdienstleistern gegenüber Ausgabewilligen' bzw.
zum Cluster der ‚auch/primär mittleren/größeren UBs gegenüber Ausgabewilligen' – jeweils im Vergleich zur Chance der Zugehörigkeit zur Referenzkategorie der ‚weitgehend beratungsresistenten Kommunen'– verändert, wenn bei ansonsten jeweils auf Mittelwert gehaltenen anderen Variablen die jeweils links
nebenstehende unabhängige Variable von 0 auf 1 springt.[16] Während ein positi-
ves Vorzeichen auf eine mehr oder weniger starke Erhöhung der Wahrscheinlichkeit einer Zugehörigkeit zum jeweiligen Nichtreferenz-Cluster hinweist,
muss im Falle eines negativen Vorzeichens davon ausgegangen werden, dass ein
Anstieg des jeweiligen Faktors dazu beiträgt, dass sich die betreffende Kommune unter ansonsten konstant gehaltenen Variablen mit einer höheren Wahrscheinlichkeit in der Referenzkategorie der eher ‚beraterunwilligen' Kommunen
befindet. Auffallend ist, dass die ausgewählten unabhängigen Variablen in den
beiden Vergleichsszenarien eine unterschiedliche Prädiktionsstärke aufweisen.
Sofern Modell 2b der Wirklichkeit nahe käme, hätten beispielsweise Kommu-

---

16   Einzige Ausnahme ist die metrische Variable ‚ln (Gesamtbeschäftigtenzahl)'. Hier ist sinn-
      vollerweise der marginal change tabelliert.

nalverwaltungen, bei denen innerhalb von weniger als zwei Jahren eine OB-Neuwahl stattfinden wird, eine um 26% niedrigere Chance, sich im Cluster der ‚primär Umsetzungsorientierten' zu befinden, als Kommunalverwaltungen, bei denen frühestens in drei Jahren die nächste OB-Wahl ansteht. Im Falle der Vorhersage der Zugehörigkeit zu den ‚auch/vor allem mittleren/großen UBs gegenüber Ausgabefreudigen' im Vergleich zur Zugehörigkeit zur beraterunwilligen Referenzgruppe spielt eine herannahende OB-Neuwahl mit einer Erhöhung um lediglich 3% aber eine sehr viel geringere Rolle. Hier ist neben der Größe (+13%) und der bereits errreichten Modernisierungsstufe (+10%) – beides Faktoren, denen in obigem Gruppenvergleichsszenario nur eine sehr geringe Prädiktionskraft zukommt – vor allem von Bedeutung (+13%), ob eine Kommune Beratungsanbieter bereits in jüngerer Vergangenheit sowohl als mikro- als auch als kommunalpolitisches Instrument eingesetzt hat oder nicht.

Zusammenfassend lässt sich sagen, dass die Hinzunahme der kommunalpolitischen Variablen, insbesondere der Dummy-Variable ‚Oberbürgermeisterneuwahl in weniger als 3 J.', die Modellgüte beachtlich erhöht. Nagelkerkes R2 rückt in den neuen Modellen, die die kommunalpolitische Dimension mitberücksichtigen, zumindest in die Nähe der in der Literatur als ‚akzeptabel' eingestuften Grenze von 0,2. Eine Residualanalyse zur Betrachtung von Ausreißern und/oder einflussreichen Fällen lässt sich mittels des verwendeten Statistikpakets für multinomial-logistische Regressionen leider nicht durchführen.[17] Gegen eine weitere Differenzierung der abhängigen Variablen in kontrastreichere Subgruppen[18] spricht zumindest im Fall des zuvor fusionierten Großclusters 3 die dann deutliche Unterschreitung der in der Literatur für logistische Regressionen geforderten Mindestfallzahl pro Gruppe innerhalb der abhängigen Variablen. Mit noch weniger Fällen pro Gruppe wäre zudem fraglich, ob die aktuelle Anzahl der unabhängigen Variablen angesichts der wachsenden Wahrscheinlichkeit von unbesetzten Zellen bei der Schätzung logistischer Regressionen überhaupt noch aufrechterhalten werden könnte. Die Fallzahlproblematik und die ungleiche Verteilung der Teilnehmerstädte auf die mittels Cluster-Analyse ermittelten Beraternachfragetypen haben weitergehenden mlogit-Regressionsanalyse-Wünschen des Verfassers methodeninhärente Grenzen gesetzt.

---

17   Möglich wäre höchstens eine Transformation der tri-nären mlogit-Modellierung in zwei bzw. drei bi-näre Logit-Subgruppen-Modelle. Da dies jedoch nicht ‚verlustfrei' möglich ist – und ggf. die Therapiemöglichkeiten sehr begrenzt wären, sei im Rahmen dieser Arbeit hierauf verzichtet.

18   Im Sinne: geringe Within-group-Varianz und höhere Intergroup-Varianz.

4.4.4 Determinanten der Anzahl der jährlich vergebenen Beratungsprojekte

Neben der mittels Cluster-Analyse ermittelten Zugehörigkeit zu einem diskreten Beraternachfrage-Cluster konnte mit Hilfe von Frage 4 des Fragebogens von immerhin 125 der 139 Befragungsteilnehmer in Erfahrung gebracht werden, wie hoch die geschätzte Anzahl der im Jahr 2006 an externe Beratungsanbieter vergebenen Beratungsprojekte in ihren jeweiligen Kommunen war. In allen drei Fällen handelt es sich statistisch betrachtet um sog. Zählvariablen, für deren Schätzung je nach Eigenschaften der empirischen Verteilung die Poisson-, die Negativ-Binomial- oder in besonderen Fällen auch ‚abgeschnittene' Modellvarianten in Betracht kommen (vgl. Long/Freese 2006: 349ff.). Zur Konstruktion der abhängigen Variablen ‚Anzahl von Beratungsprojekten mit mind. einem Tag Vor-Ort-Präsenz des Beraters' wurden die im Fragebogen in den unteren beiden Eingabefeldern von den Befragten eingetragenen Zahlen addiert und um wenige Problemfälle bereinigt.[19] Als unabhängige Variablen wurden im Wesentlichen dieselben Kandidaten in Betracht gezogen, die auch schon in den obigen mlogit-Regressionsmodellen (Serie 1 und 2) inhaltlich sinnvoll erschienen. Die empirische Verteilung der Werte legt nahe, dass die Negativ-Binomial(NB)-Verteilung aufgrund des mitberücksichtigten Dispersions-Fehlerterms α geeigneter ist als die alternativ denkbare Poisson-Verteilung (Long/Freese 2006: 372). In den entsprechenden LR-Tests zur Überprüfung der Nullhypothese, dass besagter Fehlerterm $\alpha=0$, zeigte sich übereinstimmend, dass der Dispersionsfaktor in allen gerechneten NB-Regression signifikant ungleich von 0 ist und dass somit die Nullhypothese, die einen Wechsel zum Poisson-Modell impliziert hätte, verworfen werden kann. Anders als im obigen mlogit-Modell erbrachten im NB-Modell sukzessive LR-Tests zur Überprüfung der Nullhypothese, der zufolge die Effekte einzelner Kandidaten für die unabhängige Variable = 0 sind, dass die Irrtumswahrscheinlichkeiten für die Aufnahme der theoretisch zunächst naheliegenden Variablen ‚kreisfreie Stadt' (p=0,8409) und ‚ln (prozentuale Verände-

---

19   Sofern die Befragten lediglich eines der drei Felder unbeantwortet gelassen haben, wurde davon ausgegangen, dass die beiden anderen Felder nur aus Bequemlichkeit nicht mit dem Wert 0 beantwortet worden waren. In einigen wenigen Fällen wurde von Seiten der Befragten Extremwerte wie 25, 50 oder 100 eingetragen. Da es sich hierbei mit großer Wahrscheinlichkeit um Prozentwerte und nicht um konkrete Schätzungen der jeweiligen Anzahl handelt, wurden diese Fälle aus den folgenden Regressionsanalysen ausgeklammert.

Tab. 8: Schätzung der jährlichen Anzahl von Beratungsprojekten mit mindestens einem Tag Vor-Ort-Präsenz des Beraters: Negativ-Binomial-Regression ohne (3, 3a) und mit (3b) kommunalpolitischer Einflussgröße

	Modell 3	Modell 3a	Modell 3b
b von ‚ln (Gesamtbeschäftigtenzahl)'	0,42***	0,41***	0,42***
%	51,7	51,1	52,3
%StdX	37,3	36,9	37,7
Standardabweichung von X			0,76
b von ‚ln (Proz. Veränderung Gewerbesteuer-Istaufkommen 2005 ggb. 2004)'		-0,35	-0,36
%		-29,7	-30,1
%StdX		-14,1	-14,4
Standardabweichung von X			0,43
b von ‚Oberbürgermeisterneuwahl in weniger als 3 Jahren'			-0,24
%			-21,7
%StdX			-10,6
Standardabweichung von X			0,46
Konstante	-1,18	-2,73**	-2,74**
(se)	0,78	1,28	1,27
(p)	0,13	0,03	0,03
LR-Test (alpha = 0)	188,59	182,46	180,45
Prob > LRX2	0,00	0,00	0,00
Pseudo R2	0,019	0,023	0,025
BIC	616,46	618,96	622,10
LL	-301,05	-299,90	-299,08
Prob > chi2	0,0	0,00	0,00
N	120	120	120

Quelle: eigene Studie, eigene Berechnungen; die in der Tabelle aufgeführten Werte geben die prozentualen Veränderungen in der laut jeweiligem Modell erwartbarem Zählvariablenwert ‚jährlicher Gesamtzahl von Vor-Ort-Beratungsprojekten' an, wenn sich die entsprechende unabhängige Variable ceteris paribus um eine Einheit (%) bzw. um die Standardabweichung einer Einheit (%XStdX) verändert. Signifikanzniveaus: *p<0,10; **p<0,05; ***p<0,01

rung des Einwohnerbestands zwischen 2000 und 2005)[20] (p=0,7873) sehr hoch sind. Deshalb wurden diese beiden Variablen nach ausgiebigen LR-Test-Reihen aus den weiteren NB-Regressionsanalysen ausgeschlossen.

Tabelle 8 zeigt die Schätzergebnisse der drei NB-Modellalternativen 3, 3a und 3b. Ins Basismodell wurde zunächst nur die logarithmierte Gesamtbeschäftigtenzahl der Kernverwaltung aufgenommen. Diese metrische Variable stellt sich – wie die Signifikanzsternchen zeigen – modellübergreifend als einzige hochsignifikante Einflussgröße heraus. Der besseren Interpretierbarkeit halber werden in der Tabelle anstelle von Standardfehlern und p-Werten die prozentualen Veränderungen in der laut Modell erwartbaren Zählwerte im Falle einer Veränderung um eine Einheit (%) bzw. die Standardabweichung einer Einheit (%XStdX) aufgeführt. Obwohl Pseudo R2 von Modell zu Modell – auf allerdings sehr niedrigem Grundniveau – leicht ansteigt, deutet der im Vergleich zu den beiden Modellalternativen relativ geringste BIC-Wert des Basismodells 3 darauf hin, dass das Modell, welches neben der Konstante und dem Fehlerterm lediglich die logarithmierte Gesamtbeschäftigtenzahl als Regressor enthält, den beiden anderen Modellen 3a und 3b qualitativ leicht überlegen ist. Da sich jedoch der geschätzte Wert des Beta-Koeffizienten modellübergreifend nur minimal verändert und substanztheoretisch einiges für die Mitberücksichtigung spricht, wurden auch die beiden anderen Variablen ‚ln (Proz. Veränderung Gewerbesteuer-Ist-Aufkommen 2005 ggb. 2004)‘, i. e. der logarithmierte Wert der Prozentsatzdifferenz des Gewerbesteueristaufkommens im Jahr 2005 im Vergleich zum Gewerbesteuer-Ist-Aufkommen im Jahr 2005‘ und die aus den mlogit-Regressionen bereits bekannte kommunalpolitische Dummy-Variable ‚Oberbürgermeisterneuwahl in weniger als 3 J.‘ in die separat aufgeführten Modellvarianten 3a und 3b mit aufgenommen.

Aus Abbildung 5 wird ersichtlich, warum das Negativ-Binomial-Regressionsmodell 3b im Hinblick auf die Modellgüte vergleichsweise niedrige Bestimmtheitswerte aufweist. Die auf der Basis von 120 Fällen empirisch beobachtete Verteilung, als schwarze Zick-Zack-Linie, weicht nicht nur im Anfangsspektrum zwischen 0 und 3 Vor-Ort-Aufträgen pro Jahr, sondern auch im weiteren Kurvenverlauf z. T. relativ stark vom mathematischen Ideal einer näherungsweisen Poisson- bzw. Negativ-Binomial-Verteilung ab. Dies liegt sicherlich z. T. auch daran, dass man als Befragter im Falle einer Konfrontation mit einer of-

---

20   Hierbei handelt es sich um eine vom Verfasser auf Basis der Einwohnerbestände der Jahre
     2000 und 2005 berechnete Variable, die bereits zur Überprüfung der bivariaten Zusammen-
     hangshypothese H2 generiert worden war.

fenen Schätzfrage dazu neigt, bestimmte alltagsweltlich plausible Schätzwerte wie 1, 5, 10 und 20 eher anzugeben als unrunde Werte wie 7, 11 oder 13. Da im Falle einer höheren Zahl von Beauftragungen die Schätzungen vermutlich zunehmend ungenauer werden, wäre es durchaus möglich, dass die durch NB-Modell 3b geschätzte Verlaufskurve zumindest jenseits der Anzahl von 5 Vergaben dem tatsächlichen Wahrscheinlichkeitsverlauf der Anzahl jährlicher Auftragsvergaben näher kommt als die z. T. auf eine alltagsweltlich sinnvolle Zahl auf- bzw. abgerundeten Schätzungen der Befragten. Man sieht außerdem, dass das NB-Modell 3b mit drei Regressionsvariablen noch am ehesten im Bereich von 0 bis 4 einen sichtbar anderen Kurvenverlauf aufweist als das univariate NB-Modell, bei dem ausschließlich die Konstante den Kurvenverlauf beeinflusst. Ab einer Anzahl von 5 und mehr verlaufen die beiden Kurven praktisch deckungsgleich.

Abbildung 5:   Im Jahr 2006 beobachteter vs. mittels NB-Modell 3b geschätzter Verlauf der W'keitsverteilung der kommunalen Vergabe von x_i Beratungsaufträgen innerhalb eines Jahres

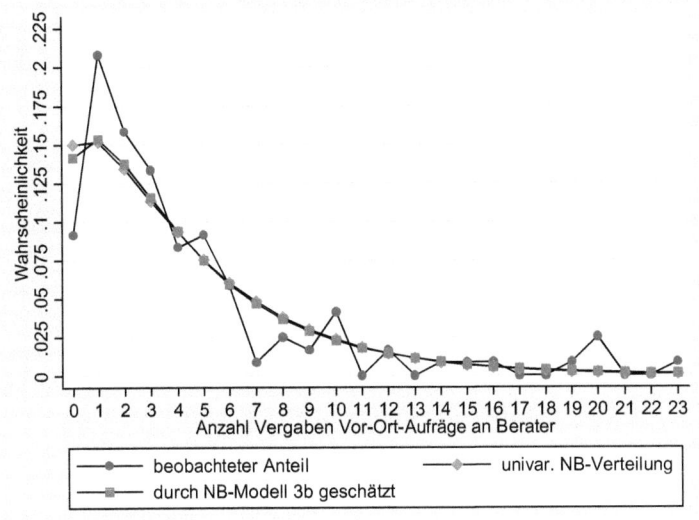

Quelle: eigene Erhebung (n=120); eigene Berechnungen.

Sofern die in Modell 3b dargestellte NB-Regression angesichts der soeben angestellten Überlegungen – trotz objektiv geringer Modellgüte – realitätsnahe Parameterschätzungen enthält, ließe sich zumindest für die in Tabelle 8 modellübergreifend hochsignifikante inhaltliche Aussage formulieren: Mit jeder Erhöhung der logarithmierten Gesamtbeschäftigtenzahlen um eine Standardabweichung von 0,7604 – nach natürlichem Exponentieren: etwa zwei Mitarbeiter – erhöht sich bei ansonsten konstant gehaltenen Variablen die durchschnittliche Anzahl der innerhalb eines Jahres von besagter Kommune vergebenen Beratungsprojekte um etwa 37%.

Wie man an den anders gerichteten Vorzeichen der allerdings nichtsignifikanten Prozentsatzveränderungen der beiden Variablen erkennen kann, würde sich eine Erhöhung der Werte der beiden Variablen bei ansonsten konstant gehaltenen Variablen auf die durchschnittliche Zahl der Vergaben an Beratungsprojekten dagegen eher ungünstig auswirken. Inhaltlich würde dies nichts weniger bedeuten, als dass sich sowohl eine prozentuale Erhöhung des Gewerbesteuer-Istaufkommens ein Jahr vor dem Referenzjahr im Vergleich zu dem Istaufkommen, das zwei Jahre vor dem Referenzjahr erzielt werden konnte, als auch eine – ausgehend vom Referenzjahr – innerhalb von weniger als drei Jahren sich abzeichnende Oberbürgermeisterneuwahl jeweils für sich genommen eher hemmend auswirkt auf die ansonsten möglicherweise durchaus vorhandene Bereitschaft einer Kommune, jedes Jahr eine bestimmte Anzahl von Vor-Ort-Beratungsprojekten an externe Beratungsanbieter zu vergeben.

Zusammenfassend lässt sich sagen, dass die im Zusammenhang mit der Bestimmung von möglichen Determinanten der kommunalen Beraternachfrage durchgeführten Regressionsmodelle belegen, dass *neben der Organisationsgröße* – in dieser Studie gemessen als logarithmierte Gesamtbeschäftigtenzahl der Kernverwaltung – und *weiteren, vorwiegend organisationsökonomischen, Faktoren* offensichtlich zumindest mit der *Dummy-Variablen ‚Oberbürgermeisterneuwahl in weniger als 3 J.', die eine binnen der nächsten zwei Jahren heranrückende OB-Neuwahl repräsentiert, ein kommunalpolitischer Faktor identifiziert werden konnte, der einen nahezu durchgehend signfikanten Erklärungs- bzw. Prädiktionsbeitrag liefert* – und zwar sowohl auf die Wahrscheinlichkeit der Zugehörigkeit zu einem eher berateraffinen Beraternachfragetyp im Vergleich zur Wahrscheinlichkeit der Zugehörigkeit zu dem ausgabeunwilligen Beraternachfragetyp 1 als auch auf die Wahrscheinlichkeit, eine bestimmte absolute Anzahl von Vergaben an Vor-Ort-Berater aufzuweisen.

4.4.5 Determinanten der (Un-) Zufriedenheit mit externen Beratungsanbietern

Innerhalb der wirtschaftswissenschaftlich inspirierten Beratungsforschungsliteratur werden Klientenbefragungen auch, teilweise sogar in erster Linie, deshalb durchgeführt, weil man aus einer angebotsorientierten Marketing-Perspektive herausfinden möchte, wie es Beratungsanbietern gelingt, bestehende Klienten dauerhaft an sich zu binden, aber auch neue Klienten zu gewinnen.[21] Im Zuge des Einzugs von Qualitätsmananagementsystemen wächst aber auch auf Klientenseite das Interesse an einer Evaluation von Beratungsprojekten.[22] Bei der Konstruktion des Erhebungsinstruments der eigenen Studie konnte die Messung von Einstellungen, Vorurteilen und Zufriedenheitsgraden gegenüber externen Beratungsanbietern aus Platz-, aber auch aus theoretischen Relevanzgründen leider nur eines unter mehreren Teilzielen darstellen. Zumindest liegen aber pro Teilnehmerstadt Einstellungs- und Zufriedenheitswerte für den Befragungsteilnehmer selbst vor. Vor dem Hintergrund einer von Anbieterseite immer wieder beklagten mangelnden Professionalität bzw. einer zu starken Ausrichtung an preislichen Kriterien auf Seiten der Behördenvertreter[23] erscheint es lohnenswert, sich im Folgenden etwas genauer anzuschauen, welche Faktoren sich günstig bzw. ungünstig auf die Zufriedenheit eines führenden Behördenvertreters auswirken.

Mit Hilfe von Frage 10 des Fragebogens sollten zwei mögliche Dimensionen der Zufriedenheit mit Beratungsanbietern abgefragt werden, die in der Regel miteinander verbunden sind, aber nicht zwangsläufig identisch sein müssen: Die Zufriedenheit im Hinblick auf die Wirksamkeit der Beratertätigkeit – etwas vereinfachend: die Effektivität der Beraterintervention – und die Zufriedenheit im Hinblick auf die Kosten-Nutzen-Relation – etwas vereinfachend: Effizienz – der Beraterbeteiligung.[24] Als Referenzzeitraum für die Zufriedenheitsbeurteilung wurden die Jahre 2002 bis 2006 festgelegt. Leider zeigt sich bei den Antworten eine Tendenz zur Mitte.[25] Bei der Teilfrage zur Kosten-Nutzen-Relation gibt es aber glücklicherweise eine mit einer ausreichenden Fallzahl (n=24) besetzte Teilgruppe der ‚eher Unzufriedenen'. Welche Umstände der Gegenwart bzw. Ereignisse der jüngeren Vergangen-

---

21 Zur Problematik der sog. Erfolgsfaktorenforschung ausführlicher: Mohe (2004).
22 Einen guten Überblick gibt die Dissertation von Sanchez (2003).
23 So etwa ein Teilergebnis der vom BDU im Jahr 2006/2007 durchgeführten Branchenbefragung zur Zufriedenheit von Beratungsanbietern mit dem Vergabeverhalten öffentlicher Körperschaften. Vgl. Haake (2007).
24 Für eine erste deskriptive Darstellung der univariaten Auswertung siehe Abschnitt 5 des Ergebnisberichts für die Teilnehmerstädte in: Huchler (2007b: 13-15).
25 In beiden Teilfragen wählten mehr als 70% – im Falle der Teilfrage zur Wirksamkeit sind es sogar fast 90%! – eine der beiden unscharfen Antwortkategorien ‚eher zufrieden' bzw. ‚teils/teils'.

heit tragen dazu bei, dass ein Behördenverantwortlicher im Hinblick auf die Kosten-Nutzen-Relation einer Beraterbeteiligung ‚eher unzufrieden' ist?

Besonders nahe liegend ist ein Zusammenhang mit der Unzufriedenheit hinsichtlich der Wirksamkeit einer Beraterintervention. Tatsächlich stufen sich in der Teilnehmerstichprobe 22 von 24 (92%) der im Hinblick auf Kosten-Nutzen-Relation ‚eher Unzufriedenen' auch im Hinblick auf ihre Zufriedenheit mit der Wirksamkeit der Beraterbeteiligung in eine der beiden Antwortkategorien ‚teils/teils' (19 von 24) bzw. ‚eher unzufrieden' (3 von 24) ein. Aber woraus speist sich diese Unzufriedenheit? Sind es lediglich Vorurteile? Oder wurden in jüngerer Vergangenheit konkrete, negative Erfahrungen mit externen Beratungsanbietern gemacht, die zu einer Einstellungsänderung geführt haben?

Etwa die Hälfte (12 von 23) der Stadtverwaltungen, deren Repräsentanten im Hinblick auf Kosten-Nutzen-Relationen ‚eher unzufrieden' sind, findet sich zumindest im Jahr 2006 im eher ‚beratungsunwilligen' Beraternachfrage-Cluster 1. Unter der Annahme, dass Anzahl und Auftragsvolumen der behördlich vergebenen Beratungsprojekte zyklisch wiederkehrenden Schwankungen unterliegen, könnte die Zugehörigkeit einer Kommunalverwaltung zum ‚beratungsunwilligen' Cluster 1 im Jahr 2006 aber auch nur ein temporäres Phänomen sein. In immerhin 15 von 23 Fällen deutet der über Frage 1 des Fragebogens gemessene Kurvenverlauf der kommunalen Beraternachfrage zwischen 1997 und 2006 nicht darauf hin, dass eine evtl. schon länger bestehende, vorurteilsbedingte Unzufriedenheit des Befragten mit der Kosten-Nutzen-Relation von Beraterinterventionen in jüngerer Zeit zu einer (deutlichen) Abnahme der Auftragsvergaben an externe Beratungsanbieter geführt hat.

Auch bei der Bestimmung von ‚Determinanten' der Unzufriedenheit von Kommunalverwaltungsverantwortlichen mit der Kosten-Nutzen-Relation der Beraterbeteiligung wurde ein exploratives Vorgehen gewählt. Modell 4 in Tabelle 9 enthält die discrete-change-Werte derjenigen drei ‚Faktoren', die am stärksten positiv mit der Wahrscheinlichkeit der Zugehörigkeit eines Befragten zur Gruppe der hinsichtlich Kosten-Nutzen-Relation der Beraterbeteiligung ‚eher Unzufriedenen' korrelieren. Demnach steigt die Wahrscheinlichkeit einer Unzufriedenheit bei ansonsten auf Mittelwert gehaltenen Variablen um 24%, wenn es in den vergangenen 5 Jahren zumindest ‚in einigen wenigen Fällen' vorgekommen ist, dass der Beratungsanbieter ‚trotz klarem Ausschreibungstext unrealistische Reformvorschläge' unterbreitet hat, um 33%, wenn in den vergangenen Jahren ‚relativ häufig' oder ‚immer' ‚Unstimmigkeiten beim Projektabschluss' (unvollendete Arbeit, unvollständige Aussagen etc) aufgetreten sind, und um 35%, wenn der Befragte in Frage 19 der Aussage ‚voll und ganz' zustimmt, dass die Berateraktivitäten ‚zu viel Konzeptentwicklung, zu wenig Umsetzungsunterstützung' enthalten.

Tab. 9:   Wahrscheinlichkeit einer Zugehörigkeit zu den hinsichtlich Kosten- und Nutzen-Relation der Beraterbeteiligung in den letzten 5 Jahren ‚Eher/Sehr Unzufriedenen' in Abhängigkeit von (Nicht-) Zustimmung zu bestimmten anderen Aussagen

	Modell 4	Modell 4a
trotz klarem Ausschreibungstext unrealistische Reformvorschläge mind. ‚in einigen wenigen Fällen'	0,24***	0,23**
Unstimmigkeiten bei Projektabschluss ‚relativ häufig'/‚immer'	0,33***	0,33**
zu viel Konzeptentwickl., zu wenig Umsetzungsunterstützg ‚voll und ganz'	0,35***	0,34***
unerwartete Probleme nach Projektabschluss ‚relativ häufig'/‚immer'		0,06
kompetente Interne können Externe fast überall ersetzen ‚voll und ganz'		-0,02
Beraterlösungen machen wenig später Folgeaufträge notwendig ‚voll und ganz'		0,03
Konstante	0,2***	0,02***
Nagelkerke R2	0,422	0,429
LL	-34,40	-32,63
Df_m	3	6
chi2	17,03	17,97
Prob > chi2	0,00	0,00
N	99	96

Quelle: eigene Studie; eigene Berechnungen; Referenzkategorie der abhängigen Variablen: mit Kosten-Nutzen-Relation der Beraterbeteiligung eher/sehr zufriedene Kommunalverantwortliche. Der in den Spalten aufgeführte *discrete change* gibt (außer bei Konstante) die prozentuale Veränderung an, wenn sich die jeweilige Dummy-Variable bei ansonsten auf Mittelwert gehaltenen anderen Variablen von 0 auf 1 ändert. Signifikanzniveaus: * p<0,10; ** p<0,05; *** p<0,01.

Modell 4a zeigt in einem Alternativszenario die discrete-change-Werte einiger weiterer plausibler – und mittels Fragebogen gemessener – ‚Gründe' für die etwaige Unzufriedenheit von Kommunalverantwortlichen mit der Kosten-Nutzen-Relation der Beraterbeteiligung.[26] Demnach erhöht der Umstand, dass bei Beratungsprojekten der vergangenen 5 Jahre mindestens ‚relativ häufig' oder aber ‚immer' nach Projektabschluss unerwartete Probleme aufgetreten sind, die aus Sicht des Befragten mit Vorschlägen von Beratern in Verbindung gebracht werden können, bei ansonsten auf Mittelwert gehaltenen Variablen um 6% die Chance, dass der Befragte hinsichtlich Kosten-Nutzen-Relation zu den ‚eher Unzufriedenen' zählt. Noch schwächer korreliert die Chance auf Unzufriedenheit mit extremen Zustimmungsgraden der Befragten auf zufriedenheitsrelevante Aussagen in Frage 19. Theoretisch einleuchtend ist der Zusammenhang mit einem hohen Zustimmungsgrad zur vierten Aussage: wenn ein Kommunalverantwortlicher ‚voll und ganz' davon überzeugt ist, dass Beraterlösungen ‚wenig später Folgeaufträge notwendig' machen, erhöht sich die Chance bei ansonsten auf Mittelwert gehaltenen Variablen um 2%, dass sie zu den ‚eher Unzufriedenen' zählen. Zumindest auf den ersten Blick seltsam ist der leichte Rückgang der Zugehörigkeitswahrscheinlichkeit zu den ‚eher Unzufriedenen' um 2%, wenn der Aussage ‚voll und ganz' zugestimmt wird, dass ‚kompetente interne Kräfte externe Berater in fast allen Bereichen ersetzen können'. Nähere Analysen zeigen jedoch, dass die Kommunalverwaltungen derjenigen Befragten, die von der problemlosen internen Substituierbarkeit Externer durch Interne ‚voll und ganz' überzeugt sind, in den letzten 5 Jahren externe Beratungsanbieter zugleich überdurchschnittlich oft ‚primär zur Kompensation von intern fehlendem Know-how' eingesetzt haben. Das deutet zumindest darauf hin, dass Kommunalverantwortliche mit externen Beratungsanbietern seltener unzufrieden sind, wenn sie sie bewusst nicht als ‚politische Waffe', sondern vorwiegend als von außen eingekauften Lieferanten von intern nicht vorhaltbarem Spezialwissen konsultieren.

Insgesamt bleibt damit festzuhalten, dass Kommunalverantwortliche *besonders dann* eine erhöhte Neigung aufweisen, mit der Kosten-Nutzen-Relation der Beraterbeteiligung ‚*eher unzufrieden'* zu sein, *wenn bei Beratungsprojekten in den vergangenen 5 Jahren relativ häufig bzw. immer unrealistische Vorschläge unterbreitet worden sind, wenn sich ebenfalls erfahrungsbedingt der*

---

26 Aufgrund der ungleichen Fallzahlen, die auf fehlende Werte in einer oder mehreren der gegenüber Modell 4 neu hinzugefügten Variablen zurückzuführen sind, sind die Modellgüten der beiden Modelle nicht direkt vergleichbar.

Eindruck verfestigt hat, dass beraterseitig zu viele der knappen Ressourcen in die Konzeptentwicklung und zu wenig in die Umsetzungsunterstützung investiert werden und/oder wenn in den vergangenen Jahren relativ häufig Unstimmigkeiten beim Projektabschluss aufgetreten sind.

4.4.6 Kommunale Nachfrage nach externen Beratungsanbietern in naher Zukunft

Neben der Beschreibung und der Erklärung von Zusammenhängen strebt zumindest eine quantitativ-empirisch ausgerichtete Sozial- bzw. Organisationsforschung in der Tradition Auguste Comtes auch danach, empirisch abgesicherte Zukunftsprognosen zu erstellen. Auf der Basis der erhobenen Daten der vorliegenden Studie sollen im Folgenden zumindest einige Faktoren identifiziert werden, die einen ‚korrelativen' Beitrag zur Erklärung der Nachfrageverlaufsprognosen leisten, die die Befragten in Frage 18 des Fragebogens schätzen sollten. Glücklicherweise haben mit Ausnahme von nur drei Fällen alle Teilnehmerstädte diese Frage entweder durch Ankreuzen einer der vorgegebenen Verlaufskurven (79%) oder aber durch Skizzieren einer eigenen Verlaufskurve (21%) beantwortet. Aufgrund der Problematik fehlender Werte in potenziellen unabhängigen Variablen konnten bei der explorativen Suche nach Korrelationszusammenhängen nur diejenigen Variablen auf ihre etwaige Korrelations- bzw. Prognosekraft getestet werden, die jeweils deutlich über 100 gültige Werte aufweisen. Auf Seiten der unabhängigen Variablen wurden zunächst die 29 Fälle, in denen die Befragten freihändig eine Verlaufsprognose eingezeichnet hatten, nachträglich jeweils derjenigen standardisierten Verlaufsgruppe zugeordnet, deren verbale Beschreibung der jeweiligen Freihandskizze sinngemäß am ähnlichsten war.

Tabelle 10 zeigt die absolute und prozentuale Verteilung der Kommunen über die Verlaufskurven, deren verbale Beschreibung nachträglich minimal dahingehend modifiziert wurde, dass sie auch den 29 integrierten Freihandskizzen sinngemäß gerecht werden konnte. Auffallend ist eine gewisse Tendenz zur Mitte, wobei ein mit 30% vergleichsweise hoher Anteil der Befragten davon ausgeht, dass die Beraternachfrage in naher Zukunft einen kurvenförmigen Verlauf annehmen wird. Für Regressionsschätzungen interessant sind aber vor allem zwei Extremgruppen: zum einen die zusammengefasste Gruppe derjenigen 23 Kommunen, deren Befragte gegenüber 2006 von einem leichten bis starken Nachfragerückgang ausgehen, zum anderen die Gruppe der 49 Kommunen, die laut Schätzung der Befragten zwischen 2007 und 2009 voraussichtlich einen zumindest leichten Anstieg hinsichtlich der Beraternachfrage erleben werden. Welche Faktoren korrelieren positiv oder negativ mit diesen subjektiven (Extrem-) Schätzungen der Befragten?

Tab. 10:   Von Befragten prognostizierter Verlaufstrend der kommunalen Nachfrageentwicklung nach externen Beratungsanbietern in den Jahren 2007 bis 2009

	Fälle	Prozent
Kontinuierlich starke Abnahme von derzeit hohem Ausgangsniveau	2	1,5%
Kontinuierlich leichter Rückgang von derzeit erhöhtem Ausgangsniveau	21	15,4%
Gleich bleibend auf niedrigem Niveau	13	9,6%
Gleich bleibend auf mittlerem/hohem Niveau	10	7,4%
Wellenförmiger Wechsel von Phasen mit hoher und Phasen mit niedriger Nachfrage	41	30,2%
Kontinuierlich leichte Zunahme	38	27,9%
Erst einmal stark, später nur noch gering zunehmend	7	5,2%
Kontinuierlich starke Zunahme	4	2,9%
Gesamt	136	100%

Quelle: eigene Studie.

Eine systematische Analyse aller theoretisch plausibilisierbaren und zugleich mit ausreichender Zahl gültiger Werte vertretenen Variablen ergibt, dass die Wahrscheinlichkeit, dass ein Kommunalverantwortlicher auf der Basis von Frage 18 zu einer tendenziell abnehmenden Nachfrageprognose gelingt, mit einer kleinen, aber feinen Zahl von anderen Variablen positiv bzw. negativ korreliert, die ebenfalls im Fragebogen erhoben wurden. Tabelle 11 enthält zwei Alternativmodelle mit zwei bzw. sechs Variablen, die jeweils getrennt, aber auch im additiv-linearen Zusammenschluss mit der Wahrscheinlichkeit der Zugehörigkeit einer Kommune zu der Gruppe der ‚vorübergehenden Nachfragepessimisten' korrelieren – i. e. die Gruppe der Befragten, die davon ausgeht, dass die eigene Beraternachfrage zwischen 2007 und 2009 im Vergleich zum Referenzjahr 2006 ‚leicht' bzw. ‚stark' zurückgehen wird.[27]

Modell 5 enthält nur die beiden Variablen, die besonders stark mit der Wahrscheinlichkeit einer Zugehörigkeit zu den Nachfragepessimisten korrelieren. Die Dummy-Variable ‚1997-2006: wellenförmiger Wechsel hohe/mäßige Beraternachfrage' springt immer dann von 0 auf 1, wenn der Befragte bei der retrospektiven Frage 1 ein Kreuz bei der Grafik ‚wellenförmiger Nachfrageverlauf zwischen 1997 und 2006' gemacht hat. Befragte, die retrospektiv in ihrer Stadtverwaltung einen wellenförmigen Beraternachfrageverlauf beobachten, neigen unter sonst auf Mittelwert gehaltenen Variablen etwa zu 20% seltener dazu, für die nahe Zukunft einen eher negativen Entwicklungstrend zu prognostizieren, als Befragte, die retrospektiv einen anderen als den wellenförmigen Verlauf konstatieren. Dies deutet darauf hin, dass das Erfahrungswissen um einen mehr oder weniger regelmäßig wiederkehrenden Bedarf nach externer Unterstützung dazu beiträgt, für die nahe Zukunft einen Rückgang für unwahrscheinlich zu halten. Interessant dürfte auch die positive Korrelation mit der Dummy-Variablen ‚Dezentrale Fach-/Ressourcenverantwortung Mitte 2007 ‚in konkreter Planung'' sein: Befragte, die in Frage 13 angekreuzt haben, dass die Einführung einer dezentralen Fach- und Ressourcenverantwortung in ihrer Verwaltung ‚in Planung'ist, gehen bei unter sonst auf Mittelwert gehaltenen Variablen um etwa 20% häufiger von einem leichten bzw. starken Beraternachfragerückgang zwischen 2007 und 2009 aus, als Befragte, die in Frage 13 angeben, dass die ‚dezentrale Fach-/Ressourcenverantwortung' entweder nicht geplant oder aber bereits vollständig eingeführt ist. Diese Hoffnung auf sinkenden Beraterbedarf im Zusammenhang mit einer in Kürze erfolgten Dezentralisierung erscheint in organisationstheoretischer Hinsicht nicht notwendigerweise berechtigt.

Modell 5a enthält noch einige weitere Variablen, die ebenfalls – immerhin jeweils einen Beitrag von ca. +/- 10% – zur Prognose der Zugehörigkeit zur Gruppe derjenigen leisten, die für die Zeit zwischen 2007 und 2009 einen leichten bis starken Beraternachfragerückgang prognostizieren.

---

27   Einige der ins Modell integrierten Variablen weisen untereinander schwache Formen von (Multi-) Kollinearität auf. Allerdings steigt der VIF nie über 1,2; die Tolerance bleibt durchweg > 0,98.

Tab. 11:   Wahrscheinlichkeit der Zugehörigkeit eines Befragten zur
                Gruppe derjenigen, die für die Jahre 2007 bis 2009 einen
                leichten/starken Nachfragerückgang prognostizieren in
                Abhängigkeit von vergangener Nachfrage, Modernisierungs-
                stand, kommunalpolitischen und weiteren Faktoren

	Modell 5	Modell 5a
1997-2006: wellenförmiger Wechsel hohe/mäßige Beraternachfrage	-0,20**	-0,19**
Dezentrale Fach-/Ressourcenverantwortung Mitte 2007 ‚in konkreter Planung'	0,22*	0,22
Oberbürgermeister befindet sich 2006 in seinem vierten Amtsjahr		-0,13
Kommune gehört 2006 Beraternachfragetyp 2 an		0,14
Verwaltungsinternes Controlling Mitte 2007 ‚teilweise eingeführt'		0,10
Hinsichtlich Kosten-Nutzen-Relation der Beraterbeteiligung ‚eher/sehr unzufrieden'		0,11
Konstante	0,30***	0,17***
Nagelkerke R2	0,138	0,227
Pseudo R2	0,092	0,156
LL	-48,50	-45,09
Df_m	2	6
chi2	6,36	14,21
Prob > chi2	0,04	0,03
N	109	109

Quelle: eigene Studie, eigene Berechnungen; Referenzkategorie der abhängigen Variablen: Kommunalverantwortliche, die für 2007 bis 2009 mit gleichbleibender oder steigender Beraternachfrage
der eigenen Kommune rechnen. Der in den Spalten aufgeführte *discrete change* gibt (außer bei der
Konstante) die prozentuale Veränderung an, wenn sich die jeweilige Dummy-Variable bei ansonsten
auf Mittelwert gehaltenen anderen Variablen von 0 auf 1 ändert. Signifikanzniveaus: * $p<0,10$;
** $p<0,05$; *** $p<0,01$.

So tragen die Zugehörigkeit der Kommune zum im Jahr 2006 ohnehin eher beraterschwächeren Beraternachfrage-Cluster 2,[28] die bislang ‚teilweise' Einführung von ‚verwaltungsinternem Controlling' sowie die Zugehörigkeit zur Gruppe der hinsichtlich Kosten-Nutzen-Relation der Beraterbeteiligung ‚eher Unzufriedenen' – unter sonst gemittelten anderen Variablen – jeweils für sich genommen tendenziell zu einer ca. 10%-igen Erhöhung der Wahrscheinlichkeit der Zugehörigkeit zur Gruppe der Nachfrage-Pessimisten bei. Hingegen führt ein im Jahr 2006 sich vollziehender Eintritt des amtierende OBs ins vierte Amtsjahr nach Datenlage dazu, dass die Wahrscheinlichkeit der Zugehörigkeit zur Gruppe der Nachfrage-Pessimisten, bei ansonsten gemittelten Variablen um etwa 13%, geringer ausfällt als in Fällen, in denen sich der OB in einem (deutlich) früheren oder späteren Amtsjahr befindet.[29]

Bislang wurde nur induktiv herausdestilliert, welche Faktoren (signifikant) positiv bzw. negativ mit der Wahrscheinlichkeit korrelieren, dass der Befragte zu der Ansicht gelangt, dass die Beraternachfrage in seiner Behörde in den Jahren 2007 bis 2009 aller Voraussicht nach (kontinuierlich) zurückgehen wird. Tabelle 12 zeigt nun umgekehrt die discrete changes, die die Chance erhöhen bzw. senken, dass der Befragte in Frage 18 für die nahe Zukunft eine leichte bis starke Erhöhung der Beraternachfrage prognostiziert.[30] Auch bei dieser Analyse handelt es sich weniger um die Identifikation von Kausalfaktoren als um die Aufdeckung von mehr oder weniger interessanten Korrelationen im Ankreuzverhalten der Befragten. An der einen oder anderen Stelle eröffnen sich aber für Entscheidungs- bzw. Handlungstheoretiker durchaus Spielräume für substanztheoretische Spekulationen.

Am stärksten positiv mit der Wahrscheinlichkeit einer Zugehörigkeit der Befragten zur Gruppe derjenigen, die davon ausgehen, dass die städtische Beraternachfrage zwischen 2007 und 2009 gegenüber 2006 eher (stark) anwachsen wird, korreliert die Mitte 2007 ‚geplante' Einführung des regelmäßigen Berichtswesens für den Stadtrat. Kommunen, die diese NSM-Maßnahme in absehbarer Zeit umsetzen wollen, haben demnach unter sonst auf Mittelwert gehaltenen Variablen eine mehr als 40% höhere Wahrscheinlichkeit, in den Augen der Befragten in naher Zukunft einen wachsenden Beratungsbedarf zu entwickeln als Kommunen, die diese Maßnahme entweder bereits teilweise bzw. vollständig

---

28 In diesem Fall ist das desaggregierte, ursprünglich mittels Cluster-Analyse ermittelte Beraternachfrage-Cluster 2 gemeint. Vgl. Abschnitt 4.3.2.

29 Aufgrund des eingangs dargestellten Selbstselektionsbias der OberbürgermeisterInnen in den Teilnehmerstädten sollten hieraus nicht vorschnell übertriebene Schlußfolgerungen gezogen werden.

30 Man beachte, dass aufgrund der binär-logistischen Betrachtung zur Referenzgruppe auch alle diejenigen Kommunen zählen, deren Befragte – wie oben dargestellt – bzgl. Frage 18 Nachfrage-Pessimisten sind.

Tab. 12: Wahrscheinlichkeit der Zugehörigkeit eines Befragten zur Gruppe derjenigen, die für die Jahre 2007 bis 2009 einen *leichten/starken Nachfrageanstieg* prognostizieren in Abhängigkeit von vergangener Nachfrage, Modernisierungsstand, kommunalpolitischen und weiteren Faktoren

	Modell 6	Modell 6a
1997-2006: leichte bis starke Zunahme der Beraternachfrage	0,30***	0,28***
Ratsinformationssystem Mitte 2007 ‚voll eingeführt'	-0,21**	-0,20
Neues Kommunales Rechnungswesen Mitte 2007 ‚teilweise eingeführt'	0,31*	0,33**
Regelmäßiges Berichtswesen für Stadtrat ‚in konkreter Planung'	0,43***	0,44***
Oberbürgermeister befindet sich 2006 in seinem vierten Amtsjahr		0,22
Kommune gehört 2006 Beraternachfragetyp 5 an		-0,16
Personalstrukturplanung Mitte 2007 ‚teilweise eingeführt'		-0,13
Hinsichtlich Kosten-Nutzen-Relation der Beraterbeteiligung ‚eher/sehr unzufrieden'		-0,13
Konstante	0,24***	0,33**
Nagelkerke R2	0,318	0,300
LL	-55,29	-51,64
Df_m	4	8
chi2	29,18	30,12
Prob > chi2	0,00	0,00
N	108	108

Quelle: eigene Studie, eigene Berechnungen; Referenzkategorie der abhängigen Variablen: Kommunalverantwortliche, die für 2007 bis 2009 mit gleichbleibender oder sinkender Beraternachfrage der eigenen Kommune rechnen. Der in den Spalten aufgeführte *discrete change* gibt (außer bei der Konstante) die prozentuale Veränderung an, wenn sich die jeweilige Dummy-Variable bei ansonsten auf Mittelwert gehaltenen anderen Variablen von 0 auf 1 ändert. Signifikanzniveaus: * p<0,10; ** p<0,05; *** p<0,01.

eingeführt haben oder aber in absehbarer Zeit nicht einführen werden. Mit einer immerhin 33%igen Wahrscheinlichkeitserhöhung ähnlich positiv korreliert der Umstand, dass das Neue Kommunale Rechnungswesen bis Mitte 2007 ‚teilweise' eingeführt ist. Demgegenüber scheint ein bis Mitte 2007 ‚bereits vollständig' eingeführtes Ratsinformationssystem für Ratsmitglieder (-20%) eher ein Grund zur Zuversicht zu sein, dass die Beraternachfrage in den nächsten Jahren nicht weiter ansteigen wird.

Die in Modell 6a zusätzlich aufgenommenen Variablen bieten weitere Hinweise darauf, unter welchen Randbedingungen die Befragten – ausgehend vom Jahr 2006/07 – in naher Zukunft eher eine stagnierende bzw. zurückgehende Beraternachfrage erwarten: die Zugehörigkeit der Kommune zum besonders UB-intensiven Beraternachfrage-Cluster 5, zur Gruppe derjenigen, die bis Mitte 2007 das Instrument der Personalstrukturplanung bereits ‚teilweise' eingeführt haben sowie die Zugehörigkeit des Befragten zur Gruppe derjenigen, die im Hinblick auf die Kosten-Nutzen-Relation der Beraterbeteiligung ‚eher unzufrieden' sind. Interessant ist aber zumindest das jeweils deutlich positive Vorzeichen der beiden in obiger Tabelle enthaltenen, bislang aber noch nicht erwähnten Dummy-Variablen ‚1997-2006: leichte bis starke Zunahme der Beraternachfrage' und ‚OB befindet sich in seinem vierten Amtsjahr': Demnach erhöht sich die Wahrscheinlichkeit der Prognose eines Beraternachfragezuwachses in naher Zukunft um – jeweils für sich genommen – 20%, wenn bereits in Frage 1 retrospektiv in den Jahren 1997 bis 2006 eine leicht bis stark zunehmende Beratungsnachfrage der eigenen Kommune festgestellt worden ist oder – und das deckt sich mit einer Aussage des vorherigen Abschnitts – wenn sich der/die amtierende Oberbürgermeister/in im Jahr 2006 in seinem/ihrem vierten Amtsjahr der aktuellen Legislaturperiode befindet.

Zusammenfassend deuten die in den Fragebogendaten gefundenen Korrelationszusammenhänge darauf hin, dass *mit einer in naher Zukunft* gegenüber dem Status quo *eher sinkenden, kommunalen Beraternachfrage zu rechnen* ist, *wenn eine Dezentralisierung der Fach- und Ressourcenverantwortung in Planung* ist und/oder *wenn in einer Kommune bis Mitte 2007 das Ratsinformationssystem bereits vollständig eingeführt* wurde. Dagegen werden Kommunalverwaltungen, die die *Einführung des Ratsinformationssystems oder aber den Umstieg auf das Neue Rechnungswesen noch nicht abgeschlossen* haben, laut den Befragten im Vergleich zum Referenzjahr 2006 eine voraussichtlich *eher noch steigende Beraternachfrage* entwickeln. Besonders interessant ist aber auch hier: Kommunalverwaltungen, deren *OberbürgermeisterInnen* sich im Jahr 2006 in *ihrem vierten Amtsjahr* befinden, neigen unter sonst gemittelten Variablen zu einer *um 20% erhöhten Wahrscheinlichkeit einer gegenüber 2006 steigenden Beraternachfrage*.

4.5   Zusammenfassung und Diskussion

Ausgangspunkt der Überlegungen für die eigene, quantitative Querschnittsstudie war der Befund, dass es in der deutschen Beratungsforschung bislang keine methodisch sauber erhobenen Studien gibt, aus denen man Näheres – und vor allem verlässlich Quantifizierbares – über Art und Umfang der öffentlichen Inanspruchnahme von Behördenberatern erfahren kann. Solange es aber keine verlässlichen Zahlen gibt, bleibt nicht nur jede politisch-investigative Kritik – egal ob liberalistisch oder marxistisch motiviert – auf die Skandalisierung von bundespolitisch relevanten Einzelfällen beschränkt. Auch die wirtschafts-, politik- und sozialwissenschaftliche Beraterliteratur kann weiterhin so tun, als ob Beratung von Behörden ausschließlich vom Typ ‚wissenschaftlich bzw. verbandlich angebotene Politikberatung‘ sei. Wie in 3.2 gezeigt, spricht einiges dafür, dass insbesondere deutsche Kommunalverwaltungen seit Mitte der 1990er Jahre einem wachsenden lokalen Adaptions- bzw. Rationalisierungsdruck ausgesetzt sind und vor diesem Hintergrund auch in zunehmendem Maße auf die Dienstleistungen externer Beratungsanbieter zurückgreifen.

Die eigene Erhebung zeigt nun, dass selbst in einer Teilnehmerstichprobe, in der kleine bis mittelgroße Städte sowie Städte aus dem Bundesland NRW im Vergleich zur Grundgesamtheit aller deutschen Städte über 30.000 Einwohnern überrepräsentiert sind, im Referenzjahr 2006 mehr als die Hälfte aller Stadtverwaltungen in mehr oder weniger hohem Volumen Berateraufträge an externe Anbieter vergeben haben. Nur ein vergleichsweise geringer Anteil der Teilnehmerstädte hat insgesamt noch wenig bis keine Erfahrungen mit externen Beratungsanbietern gesammelt. Die in 4.2 dargestellten Ergebnisse der Cluster-Analysen zeigen allerdings auch, dass sich Teilnehmerstädte z. T. erheblich hinsichtlich ihres Beraternachfrageverhaltens und ihrer (bislang) verfolgten Beratereinsatzstrategie unterscheiden. Neben einer kleinen Spitzengruppe von ‚auch und vor allem‘ kommerziellen Unternehmensberatungen gegenüber in erheblichem Umfang aufgeschlossenen Kommunen gab es in der Teilnehmerstichprobe auch eine breite Masse von Stadtverwaltungen, in denen man – zumindest im Referenzjahr 2006 – in finanziell eher begrenztem Umfang auf die Dienstleistungen ganz bestimmter Beratungsanbieter gesetzt hat. Der Untersuchung nach ‚Gründen‘ für die Inanspruchnahme von externen Beratungsanbietern lag die Idee zugrunde, dass es bei extern vergebenen Beratungsprojekten nicht nur um Lösungen für rein fachliche Probleme und entsprechend ‚manifesten Funktionalitäten‘ – darunter Einkauf von fachlichem Know-how oder von temporär zusätzlichen personellen Kapazitäten – geht, sondern, dass sich die politisch gewählte Verwaltungsführung von bestimmten Beratungsanbietern auch Lösungen für latente Problemlagen erhofft, die man im wissenschaftlichen Kontext als ‚mikropolitisch' bzw. ‚kommunalpolitisch' kategorisieren kann. Die ex post vom Verfasser auf Basis der Umfragedaten gebildete Typologie zur ‚Beratereinsatzstrategie' hat zwar bei den Regressionsanalysen nur einen begrenzten zusätzlichen Beitrag zur Erklärung des Beraternachfrageverhaltens bzw. der -prognose geleistet. Der Verfasser sieht aber in dem Bemühen, derartige latente Konstrukte auf die eine oder andere Art indirekt zu messen, ein bislang in der Beratungsforschung noch wenig ausgeschöpftes Erkenntnispotenzial, das in weiteren Studien auszudifferenzieren wäre.

Bei den anschließenden bi- bzw. multivariaten Analysen wurden zusätzlich zu den Fragebogendaten auch einige wirtschaftliche und kommunalpolitische Strukturdaten mit einbezogen, die in Form der amtlichen Statistik oder per Internetrecherche relativ vollständig und valide ermittelbar waren. Dabei hat sich insbesondere die Möglichkeit, die voraussichtliche Restdauer bis zum Ende der Amtszeit des zum Erhebungszeitpunkt amtierenden Oberbürgermeisters errechnen zu können, bei den explorativen Regressionsanalysen als heuristisch fruchtbar erwiesen. Neben der Organisationsgröße – gemessen als Gesamtbeschäftigtenzahl der Kernverwaltung – und dem zum Zeitpunkt der Erhebung erreichten Implementationsstand bestimmter Maßnahmen der Verwaltungsmodernisierung – hier insbesondere: die Budgetierung und das regelmäßige Berichtswesen für den Stadtrat – hat sich die Zahl der verbleibenden Jahre bis zur nächsten Oberbürgermeisterwahl in mehreren Regressionsanalysen als erklärungskräftiger ‚kommunalpolitischer' Faktor erwiesen. Auch wenn man die Richtigkeit dieser Hypothese nur mit einer Längsschnittstudie erhärten könnte, deutet auf Basis der vorliegenden Querschnittstudie doch einiges darauf hin, dass amtierende Oberbürgermeister ca. 2-3 Jahre vor einer anstehenden Wiederwahl ihre Verwaltungsspitze dazu drängen, hinsichtlich der kommunalen Vergabe von Beraueraufträgen an externe Dienstleister entweder besonders sparsam oder aber besonders ausgabefreudig vorzugehen. Obwohl das auf den ersten Blick widersprüchlich klingt, könnten in Abhängigkeit von der konkreten kommunalpolitischen Situation beide Extremstrategien sinnvoll erscheinen: Wenn absehbar ist, dass eine Beraterbeauftragung zum Ende der aktuellen Legislaturperiode hin voraussichtlich mehr wirtschaftliche Kosten für den Gemeindehaushalt verursacht als sie dem amtierenden Oberbürgeremeister in Form einer Erhöhung der politischen Wiederwahlchancen an Nutzen einbringt, wird der OB eher zu Sparsamkeit raten. Umgekehrt kann sich ein Oberbürgermeister vor dem Hintergrund bestimmter kommunalpolitischer Verhältnisse von einer Beauftragung bestimmter Beratungsanbieter 2-3 Jahre vor der nächsten OB-Wahl aber auch einen letztlich politisch verwertbaren Mehrwert erhoffen und genau deshalb für die Beschleunigung bzw. Effektivitätssteigerung bestimmter Maßnahmen auf eine überdurchschnittlich extensive Vergabepolitik drängen.

Auf Basis der vorliegenden Studie lassen sich weiterhin einige typische Quellen der Unzufriedenheit von Kommunalverantwortlichen mit der Kosten-Nutzen-Relation der Beraterbeteiligung identifizieren. Die Wahrscheinlichkeit, zur Gruppe der mit externen Beratungsanbietern (eher) Unzufriedenen zu gehören, steigt im Falle von Kommunalverantwortlichen insbesondere dann deutlich an, wenn in jüngerer Vergangenheit mehrfach die Erfahrung gemacht wurde, dass Berater trotz eines relativ klaren Ausschreibungstexts bei Konzeptpräsentationen vor Ort unrealistische Vorschläge unterbreitet haben, wenn sich der Eindruck verfestigt hat, dass Berater zu viele der ihnen zur Verfügung gestellten knappen finanziellen Mittel in die Konzeptentwicklung und zu wenig in die Umsetzungsunterstützung investierten und/oder, wenn in jüngerer Vergangenheit in der Zusammenarbeit mit Beratern relativ häufig Unstimmigkeiten beim Projektabschluss aufgetreten sind. Das sind zwar keine völlig überraschenden Ergebnisse. Sie können nun aber zumindest auf kommunaler Ebene als statistisch (hoch) signifikant mit der subjektiven Unzufriedenheit hinsichtlich Kosten-Nutzen-Relation der Beraterbeteiligung korrelierend nachgewiesen werden.

Als interessante Katalysatoren für ein zwischen 2007 und 2009 von Kommunalverantwortlichenseite erwartetes Beraternachfragewachstum konnten in der eigenen Studie ceteris paribus folgende Determinanten identifiziert werden: die Mitte 2007 ‚geplante‘ Einführung eines regelmäßigen Berichtswesens für den Stadtrat, die bis Mitte 2007 erst ‚teilweise‘ erfolgte Einführung des Neuen Kommunalen Rechnungswesens, eine seit 1997 auf Seiten des Kommunalverantwortlichen als sukzessiv zunehmend erlebte Beraternachfrage der eigenen Kommune sowie – allerdings in der Stichprobe nicht mehr signifikant – der Umstand, dass sich der amtierende Oberbürgermeister im Jahr 2006 in seinem vierten Amtsjahr der aktuellen Legislaturperiode befunden hat. Auch hier zeigt sich das oben bereits erwähnte Muster, dass es neben dem Einkauf von spezialisiertem Fachwissen zur Implementation größerer Verwaltungsstrukturreformen auch längerfristig gewachsene (temporäre Personalknappheit bei größeren Projekten) bzw. zyklisch wiederkehrende (Maßnahmen zur Erhöhung der Wiederwahlchancen des OBs) Funktionalitäten sein könnten, die aus Sicht der Kommunalverantwortlichen für eine stetig bzw. zyklisch ansteigende Beraternachfrage sorgen.

5 Schlussbetrachtung und Ausblick

Die vorliegende Arbeit hat (gesellschafts-) theoretisch, historisch und quantitativ-empirisch nach Erklärungen für die veränderte öffentliche Nachfrage nach Behördenberatung gesucht. Die Vorgehensweise war dabei vorwiegend retrospektiv-rekonstruierend. Im Schlussteil folgen einige Überlegungen prospektiver bzw. normativer Art, die die Relevanz der Untersuchung für Behörden(beratungs-)praktiker und politisch interessierte Leser verdeutlichen sollen.

Die folgenden Überlegungen gehen davon aus, dass auch die Weltgesellschaft des 21. Jahrhunderts auf internationale (Finanz-) Märkte und formale Organisationen als unter Normalbedingungen effektive und effiziente Allokations- und Motivationsformen nicht verzichten wird. Weiterhin dürften die Weltbürger mit einer Reihe von neuen Globalrisiken und Nebenfolgen ihrer Modernisierungsdynamik konfrontiert werden, die (welt-) regional neben alten auch neuartige Ungleichheiten produzieren und intertemporal stabilisieren könnten (Beck 2008). Unter der Bedingung ökonomischer Globalisierung und einer tendenziell höheren Steuersubjekt-Standortmobilität wird es für territorial begrenzte und immobile Gebietskörperschaften kommunikativ-fiskalische und strategisch-organisationelle Grenzen der effektiven, effizienten und gerechten Implementierbarkeit einer Eingriffs- und Leistungsverwaltung (Forsthoff) geben. Zudem ist absehbar, dass der spätmoderne Wohlfahrtsstaat vor dem Hintergrund stark überschuldeter öffentlicher Haushalte nur noch in eingeschränktem Umfang steuerfinanzierte Ungleichheitsreduktions- und Wohlstandsumverteilungsleistungen erbringen können wird. Vor dem Hintergrund neuartiger Prekaritäten stellt sich daher auch in alten Wohlfahrtsstaaten erneut die ‚soziale Frage' (Castel/Dörre 2008). Schließlich deuten einige Großereignisse der letzten Dekade mit Potential zu weltweiter, ‚pandemischer Durchschlagskraft' bereits heute darauf hin, dass Staatlichkeit im 21. Jahrhundert auf allen Ebenen mit bislang nicht bekannten, netzwerkartigen Herausforderungen konfrontiert werden könnte (Perrow 2007). So könnten etwa auf der Ebene von Städten potentiell ‚kreis- und staatsgrenzenübergreifende, regionale Verletzlichkeiten' dazu beitragen, dass interkommunale Zusammenarbeit in naher Zukunft weiter an Bedeutung gewinnen wird. Explizit genannt werden können hier:

- eine sich in bestimmten Regionen u. U. besonders signifikant bzw. abrupt manifestierende, demographie- oder bildungsbedingt ungünstige Veränderung in der Alters- und Sozialstruktur der Bevölkerung – einerseits im Bestand an Personen im erwerbsfähigen Alter und mit ausreichendem Bildungsniveau, andererseits aber auch im Bestand an besonders erziehungs- bzw. pflegebedürftigen Personen (,Demographischer Wandel', ,bildungsbedingte, intergenerationelle Vererbung von sozialer Ungleichheit'),
- eine von Region zu Region womöglich unterschiedlich hohe Neigung zu regelmäßigen Standortverlagerungen bei (Gewerbesteuer zahlenden) Unternehmen und (Einkommensteuer zahlenden) Hochqualifizierten (,Standortwettbewerb', ,Brain Drain'),
- eine transportkostenbedingt, regional unterschiedlich volatile Entwicklung der Beschaffungspreise für Ressourcen, die für die lokale Daseinsvorsorge benötigt werden (,privatisierte Gebiets(teil)monopole'),
- ein regional unterschiedlich hohes Risiko der natur- bzw. umweltkatastrophenbedingten Zerstörung von öffentlich finanzierter bzw. bereitgestellter Infrastruktur (,Klimafolgen', ,Hochwasser-/Unwetterschäden'),
- ein regional unterschiedlich hohes Risiko, aufgrund einer hohen Zahl von täglich (international) An- und Abreisenden ein zeitlich sehr früh betroffener weltregionaler Infektionsherd für der Ausbreitung von Virenerkrankungen zu werden (,Pandemie'),
- ein regional unterschiedlich hohes Risiko des Auftretens von politisch, ethnisch oder religiös motivierten Konflikten und Kampfhandlungen (,Parallelgesellschaften', ,Terrorismus', ,Asymmetrische Kriegsführung')

In politischer Hinsicht kann im Prinzip jedes Entscheidungsverhalten eines Behördenmitarbeiters den vorgesetzten politischen Wahlbeamten zu einem vorzeitigen Rücktritt zwingen, wenn es der Opposition – berechtigt oder nicht – gelingt, die betreffende Behörde in der Medienöffentlichkeit politisch zu diskreditieren.

Wenn man diese Überlegungen ernst nimmt, dann ist auch spätmoderne Behördenleitung ,Management von Unerwartetem' (Weick/Sutcliffe 2007). Behördenverantwortliche stehen vor der strategisch-organisationell kontingent – und damit auch politisch riskant – zu beantwortenden Frage, wie sie die knappen öffentlichen Finanzmittel ökonomisch und politisch möglichst sinnvoll investieren. In Abhängigkeit von Auslastungsgrad, fachlicher Qualifizierung und erworbener ,Betriebsblindheit' des eigenen Mitarbeiterstamms kann es daher durchaus Chancen mit sich bringen, wenn man hin und wieder methodisch bzw. fachlich geeignet(er)e, einschlägiger projekterfahrene externe Beratungsdienstleister mit der Problemanalyse, mit der Ausarbeitung fachlich sinnvoller

Lösungskonzepte und/oder bei Großprojekten mit der etwaigen Implementati-on(sunterstützung) beauftragt. Gerade bei Verwaltungstransformationsprozessen stellt sich die Frage, wie kognitive Zuschreibungs-, Wahrnehmungs- und Sinn-gebungsprozesse (re-)organisiert werden können (vgl. Hiller 2005).

Als öffentlicher Auftraggeber sollte man bei der externe Vergabe von Bera-tungsprojekten allerdings immer mit im Blick halten, dass sich Opposition und Wähleröffentlichkeit womöglich nicht nur für technische und ökonomische Ef-fizienzsteigerungspotentiale, sondern auch für skandalisierungsfähige Fragen der Rechtskonformität und der gesellschaftspolitischen Konsequenzen bestimm-ter Verwaltungsmodernisierungsmaßnahmen interessieren könnten. In großen Behörden mit einer erhöhten Anzahl von dezentral vergebenen Beratungsauftr-gen könnte daher die Implementation geeigneter Maßnahmen der ‚Klientenpro-fessionalisierung' (vgl. Mohe 2003; Huchler 2007b) sinnvoll sein. Ein politisch noch heikleres Thema ist die in vielen Behörden – darunter auch in einer Reihe von Teilnehmerstädten – offenbar gängige Praxis, externe Beratungsanbieter selbständig mit der Erstellung von Sitzungsvorlagen oder gar der Ausformulie-rung von parlamentarischen Gesetzesvorlagen zu betrauen. Aus Wählersicht ist es eine erste Zumutung, wenn sie von Sozialwissenschaftlern darüber aufgeklärt werden, dass die Feinheiten von Gesetzen häufig nicht in Parlamenten, sondern im lobby-bedrängten Umfeld der jeweils zuständigen Ministerialbürokratie aus-gearbeitet werden. Es wäre mit Sicherheit eine noch weitreichendere Zumutung, wenn sich empirisch der Verdacht erhärten ließe, dass die rechtlich, professi-onsethisch und organisationell restringierteren Regierungsbeamten die Ausar-beitung und organisationsinterne Implementation von gesellschaftlich unter Umständen folgenreichen Gesetzes(implementations)details regelmäßig unkon-trolliert an durchaus auch eigeninteressierte, kommerzielle Behördenberatungs-anbieter auslagern. Von Fall zu Fall könnte die ‚Outputlegitimation' (Scharpf) des beratergestützten Regierungshandelns in Frage gestellt sein. Ist man sich je-doch derartiger Restrisiken einer zu naiven Beraterbeauftragung bewusst, dann gilt womöglich für beratungsbedürftige Behörden wie für Patienten: Aus der Tatsache, dass bestimmte Diagnostika und Therapeutika in seltenen Ausnahme-fällen auch unerwünschte Nebenwirkungen haben können, lässt sich nicht automatisch ableiten, dass man auf ihren Einsatz generell verzichtet. Die Gesell-schaft wird für eine nichtchaotische Eigenevolution auch im 21. Jahrhundert auf hochselektive, dann aber effektive Interventionen einer nachhaltig finanzierba-ren Staatlichkeit angewiesen bleiben.

Anhang

Literaturverzeichnis

ACMF (2008): Homepage der ,Association of Management Consulting Firms'. Online (23. 8 2008): http://www.amcf.org/index.asp

Aglietta, M. (1979): A theory of capitalist regulation. London: NLB.

Alemann, H. von/Vogel, A. (Hg.) (1996): Soziologische Beratung: Praxisfelder und Perspektiven. Opladen: Leske+Budrich.

Allmendinger, J./Hinz, T. (2002): Perspektiven der Organisationssoziologie. In: dies. (Hg.): Organisationssoziologie. Sonderheft 42 der KZfSS. Wiesbaden: Westdeutscher Verlag. S. 9-28.

Althaus, M. (2005): Public Affairs und Public Relations – ungleiche Schwestern. DIPApers 03. Deutsche Institut für Public Affairs Potsdam und Berlin. Online (28. 8. 2007): http://www.dipa-berlin.org/w/files/dipapers/03_dipa_paper_althaus_pr_pa.pdf

Andersen Consulting/Arthur D. Little/Schitag Ernst & Young/Young & Rubicam (1998): Modell Deutschland 21. Wege in das nächste Jahrhundert. Reinbek: Rowohlt.

Armbrüster, T. (2006): Why do consulting firms exist and grow? The economics and sociology of knowledge. In: ders. (Hg.): The economics and sociology of management consulting. Cambridge: Cambridge University Press. S. 41-67.

Aucoin, P. (1990): Administrative reform in public management: paradigms, principles, paradoxes and pendulums. In: Governance: An International Journal of Policy and Administration 3/2. S. 115-137.

Bacher, J. (1996): Clusteranalyse. Anwendungsorientierte Einführung. München: Oldenbourg.

Backhaus, K./Erichson, B./Plinke, W./Weiber, R. (2006): Multivariate Analysemethoden. Eine anwendungsorientierte Einführung. Berlin/Heidelberg: Springer.

Baecker, D. (2006): Die Beratung der Gesellschaft. Print-Version einer Keynote. Online (26. 5. 2008): http://www.gesellschaftsberatung.info/pdf/baecker_keynote.pdf

Bakvis, H. (1997): Advising the executive: think tanks, consultants, political staff and kitchen cabinets. In: Weller, P./Bakvis, H./Rhodes, R. A. W. (Hg.): The hollow crown. Countervailing trends in core executives. London: MacMillan Press. S. 84-125.

Balzer, A./Student, D. (2002): McKinsey: Operation Big Mac. In: manager magazin 11/2002. Online (13. 11. 2007): http://www.manager-magazin.de/magazin/artikel/0,2828,219412,00.html

Banner, G. (1972): Politische Willensbildung und Führung in Großstädten mit Oberstadtdirektor-Verfassung. In: Grauhan, R.-R. (Hg.): Großstadt-Politik. Texte zur Analyse und Kritik lokaler Demokratie. Gütersloh: Bertelsmann. S. 162-180.

Bartling, U. (1985): *Die Unternehmensberatung als externe Stabsstelle des Managements.* Europäische Hochschulschriften Reihe 5, Band 616. Frankfurt et al.: Lang.

Barton, A. H./Lazarsfeld, P. F. (1993): Einige Funktionen von qualitativer Analyse in der Sozialforschung. In: Hopf, C./Weingarten, E. (Hg.): *Qualitative Sozialforschung.* 1. Aufl. 1979, englisches Original 1959. Stuttgart: Klett-Cotta. S. 42-89.

BDU_FöA (2008): *Fachverband 'Öffentliche Auftraggeber' des BDU e. V.* Online (23. 6. 2008): http://www.bdu.de/FV_OeA.html

Beck, U. (2008): Weltrisikogesellschaft. Auf der Suche nach der verlorenen Sicherheit. Frankfurt: Suhrkamp.

Becker, B. (1988): Hypothesen zur Entwicklung der öffentlichen Verwaltung in Deutschland. In: *Jahrbuch zur Staats- und Verwaltungswissenschaft.* Baden-Baden: Nomos. S. 13-68.

Becker, B. (1997): Entscheidungen in der öffentlichen Verwaltung. In: König, K./Siedentopf, H. (Hg.): *Öffentliche Verwaltung in Deutschland.* 2. Aufl. Baden-Baden: Nomos. S. 435-457.

Becker, H. (2002): *Die Kategorie öffentlicher Güter als Grundlage von Staatstheorie und Staatswissenschaft.* Berlin: Duncker & Humblot.

Bell, D. (1976): *The cultural contradictions of capitalism.* London: Heinemann.

Bergesen, A. (1993): The rise of semiotic Marxism. In: *Sociological Perspectives* 36/1. S. 1-22.

Bergmann, J. R./Goll, M./Wiltschek, S. (1998): Sinnorientierung durch Beratung? Funktionen von Beratungseinrichtungen in der pluralistischen Gesellschaft. In: Luckmann, T. (Hg.): *Moral im Alltag. Sinnvermittlung und moralische Kommunikation in intermediären Einrichtungen.* Gütersloh: Bertelsmann Stiftung. S. 143-218.

Berry, W. D. (1993): *Understanding regression assumptions.* Sage University Paper No. 92. Newbury Park: Sage

Bill, H./Falk, S. (2006): Unternehmensberatungen in der Politikberatung. In: Falk, S./Römmele, A./ Rehfeld, D./Thunert, M. (Hg.): *Handbuch Politikberatung.* Wiesbaden: VS Verlag. S. 290-299.

Bischoff, J./Herkommer, S./Hüning, H. (2002): *Unsere Klassengesellschaft. Verdeckte und offene Strukturen sozialer Ungleichheit.* Hamburg: VSA-Verlag.

BIT (2008): *Bundesstelle für Informationstechnik.* Online (23. 6. 2008): http://www.bit.bund.de/cln_047/nn_387208/BIT/DE/Meldungen/VBPO/2008/Vorinfo__Vergabe__Beratungsleistungen__062008.html?__nnn=true

Blättel-Mink, B./Katz, I. (Hg.) (2004): *Soziologie als Beruf? Soziologische Beratung zwischen Wissenschaft und Praxis.* Wiesbaden: VS Verlag.

Böhm, S. (2002): The consulting arcade: Walking through fetish-land. In: *Tamara: Journal of Critical Postmodern Organization Science* 2/2. S. 20-35.

Böhm, S. (2006): *Repositioning organization theory. Impossibilities and strategies.* New York: Palgrave Macmillan.

Böhret, C. (1997): Reformen im Staat mittels Politikberatung? In: Blöcker, A./Lompe, K. (Hg.): *Die Reformfähigkeit von Staat und Gesellschaft.* Frankfurt: Lang. S. 81-96.

Böhret, C. (2003): Stichwort 'Politikberatung'. In: Eichhorn, P./Friedrich, P./Jann, W. (Hg.): *Verwaltungslexikon.* 1. Aufl. 1985. Baden-Baden: Nomos. S. 816-819.

Bogumil, J. (2002a): Die Umgestaltung des Verhältnisses zwischen Rat und Verwaltung – das Grundproblem der Verwaltungsmodernisierung. In: *Verwaltungsarchiv* 1. S. 129-148.

Bogumil, J. (2002b): Kommunale Entscheidungsprozesse im Wandel – Stationen der politik- und kommunalwissenschaftlichen Debatte. In: ders. (Hg.): *Kommunale Entscheidungsprozesse im Wandel. Theoretische und empirische Analysen.* Opladen: Leske+Budrich. S. 7-51.

Bogumil, J./Kißler, L. (1998): Verwaltungsmodernisierung als Machtspiel. Zu den heimlichen Logiken kommunaler Modernisierungsprozesse. In: Budäus, D./Conrad, P./Schreyögg, G. (Hg.): *New Public Management.* Managementforschung 8. Berlin/New York: de Gruyter. S. 123-149.

Bogumil, J./Grohs, S./Kuhlmann, S./Ohm, A. K. (2007): *10 Jahre Neues Steuerungsmodell – eine Bilanz kommunaler Verwaltungsmodernisierung.* Berlin: edition sigma.

Bohler, K. F./Kellner, H. (2004): *Auf der Suche nach Effizienz. Die Arbeitsweisen von Beratern in der modernen Wirtschaft.* Frankfurt: Campus.

BoozAllen (2008): *History of Booz Allen 1990s.* Online (23. 6. 2008): http://www.boozallen.Com/ about/history/history_9

Boston, J. (1991): The theoretical underpinnings of public sector restructuring in New Zealand. In: Boston, J./Martin, J./Pallog, J./Walsh, P. (Hg.): *Reshaping the state. New Zealand's bureaucratic revolution.* Oxford: Oxford University Press. S. 1.26.

Bourdieu, P. (1983): Ökonomisches Kapital, kulturelles Kapital, soziales Kapital. In: Kreckel, R. (Hg.): *Soziale Ungleichheiten.* Soziale Welt, Sonderband 2. S. 183-198.

Bourdieu, P. (1991a): Das Feld der Macht und die technokratische Herrschaft. In: Dölling, I. (Hg.): *Die Intellektuellen und die Macht.* Hamburg: VSA-Verlag. S. 67-100.

Bourdieu, P. (1991b): Der Korporatismus des Universellen. Die Rolle des Intellektuellen in der modernen Welt. In: Dölling, I. (Hg.): *Die Intellektuellen und die Macht.* Hamburg: VSA-Verlag. S. 41-65.

Bourdieu, P. (1992): Sozialer Raum und symbolische Macht. In: ders. (Hg.): *Rede und Antwort.* Französischsprachiges Original 1987. Frankfurt: Suhrkamp. S. 135-154.

Bourdieu, P. (1998): Das ökonomische Feld. In: Steinrücke, M. (Hg.): *Der Einzige und sein Eigenheim.* Schriften zu Politik & Kultur 3. Hamburg: VSA-Verlag. S. 162-204.

Bourdieu, P. (2001a): Das politische Feld. In: ders. (Hg.): *Das politische Feld. Zur Kritik der politischen Vernunft.* Konstanz: UVK. S. 41-66.

Bourdieu, P. (2001b): Die politische Repräsentation. In: ders. (Hg.): *Das politische Feld. Zur Kritik der politischen Vernunft.* Konstanz: UVK. S. 67-114.

Bourdieu, P. (2001c): Die unsichtbare Hand der Mächtigen. In: ders. (Hg.): *Gegenfeuer 2.* Konstanz: UVK. S. 50-61.

Bourdieu, P. (2001d): Gegen die Politik der Entpolitisierung: Die Ziele der europäischen Sozialbewegung. In: ders. (Hg.): *Gegenfeuer 2.* Konstanz: UVK. S. 62-74.

Bourdieu, P. (2004): *Der Staatsadel.* Französischsprachiges Original 1989. Konstanz: UVK.

Bourdieu, P./Wacquant, L. J. D./Farage, S. (1994): Rethinking the state: Genesis and structure of the bureaucratic field. In: *Sociological theory* 12/1. S. 1-18.

Brachewitz, C./Armbrüster, T. (2004): *Unternehmensberatung. Marktmechanismen, Marketing, Auftragsakquisition.* Wiesbaden: Gabler Edition Wissenschaft.

Bräunig, D. (1994): *Pretiale Steuerung von Kommunalverwaltungen. Neues Management für Städte.* Schriften zur öffentlichen Verwaltung und öffentlichen Wirtschaft, Bd. 147. Baden-Baden: Nomos.

Brandt, G. (1990): *Arbeit, Technik und gesellschaftliche Entwicklung. Gesammelte Schriften.* Frankfurt: Suhrkamp.

Brüderl, J. (2004): Die Überprüfung von Rational-Choice-Modellen mit Umfragedaten. In: Diekmann, A./Voss, T. (Hg.): *Rational-Choice-Theorie in den Sozialwissenschaften: Anwendungen und Probleme.* München: Oldenbourg. S. 163-180.

Brüggemeier, M./Dovifat, A./Kubisch, D./Lenk, K./Reichard, C./Siegfried, T. (2006): *Organisatorische Gestaltungspotentiale durch Electronic Government. Auf dem Weg zur vernetzten Verwaltung.* Berlin: edition sigma.

Brüggemeier, M. (2004): Berater am Spieß – Anmerkungen zu einer gespenstischen Diskussion. Gastbeitrag in: *KGSt-Info* 49/5. S.3-4. Im Wortlaut übernommen in: *„eDepesche", Newsletter des Bundesverbandes deutscher Unternehmensberater BDU e.V.* 4. S. 9-10.

Brüggemeier, M. (2005): Externe Beratung öffentlicher Verwaltungen im Modernisierungsprozess – Empirische Befunde. In: *Verwaltung & Management* 2. S.86-91.

Budäus, D./Jann, W./Mezger, E./Naschold, F./Oppen, M./Picot, A./Reichhard, C./Schnauze, E./Simon, N. (1996): *Leistungstiefe im öffentlichen Sektor. Modernisierung des öffentlichen Sektors.* Sonderband 4. Berlin: edition sigma.

Busse, B. (2002): *Immaterielle und materielle Leistungsanreize. Leistungsanreize in der öffentlichen Verwaltung am Beispiel von Kommunalverwaltungen.* Frankfurt et al.: Lang.

Calhoun, C. (1992): The infrastructure of modernity. Indirect social relationships, information technology, and social integration. In: Haferkamp, H./Smelser, N. J. (Hg.): *Social change and modernity.* Berkeley: University of California Press. S. 205-236.

Camp, R. (1989): *Benchmarking: The search for industry best practices that lead to superior performance.* Milwaukee: Quality Resources.

Castel, R./Dörre, K. (2008): *Prekariat – Abstieg – Ausgrenzung: Die soziale Frage am Beginn des 21. Jahrhunderts.* Frankfurt: Campus.

Caulfield, J. (2002): Local government finance in OECD countries. In: Caulfield, J./Larsen, H. (Hg.): *Local government at the millennium.* Opladen: Leske + Budrich. S. 153-167.

Colomy, P. (1990): Divisions and progress in differentiation theory. In: Alexander, J. C./Colomy, P. (Hg.): *Differentiation theory and social change. Comparative and historical perspectives.* New York: Columbia University Press. S. 465-495.

Cook, T. D./Campbell, D. T. (1976): The design and conduct of quasi-experiments and true experiments in field settings. In: Dunnette, M. D. (Hg.): *Handbook of industrial and organizational psychology.* Chicago: Rand McNally College Publishing. S. 223-326.

Crozier, M./Friedberg, E. (1993): *Die Zwänge kollektiven Handelns. Über Macht und Organisation.* Frankfurt: Hain.

Czarniawska, B. (1998): Changing organizations in a changing institutional order: The administrative reform of the city of Warsaw. In: *Studies of Cultures, Organizations, Societies* 4/2. S. 1-27.

Czarniawska-Joerges, B. (1990): Merchants of meaning: management consulting in the Swedish public sector. In: Turner, B. A. (Hg.): *Organizational symbolism*. Berlin: de Gruyter. S. 139-150.

Czarniawska, B./Mazza, C. (2003): Consulting as a liminal space. In: *Human Relations* 56/3. S. 267-290.

Dahl, E. (1966): *Die Unternehmensberatung. Eine Untersuchung ausgewählter Aspekte beratender Tätigkeiten in der Bundesrepublik Deutschland*. Kölner Beiträge zur Sozialforschung und angewandten Soziologie,. 4. Jahrgang. Köln: Dissertation.

Dederichs, A. M./Florian, M. (2004): Felder, Organisationen und Akteure – eine organisationssoziologische Skizze. In: Ebrecht, J./Hillebrandt, F. (Hg.): *Bourdieus Theorie der Praxis. Erklärungskraft – Anwendung – Perspektiven*. 1. Aufl. 2002. Wiesbaden: VS Verlag. S. 69-96.

Deelmann, T./Huchler, A./Jansen, S. A./Petmecky. A. (2007): Interne Unternehmensberatung – Ergebnisse einer aktuellen Studie und Thesen zur weiteren Forschung. In: *Zeitschrift für Management* 2/3. S. 228-266.

Derlien, H.-U. (1996): Verwaltungsmodernisierung – modern, modernistisch oder postmodern? In: Färber, G. (Hg.): *Schlanker Staat. Zwischen Paradigmen und Pragmatismus*. GfP-Werkstattbericht 18. S. 103-121.

Derlien, H.-U. (2000): Standort der empirischen Verwaltungsforschung. In: König, K. (Hg.): *Verwaltung und Verwaltungsforschung – Deutsche Verwaltung an der Wende zum 21. Jahrhundert*. Speyer: Forschungsinstitut für öffentliche Verwaltung. S. 15-44.

Deutschmann, C. (1993): Unternehmensberater – eine neue ‚Reflexionselite'? In: Müller-Jentsch, W. (Hg.): *Profitable Ethik – effiziente Kultur: neue Sinnstiftungen durch das Management?* München/Mering: Hampp. S. 57-82.

Deutschmann, C. (1996): Rationalisierung als Sisyphosarbeit. In: Hoß, D./Schrick, G. (Hg.): *Wie rational ist Rationalisierung heute? Ein öffentlicher Diskurs*. Stuttgart: Dr. Josef Raabe Verlag. S. 155-164.

Diedrich, D. et al. (2003): *PuMa-Consulting – Eine Studie zur externen Beratung im Kontext der Modernisierung des öffentlichen Sektors*. Studentsicher Projektabschlussbericht. Erstellt unter der Leitung von Prof. Martin Brüggemeier. Online (1. 11. 2007): http://puma.fhtw-berlin.de/1999/projekt/Projektbericht.pdf

Dillman, D. A. (2007): *Mail and internet surveys: the tailored design method*. 2. Aufl. Hoboken: N. J.: Wiley.

DiMaggio, P. J./Powell. W. W. (1991): The iron cage revisited: institutional isomorphism and collective rationality. In: Powell, W. W./DiMaggio/P. J. (Hg.): *The new institutionalism in organizational analysis*. Chicage/London: The University of Chicago Press. S. 63-82.

DIFU (2005): *Verwaltungsmodernisierung in deutschen Kommunalverwaltungen – Eine Bestandsaufnahme. Ergebnisse einer Umfrage des Deutschen Instituts für Urbanistik*. Berlin: Deutsches Institut für Urbanistik.

Dörre, K./Röttger, B. (2003): Das neue Marktregime – Zwischenbilanz einer Debatte. In: dies. (Hg.): *Das neue Marktregime. Konturen eines nachfordistischen Produktionsmodells*. Hamburg: VSA-Verlag. S. 312-323.

Dombrowski, G. (1976): *Sozialwissenschaft und Gesellschaft bei Durkheim und Radcliffe-Brown.* Berlin: Duncker & Humblot.

Downs, A. (1997): *An economic theory of democracy.* 1. Aufl. 1957. Boston: Addison-Wesley.

Durkheim, E. (1994): *Die elementaren Formen des religiösen Lebens.* Frankfurt: Suhrkamp.

Edeling, T./Reichard, C. (2003): *Kommunale Betriebe in Deutschland. Ergebnisse einer empirischen Analyse der Beteiligung deutscher Städte der GK 1-4 (Auswertungsbericht).* Potsdam: Universität Potsdam.

Egner, B./Heinelt, H. (2005): Sozialprofil und Handlungsorientierung von Bürgermeistern in Deutschland. In: Bogumil, J./Heinelt, H. (Hg.): *Bürgermeister in Deutschland. Politikwissenschaftliche Studien zu direkt gewählten Bürgermeistern.* Wiesbaden: VS Verlag. S. 143-200.

Eichhorn, P. (1985): Ansätze zur wirtschaftlicheren Bewältigung öffentlicher Aufgaben. In: Eichhorn, P./Sieben, G. (Hg.): *Rationalisierungsreserven in öffentlichen Verwaltungen und öffentlichen Unternehmen.* Köln: GEBERA-Schriften Band 15. S. 21-34.

Engelhardt, G. (1996): Großstadtregionen und ihre Verwaltung: Problemkonzentration und Katalysatoren öffentlichen Aufgabenwandels. In: Budäus, D./Engelhardt, G. (Hg.): *Großstädtische Aufgabenerfüllung im Wandel.* Baden-Baden: Nomos. S. 34-107

Elfgen, R./Klaile, B. (1987): *Unternehmensberatung. Angebot, Nachfrage, Zusammenarbeit.* Stuttgart: Poeschel.

Ellwein, T. (1994): *Das Dilemma der Verwaltung. Verwaltungsstruktur und Verwaltungsreformen in Deutschland.* Meyers Forum 22. Mannheim et al.: B. I. Taschenbuch-Verlag.

Enteman, W. F. (1993): *Managerialism: the emergence of a new ideology.* Wisconsin: Wisconsin University Press.

Ernst, B./Kieser, A. (2002): In search of explanations for the consulting explosion. In: Andersson, K./Engwall, L. (Hg.): *The expansion of management knowledge. Carriers, flows, and sources.* Stanford: Stanford University Press. S. 47-73.

Eschbach, T. H. (1984): *Der Ausgleich funktionaler Defizite des wirtschaftlichen Systems durch die Unternehmensberatung.* Frankfurt et al.: Lang.

Europäischer Rat (2000): *Schlussfolgerungen des Vorsitzes zur Lissabon-Strategie.* Online (23. 6. 2008): http://www.europarl.europa.eu/summits/lis1_de.htm

Fach, W. (2000): Staatskörperkultur. Ein Traktat über den ,schlanken Staat'. In: Bröckling, U./Krasmann, S./Lemke, T. (Hg.): *Gouvernementalität der Gegenwart.* Frankfurt: Suhrkamp. S. 110-130.

Faust, M. (1999): The increasing contribution of management consultancies to management knowledge: The relevance of arenas for the communicative validation of knowledge. Paper for Subtheme 4: „Knowledge of Management: Production, Training and Diffusion". *15th EGOS (European Group for Organization Studies) Colloquium at Warwick University, 4-6 July 1999.* Online (20. 11. 2007): http://www.sofi-goettingen.de/fileadmin/Michael_Faust/ Material/ egosfaust.pdf

Faust, M. (2000): Warum boomt die Managementberatung? Und warum nicht zu allen Zeiten und überall? In: *SOFI-Mitteilungen* 28/Juli. S. 59-85.

Ferguson, C. K. (1970): Concerning the nature of human systems and the consultant's role. In: Bennis, W. G./Benne, K. D./Chin, R. (Hg.): *The planning of change.* 2. Aufl. London: Holt, Rinehart & Winston. (zuerst 1968 in: *The Journal of Applied Behavioral Science* 4/2. S. 179-193.)

Fincham, R./Clark, T. (2002): The emergence of critical perspectives on consulting. In: dies. (Hg.): *Critical consulting. New perspectives on the management advice industry*. Malden, Mass.: Blackwell Publishers. S. 1-18.

Fisch, R. (2000): Widerstände gegen Veränderungen in Behörden – sozialpsychologische Perspektiven. In: König, K. (Hg.): *Verwaltung und Verwaltungsforschung: Deutsche Verwaltung an der Wende zum 21. Jahrhundert*. Speyerer Forschungsberichte Nr. 211. Speyer: Forschungsinstitut für öffentliche Verwaltung. S. 117-120.

Foucault, M. (2000): Die Gouvernementalität. In: Bröckling, U./Krasmann, S./Lemke, T. (Hg.): *Gouvernementalität der Gegenwart*. Frankfurt: Suhrkamp. S. 41-67.

Fox, J. (1991): *Regression diagnostics*. Sage University Paper No. 79. Newbury Park: Sage.

Franz, A. (2004): *Der Kommunikationsprozess zwischen Verwaltung und Bürgern. Typisierungen, Charakteristika, Auswirkungen auf die Modellierung von Kommunikationsangeboten*. FÖV Discussion Paper 14. Speyer: FÖV.

Frenzen, H./Krafft, M. (2008): Logistische Regression und Diskrimanzanalyse. In: Herrmann, A./Homburg, C./Klarmann, M. (Hg.): *Handbuch Marktforschung. Methoden – Anwendungen Praxisbeispiele*. 3. Aufl. Wiesbaden: Gabler. S. 607-649.

Frey, B. S./Kirchgässner, G. (2002): *Demokratische Wirtschaftspolitik. Theorie und Anwendung*. 3. Aufl. München: Vahlen.

Frumkin, P./Galaskiewicz, J. (2004): Institutional isomorphism and public sector organizations. In: *Journal of Public Administration Research and Theory* 14. S.283-307.

Galaskiewicz, J./Wasserman, S. (1989): Mimetic processes within an interorganizational field: an empirical test. In: *Administrative Science Quarterly* 34/3. S. 454-479.

Giesen, B. (2006): Performing the sacred: a Durkheimian perspective on the performative turn in the social sciences. In: Alexander, J. C./Giesen, B./Mast, J. L. (Hg.): *Social performance: symbolic action, cultural pragmatics, and ritual*. Cambridge: Cambridge University Press. S. 325-364.

Gluckman, M. (1968): *Politics, law and ritual in tribal society*. 1. Aufl. 1965. Chicago: Aldine Publishing.

Glückler, J. (2003): *Reputationsnetze: zur Internationalisierung von Unternehmensberatern*. Bielefeld: Transcript.

Goffman, E. (1982): *Interaction ritual. Essays in face-to-face behaviour*. 1. Aufl. 1969. New York: Pantheon Books.

Goffman, E. (2001): Die Interaktionsordnung. In: Knoblauch, H. (Hg.): *Erving Goffman: Interaktion und Geschlecht*. 2. Aufl. Frankfurt/New York: Campus. S. 50-104.

Gouldner, A. W. (1979): *The future of the intellectuals and the rise of the new class*. New York: Seabury.

Grabher, G./Ibert, O. (2006): Bad company? The ambiguity of personal knowledge networks. In: *Journal of Economic Geography* 6. S. 251-271.

Granovetter, M. (1995): *Getting a job: A study of contacts and careers*. 1. Aufl. 1974. Chicago: University of Chicago Press.

Greif, A./Laitin, D. D. (2004): A theory of endogeneous institutional change. In: *American Political Science Review* 4. S. 633-652.

Groves, R. M./Fowler, F. J./Couper, M. P./Lepkowski, J. M./Singer, E./Tourangeau, R. (2004): *Survey Methodology*. Hoboken, N. J.: John Wiley & Sons.

Gruber, J. E. (1987): *Controlling bureaucracies: dilemmas in bureaucratic governance*. Berkeley: University of California Press.

Guttman, D./Willner, B. (1976): *The Shadow Government: The government's multi-billion-dollars giveaway of its decision-making powers to private management consultants, ‚experts‘, and think tanks*. New York: Pantheon Books.

Haake, K. (2007): *Branchenbefragung zur Professionalität der Vergabe von Beratungsverträgen durch die öffentliche Hand*. Online (10. 6. 2008): http://www.bdu.de/Vergabebefragung.html

Haas, P. (1992): Epistemic communities and international policy coordination. In: *International Organization* 46/1. S. 1-36.

Haase, A. (2002): *Make-or-Buy-Entscheidung für die Unternehmensberatung. Ein Prinzipal-Agent-theoretischer Strukturierungsansatz*. Gabler Edition Wissenschaft: Wiesbaden.

Habermas, J. (1979): Verwissenschaftlichte Politik und öffentliche Meinung. In: ders. (Hg.): *Technik und Wissenschaft als ‚Ideologie‘*. 1. Aufl. 1968. Frankfurt: Suhrkamp. S. 120-145.

Habermas, J. (1994): Die Krise des Wohlfahrtsstaates und die Erschöpfung utopischer Energien. In: ders. (Hg.): *Die Moderne – ein unvollendetes Projekt. Philosophisch-politische Aufsätze*. 1. Aufl. 1990. Leipzig: Reclam. S. 105-129.

Häde, Ulrich (1994): Die bundesstaatliche Finanzverfassung des Grundgesetzes, Teil II: Länderfinanzausgleich und Bundesergänzungszuweisungen. In: *Juristische Arbeitsblätter (JA)* 2. S. 34-43.

Häußermann, H. (2001): Die Privatisierung der Stadt. In: Schröter, E. (Hg.): *Empirische Policy- und Verwaltungsforschung. Lokale, nationale und internationale Perspektiven*. Opladen: Leske+Budrich. S. 41-62.

Hage, J. (1978): Toward a synthesis of the dialectic between historical-specific and sociological-general models of the environment. In: Karpik, L. (Hg.): *Organization and environment: Theory, issues and reality*. London: Sage. S. 103-145.

Hahn, A. (1977): Kultische und säkulare Riten und Zeremonien in soziologischer Sicht. In: ders. (Hg.): *Anthropologie des Kults*. Freiburg: Herder. S. 51-81.

Hall, S. (1977): The ‚political‘ and the ‚economic‘ in Marx's theory of classes. In: Hunt, A. (Hg.): *Class and class structure*. London: Lawrence and Wishart. S. 15-60.

Hannan, M. T./Freeman, J. (1993): *Organizational ecology*. Harvard: Harvard University Press

Haque, M. S. (1996): Public service under challenge in the age of privatization. In: *Governance: An International Journal of Policy and Administration* 9/2. S. 186-216.

Harms, J./Reichard, C. (2003): *Ökonomisierung des öffentlichen Sektors: Instrumente und Trends*. Baden-Baden: Nomos.

Harrington, M. (1979): The new class and the left. In: Bruce-Briggs, B. (Hg.): *The new class?* New Brunswick, N. J.: Transaction Books. S. 123-138.

Hart, O. D./Shleifer, A./Vishny, R. (1997): The proper scope of government: Theory and an application in prisons. In: *The Quarterly Journal of Economics* 112/4. S. 1127-1161.

Heine, K./Mause, K. (2003): Politikberatung als informationsökonomisches Problem. In: *Jahrbücher für Nationalökonomie und Statistik* 223/4. S. 479-490.

Heine, K./Mause, K. (2008): Ökonomik der Politikberatung. In: Bröchler, S./Schützeichel, R. (Hg.): *Politikberatung*. Stuttgart: Lucius & Lucius. S. 147-168.

Heintel, P./Krainz, E. E. (1994): Was bedeutet ‚Systemabwehr'? In: Götz, K. (Hg.): *Theoretische Zumutungen: vom Nutzen der systemischen Therapie für die Managementpraxis*. Heidelberg: Carl-Auer. S. 160-193.

Heintz, B./Münch, R./Tyrell, H. (2005): *Weltgesellschaft. Theoretische Zugänge und empirische Problemlagen*. ZfS-P sigma.

Heuberger, F. W./Kellner, H. (1992): Modernizing work: new frontiers in business consulting. In: dies. (Hg.): *Hidden technocrats: the new class and new capitalism*. New Brunswick, N. J.: Transaction Publishers. S. 49-80.

Hiller, P. (2005): *Organisationswissen. Eine wissenssoziologische Neubeschreibung der Organisation*. Wiesbaden: VS Verlag.

Hitzler, R. (1994): Wissen und Wesen des Experten. Ein Annäherungsversuch – zur Einleitung. In: Hitzler, R./Honer, A./Maeder, C. (Hg.): *Expertenwissen. Die institutionalisierte Kompetenz zur Konstruktion von Wirklichkeit*. Opladen: Westdeutscher Verlag. S. 13-30.

Holtkamp, L./Bogumil, J. (2007): Bürgerkommune und Local Governance. In: Schwalb, L./Walk, H. (Hg.): *Local governance – mehr Transparenz und Bürgernähe?* Wiesbaden: VS Verlag. S. 231-250.

Holtmann, E. (1998): Parteien in der lokalen Politik. In: Wollmann, H./Roth, R. (Hg.): *Kommunalpolitik: Politisches Handeln in den Gemeinden*. Bundeszentrale für Politische Bildung Bd. 356. 2. Aufl. Bonn: Bundeszentrale für politische Bildung. S. 208-226.

Hood, C. (1986): *Administrative analysis. An introduction to rules, enforcement and organizations*. Brighton: Wheatsheaf/Harvester Press.

Hood, C. (1994): *Explaining economic policy reversals*. Buckingham/Philadelphia: Open University Press.

Hood, C./Jackson, M. (1991): *Administrative argument*. Aldershot: Dartmouth.

Hosmer, D. W./Lemeshow, S. (2000): *Applied logistic regression*. 2. Aufl. New York: John Wiley & Sons.

Huchler, A. (2002): *Interorganisationale Beziehungen – Auf dem Weg zu einer systemtheoretisch informierten Interorganisationstheorie*. LMU München: Unveröffentlichte Diplomarbeit.

Huchler, A. (2007a): Grenzen der Reorganisation und Privatisierung der Daseinsvorsorge? Eine organisationsökonomische und risikosoziologische Perspektive. In: Jansen, S. A./Priddat, B. P./Stehr, N. (Hg.): *Die Zukunft des Öffentlichen. Multidisziplinäre Perspektiven für eine Öffnung der Diskussion über das Öffentliche*. Wiesbaden: VS Verlag. S. 175-195.

Huchler, A. (2007b): *Kommunalverwaltung und Organisationsberatung. Erste Ergebnisse einer Befragung und Implikationen für die Praxis*. Online (6. 3. 2008): http://www.uni-konstanz.de/ko be/kobe-Ergebnisbericht.pdf

Huchler, A. (2008): Mögliche Funktionen von Politik- und Verwaltungsberatern bei der Modernisierung öffentlich-rechtlicher Gebietskörperschaften. Eine modernisierungs- und organisationstheoretische Perspektive. In: Maravić, P./von/Priddat, B. P. (Hg.): *Öffentlich – Privat: Verwaltung als Schnittstellenmanagement*. Marburg: Metropolis. S. 265-294.

Huchler, A. (2009): Zwischen Politik und Organisation: Perspektiven der Behördenberatung in der Bundesrepublik Deutschland. In: Priddat, B. P. (Hg.): *Politikberatung: Prozesse, Logik und Ökonomie*. Marburg: Metropolis (im Druck).

Hülsmann, M. (2002): *Grenzen effizienzorientierter Verwaltungsmodernisierung. Eine kritische Analyse des Leitbilds ‚Dienstleistungsunternehmen Kommune'*. Studien zur Managementforschung, Bd. 1. Schriftenreihe: Nachhaltiges Prozessmanagement. Bremen: Universität Bremen.

Iding, H. (2001): Hinter den Kulissen der Organisationsberatung. Macht als zentrales Thema soziologischer Beratungsforschung. In: Degele, N./Münch, T./Pongratz, H. J./Saam, N. J. (Hg.): *Soziologische Beratungsforschung. Perspektiven für Theorie und Praxis der Organisationsberatung*. Opladen: Leske+Budrich. S. 71-85.

Islam, G./Zyphur, M. J./ Barsky, A. J./Rose, J. L. (2006): *Rituals revisited: A new look at organizational rituals*. IBMEC Working Paper 19-2006. Ibmec Sao Paulo. Online (16. 8. 2007): http://ideas.repec.org/p/ibm/ibmecp/wpe_65.html

ISPRAT (2008): *Arbeitsprogramm des ISPRAT-Instituts*. Online (23. 6 2008): http://www.isprat.net/html/downloads/arbeitsprogramm_isprat.pdf

Jaccard, J./Turrisi, R. (2003): *Interaction effects in multiple regression*. 1. Aufl. 1990. Sage University Paper No. 72. Thousand Oaks: Sage.

Jann, B. (2005): Making regression tables from stored estimates. In: *The Stata Journal* 5/3. S. 288-308.

Jann, B. (2007): Making regression tables simplified. In: *The Stata Journal* 7/2. S. 227-244.

Jansen, S. A. (2000): Konkurrenz der Konkurrenz. Co-opetition als Form der Konkurrenz. In: Jansen, S. A./Schleissing, S. (Hg.): *Konkurrenz und Kooperation – Beiträge zu einer interdisziplinären Theorie*. Marburg: Metropolis. S. 13-64.

Jansen, S. A./Priddat, B. P. (2001): *Electronic Government. Neue Potentiale für einen modernen Staat*. Stuttgart: Klett-Cotta.

Jansen, S. A. (2004): *Management von Unternehmenszusammenschlüssen. Theorien, Thesen, Tests und Tools*. Stuttgart: Klett-Cotta

Jeschke, K. (2004): *Marketingmanagement der Beratungsunternehmung. Theoretische Bestandsaufnahme sowie Weiterentwicklung auf Basis der betriebswirtschaftlichen Beratungsforschung*. Wiesbaden: Deutscher Universitätsverlag.

Jessop, B. (2002): *The future of the capitalist state*. Cambridge: Polity Press.

Jessop, B./Sum, N.-L. (2006): *Beyond the regulation approach. Putting capitalist economies in their place*. Cheltenham, UK: Edward Elgar.

Jungfer, K. (2005): *Die Stadt in der Krise. Ein Manifest für starke Kommunen*. München: Carl Hanser.

Kabalak, A. (2008): *Institutionelle Spiele. Ein neuerer akteurstheoretischer Zugang zu Rationalität, sozialen Strukturen, Institutionen und generalisierten Kommunikationsmedien*. Universität Witten-Herdecke: bislang unveröffentlichte Dissertation.

Karrenberg, H./Münstermann, E. (2007): Gemeindefinanzbericht 2007. *Der Städtetag*, Ausgabe 05. Carl-Heymanns-Verlag.

Kern, H./Schumann, M. (1984): *Das Ende der Arbeitsteilung?* München: Beck.

Kersting, N. (2002): Politikberatung und Verwaltungsreform. In: Kümmel, G. (Hg.): *Wissenschaft und politische Praxis*. Strausberg: SOWI. S. 179-197.

KGSt (1993): *Das Neue Steuerungsmodell. Begründung, Konturen, Umsetzung*. KGSt-Bericht Nr. 5/1993. Köln: KGSt.

KGSt (1994): *Externe Organisationsberatung*. KGSt-Bericht 3/1994. Köln: KGSt.

KGSt (2006): *Kommunales E-Government 2006 – eine empirische Bestandsaufnahme*. Köln: KGSt.

Kickert, W. J. M. (1996): The paradoxes of administrative reform. In: ders. (Hg.): *Public management and administrative reform*. Cheltenham: Edward Elgar. S. 7-13.

Kieser, A. (1996a): Über die allmähliche Verfertigung der Organisationsstrukturen beim Reden – Kommunikation als Grundlage der Reorganisation. In: Hoß, D./Schrick, G. (Hg.): *Wie rational ist Rationalisierung heute? Ein öffentlicher Diskurs*. Stuttgart: International Thomson Business Press. S. 359-366.

Kieser, A. (1996b): Moden & Mythen des Organisierens. In: *Die Betriebswirtschaft* 56/1. S. 21-39.

Kieser, A. (2002): On communication barriers between management science, consultancies and business organizations. In: Clark, T./Fincham, R. (Hg.): *Critical consulting. New perspectives on the management advice industry*. Oxford: Blackwell Publishers. S. 206-227.

Kieser, A. (2005): *Wissenschaft und Beratung*. 2. Aufl. Heidelberg: Universitätsverlag Winter.

Kipping, M. (2002): Trapped in their wave: the evolution of management consultancies. In: Clark, T./Fincham, R. (2002): *Critical consulting. New perspectives on the management advice industry*. Oxford: Blackwell Publishers. S. 28-49.

Kipping, M./Engwall, L. (2002): *Management Consulting. Emergence and dynamics of a knowledge industry*. New York: Oxford University Press.

Kirfel, E. (2006): Die Neuordnung des Vergaberechts. Sonderbeilage ‚BehördenConsulting'. In: *Behörden Spiegel* Februar. S. 45.

Klöker, M. (2008): Gute Beratung zur richtigen Zeit am richtigen Ort. Editorial. In: *Innovative Verwaltung* 6. S. 3

Knaier, W. (1999): *Kommunales Haushalts- und Dienstrecht im Wandel der Verwaltungsmodernisierung*. Baden-Baden: Nomos.

Knoben, J./Oerlemans, L. A. G. (2006): Proximity and interorganizational collaboration: a literature review. In: *International Journal of Management Reviews* 8/2. S. 71-89.

Knoke, D. (1982): The spread of municipal reform: temporal, spatial, and social dynamics. In: *American Journal of Sociology* 87. S. 1314-1339.

KOBE (2007): Vom Verfasser eingerichtete Projekthomepage ‚Kommunalverwaltung und Organisationsberatung'. Online (26. 8. 2008): http://www.uni-konstanz.de/kobe

Koetz, A. G./Jakobs-Woltering, P./Dreher, F. (1995): *Abbau von die Kommunen belastenden Standards. Hrsg. Von Düsseldorf Kienbaum-Unternehmensberatung GmbH*. Stuttgart: Staatsanzeiger für Baden-Württemberg.

Krasner, S. (1983): *International regimes. Ithaca*: Cornell University Press.

Kröber, H.-W. (1989): *Verkauf und Beratung. Eine Untersuchung zur Verschränkungshypothese.* Wien: Wirtschaftsuniversität.

Kröber, H.-W. (1991): Der Beratungsbegriff in der Fachliteratur. In: Hofmann, M./Rosenstiel, L. v./Zapotoczky, K. (Hg.): *Die soziokulturellen Rahmenbedingungen für Unternehmensberater.* Stuttgart et al.: Kohlhammer. S. 1-36.

Kühl, S./Strodtholz, P./Taffertshofer, A. (2005): Quantitative Methoden der Organisationsforschung – ein Überblick. In: dies. (Hg.): *Quantitative Methoden der Organisationsforschung. Ein Handbuch.* Wiesbaden: VS Verlag. S. 15-29.

Küpper, W./Ortmann, G. (1988): *Mikropolitik. Rationalität, Macht und Spiele in Organisationen.* Opladen: Westdeutscher Verlag.

Kusche, I. (2008): Soziologie der Politikberatung. In: Bröchler, S./Schützeichel, R. (Hg.): *Politikberatung.* Stuttgart: Lucius & Lucius. S. 261-281.

Lahusen, C. (2005): Kommerzielle Beratungsfirmen in der Europäischen Union. In: Eising, R./Kohler-Koch, B. (Hg.): *Interessenpolitik in Europa. Regieren in Europa.* Band 7. Baden-Baden: Nomos. S. 251-280.

Laumann, E. O./Galaskiewicz, J./Marsden, P. V. (1978): Community structure as interorganizational linkages. In: *Annual Review of Sociology* 4. S. 455-484.

Lax, D. A./Sebenius, J. K. (1986): The power of alternatives or the limits to negotiation. In: *Negotiation Journal* 1. S. 163-179.

Leif, T. (2006): *Beraten und verkauft: McKinsey & Co. – der große Bluff der Unternehmensberater.* München: Goldmann.

Leif, T. (2007): Macht ohne Verantwortung. In: *Gegenworte. Hefte für den Disput über Wissen.* Berlin-Brandenburgische Akademie der Wissenschaften 18.

Lemke, T./Krasmann, S./Bröckling, U. (2000): Gouvernementalität, Neoliberalismus und Selbsttechnologien. Eine Einführung. In: Bröckling, U./Krasmann, S./Lemke, T. (Hg.): *Gouvernementalität der Gegenwart.* Frankfurt: Suhrkamp. S. 7-40.

Lendi, M. (2005): *Politikberatung. Nachfrage, Resonanz, Alibi.* Zürich: vdf Hochschulverlag der ETH Zürich.

Leppin, K. (2004): Als Rechenkünstler im Rathaus. In: *FAZ Hochschulanzeiger* 70/19.1.2004.

Liao, T. F. (1994): *Interpreting probability models. Logit, probit, and other generalized linear models.* Sage University Paper No. 101. Thousand Oaks: Sage.

Lintz, G. (1973): *Die politischen Parteien im Bereich der kommunalen Selbstverwaltung.* Baden-Baden: Nomos.

Little, R. J. A./Rubin, D. T. (2002): *Statistical analysis with missing data.* 2. Aufl. Hoboken, N. J.: John Wiley & Sons.

Littmann, P./Jansen, S. A. (2000): *Oszillodox. Virtualisierung – die permanente Neuerfindung der Organisation.* Stuttgart: Klett-Cotta.

Long, J. S. (1997): *Regression models for categorical and limited dependent variables.* Thousand Oaks: Sage.

Long, J. S./Freese, J. (2006): *Regression models for categorical dependent variables using Stata*. College Station. 1. Aufl. 2001. Texas: Stata Press.

Luce, R. D./Raiffa, H. (1989): *Games and decisions: Introduction and critical survey*. 1. Aufl. 1957. New York: Jon Wiley & Sons.

Lütz, S. (2007): Policy-Transfer und Policy-Diffusion. In: Benz, A./Lütz, S./Schimank, U./Simonis, G. (Hg.): *Handbuch Governance. Theoretische Grundlagen und empirische Anwendungsfelder*. Wiesbaden: VS Verlag. S. 132.142.

Luhmann, N. (1960): Kann die Verwaltung wirtschaftlich handeln? In: *Verwaltungsarchiv* 51/2. S. 97-115.

Luhmann, N. (1970): Soziologie des politischen Systems. In: ders. (Hg.): *Soziologische Aufklärung* 1. Opladen: Westdeutscher Verlag. S. 154-177.

Luhmann, N. (1976): Generalized media and the problem of contingency. In: Loubser, J. J. et al. (Hg.): *Explorations in general theory in social science. Essays in honor of Talcott Parsons*. New York/London. S. 507-532.

Luhmann, N. (1986): *Soziale Systeme*. Frankfurt: Suhrkamp.

Luhmann, N. (1989): Kommunikationssperren in der Unternehmensberatung. In: Luhmann, N./Fuchs, P. (Hg.): *Reden und Schweigen*. Frankfurt: Suhrkamp. S. 209-227.

Luhmann, N. (1993): Die Paradoxie des Entscheidens. In: *Verwaltungsarchiv* 84/3. S. 287-310.

Luhmann, N. (1994a): *Die Wirtschaft der Gesellschaft*. Frankfurt: Suhrkamp.

Luhmann, N. (1999): *Funktionen und Folgen formaler Organisation*. 1. Aufl. 1964. Berlin: Duncker&Humblot.

Luhmann, N. (2000): *Organisation und Entscheidung*. Opladen: Westdeutscher Verlag.

Luhmann, N. (2002): *Die Politik der Gesellschaft*. Frankfurt: Suhrkamp.

Luhmann, N. (2005a): Die Differenzierung von Politik und Wirtschaft und ihre gesellschaftlichen Grundlagen. In: ders. (Hg.): *Soziologische Aufklärung 4. Beiträge zur funktionalen Differenzierung der Gesellschaft*. 1. Aufl. 1987. Wiesbaden: VS Verlag. S. 33-50.

Luhmann, N. (2005b): Interaktion, Organisation, Gesellschaft. In: ders. (Hg.): *Soziologische Aufklärung 1*. 1. Aufl. 1970. Wiesbaden: VS Verlag.

Mäding, H. (2007): Wissenschaftliche Beratung der Kommunen. In: Mann, T./Püttner, G. (Hg.): *Handbuch der kommunalen Wissenschaft und Praxis*. Band 1 *Grundlagen und Kommunalverfassung*. 3. Aufl. Berlin: Springer. S. 41-54.

Maravić, P. von (2007): *Verwaltungsmodernisierung und dezentrale Korruption. Lernen aus unbeabsichtigten Konsequenzen*. Bern et al.: Haupt.

March, J. G./Simon, H. A. (1994): *Organizations*. 1. Aufl. 1958. Cambridge, Mass: Blackwell Publishers.

Marsh, C. (1982): *The survey method. The contribution of survey to sociological explanation*. London: Allen & Unwin.

Martin, J. F. (1998): *Reorienting a nation: consultants and Australian public policy*. Aldershot: Ashgate.

Marx, K. (1971): Die deutsche Ideologie. In: Landshut, S. (Hg.): *Karl Marx. Die Frühschriften*. Stuttgart: Alfred Kröner Verlag. S. 339-485.

Marx, K. (2007): *Der achtzehnte Brumaire des Louis Bonaparte*. 1. Aufl. 1869. Frankfurt: Suhrkamp.

Mayntz, R. (1978): Zur Nichtbeteiligung der Wissenschaft bei der Implementierung von Reformen. In: Böhret, C. (Hg.): *Verwaltungsreformen und Politische Wissenschaft. Zur Zusammenarbeit von Praxis und Wissenschaft bei der Durchsetzung und Evaluation von Neuerungen*. Baden-Baden: Nomos. S. 45-52.

Mayntz, R. (1985): *Soziologie der öffentlichen Verwaltung*. 1. Aufl. 1978. UTB. Heidelberg: C. F. Müller Juristischer Verlag.

Mayntz, R. (1994): Politikberatung und politische Entscheidungsstrukturen: Zu den Voraussetzungen des Politikberatungsmodells. In: Murswieck, A. (Hg.): *Regieren und Politikberatung*. Opladen: Leske+Budrich. S. 17-29.

McKenna, C. (2006): *The world's newest profession*. Cambridge: Cambridge University Press.

Menard, S. (2002): *Applied logistic regression*. 2. Aufl. Thousand Oaks: Sage.

Meyer, J. W./Scott, W. R. (1992): Centralisation and the legitimacy problems of local governments. In: dies. (Hg.): *Organisational environments. Ritual and rationality*. 2. Aufl. Newbury Park: Sage. S. 199-215.

Michalopoulos, N. (2003): *Administrative reform in Europe: The dialectical coexistence between convergence and diversity*. UNTC Occasional Papers Series 3. Online (21. 11. 2007): http://unpan1.un.org/intradoc/groups/public/documents/untc/unpan009318.pdf

Michlethwait, J./Wooldrige, A. (1996): *The witch doctors. What the management gurus are saying, why it matters and how to make sense of it*. London: Heinemann.

Moe, T. M. (1990): The politics of structural choice: Toward a theory of public bureaucracy. In: Williamson, O. E. (1995): *Organization theory*. S. 116-153.

Mohe, M. (2003): *Klientenprofessionalisierung: Strategien und Perspektiven eines professionellen Umgangs mit Unternehmensberatern*. Marburg: Metropolis.

Mohe, M. (2004): Stand und Entwicklungstendenzen der empirischen Beratungsforschung. – eine qualitative Meta-Analyse. In: Die *Betriebswirtschaft* 6. S. 693-712.

Mohe, M./Seidl, D. (2007): The *consultant-client relationship: A systems-theoretical perspective*. Münchner betriebswirtschaftliche Beiträge. Munich Business Research Paper No. 6. Online (26. 5. 2008): http://epub.ub.uni-muenchen.de/1920/

Moldaschl, M. (2007): *Organisationsberatung: Importgut oder Exportschlager für deutsche Unternehmen?* Vortragsfolien. Online (11. 11. 2007): http://www.obie-beratungsforschung.de/dru pal/files/T07praes/MM_Einf.pdf

Moore, S. F./Myerhoff, B. G. (1977): Introduction: Secular ritual: forms and meanings. In: dies. (Hg.): *Secular ritual*. Assen/Amsterdam: Van Gorcum. S. 3-24.

Müller, H.-P./Schmid, M. (1995): Paradigm lost? Von der Theorie sozialen Wandels zur Theorie dynamischer Systeme. In: dies. (Hg.): *Sozialer Wandel. Modellbildung und theoretische Ansätze*. Frankfurt: Suhrkamp. S. 9-55.

Murswieck, A. (1994): Wissenschaftliche Beratung im Regierungsprozeß. In: ders. (Hg.): *Regieren und Politikberatung*. Leske+Budrich. S. 103-119.

Musgrave, R. A./Musgrave, P. B./Kullmer, L. (1984): *Die öffentlichen Finanzen in Theorie und Praxis.* Englischsprachiges Original 1973. Tübingen: Mohr.

Myerhoff, B. G. (1977): We don't wrap herring in a printed page: fusion, fictions and continuity. In: Moore, S. F. (Hg.): *Secular ritual.* Amsterdam: Van Gorcum. S. 199-224.

Naschold, F./Oppen, M./Wegener, A. (1997): *Innovative Kommunen – Internationale Trends und deutsche Erfahrungen.* Stuttgart: Kohlhammer.

Naßmacher, H./Naßmacher K.-H. (2007): *Kommunalpolitik in Deutschland.* 1. Aufl. 1999. Wiesbaden: VS Verlag.

Naumann, S. (2008): Die Auswirkungen der Dezentralisierung auf die Steuerungsmöglichkeiten des Staates. In: Maravić, P. von/Priddat, B. P. (Hg.): *Öffentlich – privat: Verwaltung als Schnittstellenmanagement.* Marburg: Metropolis. S. 295-330.

Nicodemus, S. (2006): Schulden der öffentlichen Haushalte. In: *Wirtschaft und Statistik* 9. Wiesbaden: Statistisches Bundesamt. S. 885-892.

Nicolai, A. T. (2002): Verwechselt, verfeindet, verbrüdert: Zur Entwicklung der Beziehung von Strategieberatung und Wissenschaft. In: Mohe, M./Heinecke, H. J./Pfriem, R. (Hg.): *Consulting – Problemlösung als Geschäftsmodell. Theorie, Praxis, Markt.* Stuttgart: Klett-Cotta. S. 75-95.

Niskanen, W. A. (1971): *Bureaucracy and representative government.* Chicago: Aldine-Atherton.

Niskanen, W. A. (1993): A reassessment. In: ders. (1993): *Bureaucracy and public economics.* Cheltenham, UK. Edward Elgar Publishing. S. 269-283.

Nissen, V. (2007): Consulting Research – Eine Einführung. In: ders. (Hg.): *Consulting Research. Unternehmensberatung aus wissenschaftlicher Perspektive.* Wiesbaden: DUV. S. 3-38.

Nölting, A./Wilhelm, W. (1990): Der Coup des Kontrolleurs. In: *Manager Magazin* 9. S. 35-59. Online (23. 6. 2008): http://wissen.manager-magazin.de/wissen/dokument/dokument.html?id=13697399&top=MM

O'Connell, A. A. (2006): *Logistic regression models for ordinal response variables.* Thousand Oaks: Sage.

Ortmann, G., Sydow, J., Windeler, A. (1997): Organisation als reflexive Strukturation. In: Ortmann, G./Sydow, J./Türk, K. (Hg.): *Theorien der Organisation.* Opladen: Westdeutscher Verlag. S. 315-354.

Osborne, D./Gaebler, T. (1992): *Reinventing government. How the entrepreneurial spirit is transforming the public sector.* New York: Plume.

O. V. (2004): *Beraterzwist: Berger vs. McKinsey. 21. 1. 2004.* Online (23. 6. 2008): http://www.manager-magazin.de/unternehmen/artikel/0,2828,282968,00.html

Pappi, F. U., Melbeck, C. (1984): Das Machtpotential von Organisationen in der Gemeindepolitik. In: *Kölner Zeitschrift für Soziologie und Sozialpsychologie* 36. S.557-584

Parsons, T./Smelser, N. J. (1956): *Economy and society. A study in the integration of economic and social theory.* London: Routledge & Kegan.

Parsons, T. (1937): *The structure of social action.* 2 Bände. New York: Free Press.

Parsons, T. (1963a): *Structure and process in modern societies.* 1. Aufl. 1960. Glencoe: The Free Press.

Parsons, T. (1963b): A sociological approach to the theory of organizations. In: ders. (1963a). S. 16-58.

Parsons, T. (1963c): Some ingredients of a general theory of formal organization. In: ders. (1963a). S. 59-96.

Parsons, T. (1969a): *Politics and social structure*. New York: The Free Press.

Parsons, T. (1969b): Theoretical orientations on modern societies. In: ders. (1969a). S. 34-63.

Parsons, T. (1969c): The political aspect of social structure and process. In: ders. (1969a). S. 317-351.

Parsons, T. (1969d): On the concept of political power. In: ders. (1969a). S.352-404.

Parsons, T. (1969e): On the concept of influence. In: ders. (1969a). S. 405-429.

Parsons, T. (1969f): Polity and society: some general considerations. In: ders. (1969a). S. 473-522.

Parsons, T./Platt, G. M. (1990): *Die amerikanische Universität*. Frankfurt: Suhrkamp.

Perrow, C. (2007): *The next catastrophe: reducing our vulnerabilities to natural, industrial and terrorist disasters*. Princeton: Princeton University Press.

Peters, B. G./Parker, A. (1993): *Advising West European governments. Inquiries, expertise and public policy*. Pittsburg: Pittsburgh University Press.

Piore, M. J./Sabel, C. F. (1985): *The second industrial divide: Possibilities for prosperity*. Basic Books: New York.

Pollitt, C. (1990): *Managerialism and the public services*. Oxford: Basil Blackwell.

Power, M. (1999): *The audit society. Rituals of verification*. Oxford: Oxford University Press.

Premfors, R./Eklund, A.-M./Larsson, T. (1985): *Privata konsulter i offentlig förvaltning*. Working Paper Nor. 9. Stockholm: Department of Political Science.

Priddat, B. P. (2004): Ökonomik und Politikberatung: zwei Formen des Wissens. In: Priddat, B. P./Theurl, J. (Hg.): *Politikberatung durch Ökonomen*. Marburg: Metropolis.

Priddat, B. P./Speth, R. (2007): *Das neue Lobbying von Unternehmen: Public Affairs*. Hans-Böckler-Stiftung. Arbeitspapier Nr. 145. Online (15. 4. 2008): http://www.boeckler.de/pdf/p_arbp_145.pdf

Priddat, B. P. (2008): Wirtschaftliche Beratung der Politik. In: Bröchler, S./Schützeichel, R. (Hg.): *Politikberatung*. Stuttgart: Lucius & Lucius. S. 326-343.

Pröpper, F.-J. (2006): Kommunen unter Handlungszwang. „carpe diem" – Nutze den Tag. In: *Sonderbeilage ,BehördenConsulting' des Behörden Spiegel* Februar. S. 47.

Radaelli, C. M. (2003): *The open method of coordination: A new governance architecture for the European Union?* Stockholm: Swedish Institute for European Policy Studies. Online (24. 6. 2008): http://www.sieps.se/publ/rapporter/bilagor/20031.pdf

Radcliffe-Brown, A. R. (1952): On the concept of function in social science. In: ders. (Hg.): *Structure and function in primitive society*. Glencoe, Ill: Free Press. S. 178-187.

Raffel, T. (2006): *Unternehmensberater in der Politikberatung: eine empirische Untersuchung zu Aktivitäten, Gründen und Folgen*. Wiesbaden: Deutscher Universitätsverlag.

Redley, R. (2006): *Umsetzungsberatung ist Pflicht*. IHK Wirtschaftsforum der IHK Frankfurt. Online (5. 3. 2008): http://www.frankfurt-main.ihk.de/starthilfe_foerderung/foerderung/branchen/wirtschaft sberatung/unternehmensberatung_ 2006/umsetzungsberatung/

204

Anhang

Reichard, C. (1994): *Umdenken im Rathaus. Neue Steuerungsmodelle in der deutschen Kommunalverwaltung.* Berlin: edition sigma.

Reichard, C. (2001): Strategisches Management in der Kernverwaltung. In: Eichhorn, P./Wiechers, M. (Hg.): *Strategisches Management von Kommunalverwaltungen.* Baden-Baden: Nomos. S. 80-91.

Reichard, C./Röber, M. (2001): Konzept und Kritik des New Public Management. In: Schröter, E. (Hg.): *Empirische Policy- und Verwaltungsforschung. Lokale, nationale und internationale Perspektiven.* Opladen: Leske+Budrich. S. 371-392.

Resch, C. (2005): *Berater-Kapitalismus oder Wissensgesellschaft? Zur Kritik der neoliberalen Produktionsweise.* Münster: Westfälisches Dampfboot.

Rhodes, R. (1997): *Understanding Governance.* Buckingham/Philadelphia: Open University Press.

Richter, R./Furubotn, E. G. (2003): *Neue Institutionenökonomik.* 1. Aufl. 1996. Tübingen: Mohr Siebeck.

Rosenstiel, L. von (1991): Die organisationpsychologische Perspektive der Beratung. In: Hofmann, M. et al. (Hg.): *Die sozio-kulturellen Rahmenbedingungen der Unternehmensberater.* Stuttgart: Kohlhammer. S. 167-278.

Ruef, M. (2002): At the interstices of organizations: The expansion of the management consulting profession, 1933-1997. In: Sahlin-Andersson, K./Engwall, L. (Hg.): *The expansion of management knowledge. Carriers, flows, and sources.* Stanford: Stanford University Press. S. 74-95.

Rügemer, W. (2004): Der Mythos der ökonomischen Effizienz. Berater als Akteure neoliberaler Globalisierung. In: ders. (Hg.): *Die Berater. Ihr Wirken in Staat und Gesellschaft.* Bielefeld: Transcript. S. 68-109.

Saam, N. J. (2001): Agenturtheorie als Grundlage einer sozialwissenschaftlichen Beratungsforschung. In: Degele, N./Münch, T./Pongratz, H. J./Saam, N. J. (Hg.): *Soziologische Beratungsforschung. Perspektiven für Theorie und Praxis der Organisationsberatung.* Opladen: Leske+Budrich. S. 15-37.

Sack, D. (2006): Liberalisierung und Privatisierung in den Kommunen – Steuerungsanforderungen und Folgen für Entscheidungsprozesse. In: *Deutsche Zeitschrift für Kommunalwissenschaften* 45/2. S. 25-38.

Sahlin-Andersson, K. (2000): Arenas as standardizers. In: Brunsson, N./Jacobsson B./Associates (Hg.): *A world of standards.* Oxford: Oxford University Press. S. 100-113.

Sahlin-Andersson, K./Engwall, L. (Hg.) (2002): *The expansion of management knowledge: carriers, flows, and sources.* Stanford: Stanford University Press.

Saint-Martin, D. (1999): Les consultants et la réforme managérialiste de l'État en France et en Grande-Bretagne: vers l'émergence d'une ‚consultocratie'? In: *Canadian Journal of Political Science* 32/1. S. 41-74.

Saint-Martin, D. (2004): *Building the new managerialist state.* Oxford: Oxford University Press.

Sanchez, M. S. (2003): *Modell zur Evaluierung von Beratungsprojekten.* Dissertation TU Berlin. Online (9. 6. 2008): http://edocs.tu-berlin.de/diss/2002/ sangueesa_marta.pdf

Schädler, J. (1995): *Unternehmensberatung aus organisationstheoretischer Sicht.* Wiesbaden: Gabler/Deutscher Universitätsverlag.

Schäfer, D. (2006): *Die Wahrheit über die Heuschrecken. Wie Finanzinvestoren die Deutschland AG umbauen.* Frankfurt: Frankfurter Allgemeine Buch.

Scharpf, F. W. (2000): *Interaktionsformen. Akteurzentrierter Institutionalismus in der Politikforschung.* Opladen: UTB.

Schelling, T. C. (2006): *The strategy of conflict.* 1. Aufl. 1960. Cambridge, Mass & London, England: Harvard University Press.

Schmidt, J. W. (1985): Überlegungen zu einzelwirtschaftlichen Konsolidierungsstrategien für öffentliche Haushalte. In: Eichhorn, P./Sieben, G. (Hg.): *Rationalisierungsreserven in öffentlichen Verwaltungen und öffentlichen Unternehmen.* Köln: GEBERA-Schriften Band 15. S. 11-19.

Schneider, V./Häge, F. M. (2008): Europeanization and the retreat of the state. In: *Journal of European Public Policy* 15/1. S. 1-15.

Schnell, R./Hill, P. B./Esser, E. (2005): *Methoden der empirischen Sozialforschung.* 7. Aufl. München: Oldenbourg.

Schröter, E. (2007): Demokratietheoretische Kritik des öffentlichen Managerialismus. In: König, K./Reichard, C. (Hg.): *Theoretische Aspekte einer managerialistischen Verwaltungskultur.* Speyerer Forschungsberichte 254. Speyer: Deutsches Forschungsinstitut für öffentliche Verwaltung. S. 151-186.

Schückhaus, U. (1996): *Kommunen in Not – Wege aus der Krise: Reformansätze aus der kommunalen Praxis.* Stuttgart: Schäffer-Poeschel.

Schützeichel, R./Brüsemeister, T. (2004): *Die beratene Gesellschaft. Zur gesellschaftlichen Bedeutung von Beratung.* Wiesbaden: VS Verlag.

Schützeichel, R. (2008): Beratung, Politikberatung, wissenschaftliche Politikberatung. In: Bröchler, S./Schützeichel, R. (Hg.): *Politikberatung.* Stuttgart: Lucius & Lucius. S. 5-32.

Schuppert, G. F. (1996): Organisation großstädtischer Aufgabenerfüllung – Nationale und internationale Erfahrungen. In: Budäus, D./Engelhardt, G. (Hg.): *Großstädtische Aufgabenerfüllung im Wandel.* Baden-Baden: Nomos. S. 108-139.

Schuster, F. (2001): Benchmarking als Ersatz für Wettbewerb: Können interkommunale Leistungsvergleiche ein Motor für Veränderungen sein? In: Edeling, T./Jann, W./Wagner, D. (Hg.): *Reorganisationsstrategien in Wirtschaft und Verwaltung.* Opladen: Leske+Budrich. S. 203-228.

Scott, W. R. (1992): The organization of environments: network, culture, and historical elements. In: Meyer, J. W./Scott, W. R. (Hg.): *Organizational environments. Ritual and rationality.* 2. Aufl. Newbury Park et al.: Sage. S. 155-175.

Scott, W. R./Meyer, J. W. (1992): The organization of societal sectors. In: Meyer, J. W./Scott, W. R. (Hg.): *Organizational environments. Ritual and rationality.* 2. Aufl. Newbury Park et al.: Sage. S. 129-153.

Seitz, H. (2005): Implikationen der demographischen Veränderungen für die öffentlichen Haushalte und Verwaltungen. In: Nierhaus, M. (Hg.): *Kommunalfinanzen – Beiträge zur aktuellen Debatte.* KWI-Arbeitshefte 9. S. 25-56.

Selznick, P. (1984): *Leadership in administration. A sociological interpretation.* 1. Aufl. 1957. Berkeley/London: University of California Press.

Simon, F. B. (1985): Die Funktion des Organisationsberaters. Einige Prinzipien systemischer Beratung. In: Walger, G. (Hg.): *Formen der Unternehmensberatung*. Köln: Otto-Schmidt. S. 284-300.

Simon, H. A. (1946): The proverbs of administration. In: *Public Administration Review* 6. S. 52-67.

Smith, J. A. (1991): *The idea brokers. Think tanks and the rise of the new policy elite*. New York: The Free Press.

Sperling, H. J. (1999): *Verwaltungsmodernisierung und Partizipation – Konzepte und Erfahrungen der Kommunalverwaltungen*. Bochum: Arbeits- und Diskussionspapiere des Lehrstuhls Mitbestimmung und Organisation.

Sperling, H. J./Ittermann, P. (1998): *Unternehmensberatung – eine Dienstleistungsbranche im Aufwind*. Arbeit und Technik Band 11. München/Mering: Hampp.

Stehr, N. (1992): Experts, counsselors and advicers. In: Stehr, N./Ericson, R. V. (Hg.): *The culture and power of knowledge. Inquiries into contemporary societies*. Berlin/New York: de Gruyter. S. 107-155.

Steyrer, J. (1991): ‚Unternehmensberatung' – Stand der deutschsprachigen Theorienbildung und empirischen Forschung. In: Hofmann, M. (Hg.): *Theorie und Praxis der Unternehmensberatung. Bestandsaufnahme und Entwicklungsperspektiven*. Heidelberg: Physica-Verlag. S. 1-44.

Stichweh, R. (1988): Inklusion in Funktionssysteme der modernen Gesellschaft. In: Mayntz, R. et al. (Hg.): *Differenzierung und Verselbständigung. Zur Entwicklung gesellschaftlicher Teilsysteme*. Frankfurt/New York: Campus. S. 261-293.

Stichweh, R. (1995): *Die Weltgesellschaft: soziologische Analysen*. Frankfurt: Suhrkamp.

Stöbe, S. (1998): Verwaltungsmodernisierung und Beratung: Ergebnisse einer Befragung. In: Sperling, H. J./Ittermann, P. (1998). S. 47-57.

Stöbe, S./Hübner, M. (1997): *Verwaltungsmodernisierung und Organisationsberatung. Auswertung einer Befragung. Projektbericht des Instituts Arbeit und Technik 1997-11*. Gelsenkirchen: Institut Arbeit und Technik.

Stolzenberg, R. M./Land, K. C. (1983): Causal modeling and survey research. In: Rossi, P. H./Wright, J. D./Anderson, A. B. (Hg.): *Handbook of survey research*. San Diego: Academic Press, Inc. S. 613-625.

Stone, D. (1997): *Policy paradox: The art of political decision making*. 1. Aufl. 1988 (unter dem Titel Policy paradox and political reason.) New York: Norton.

Stratemann, I./Wottawa, H. (1995): *Bürger als Kunden. Wie Sie Reformkonzepte für den öffentlichen Dienst mit Leben füllen*. Frankfurt/New York: Campus.

Stucke, N. (1998): Die neuen Steuerungsmodelle in den deutschen Städten 1995-1996: Umfrageergebnisse des DSt. In: Grunow, D./Wollmann, H. (Hg.): *Lokale Verwaltungsreform in Aktion: Fortschritte und Fallstricke*. Berlin: Birkhäuser Verlag. S. 179-187.

Tabachnick, B. G./Fidell, L. S. (2007): *Using multivariate statistics*. 5. Aufl. Boston: Pearson Education.

Thunert, M. (2001): Germany. In: Weaver, K./Stares, P. B. (Hg.): *Guidance for governance. Comparing alternative sources of public policy advice*. Tokyo/New York: Japan Center for International Exchange. S. 157-206.

Thunert, M. (2004): Politikberatung in Deutschland: Entwicklungslinien, Leistungsfähigkeit, Legitimation. In: Kaiser, A./Zittel, T. (Hg.): *Demokratietheorie und Demokratieentwicklung*. Festschrift für Peter Graf Kielmansegg. Wiesbaden: VS Verlag. S. 391- 422.

Tiryakian, E. A. (1985): On the significance of de-differentiation. In: Eisenstadt, S. N./Helle, H.-J. (Hg.): *Macro-sociological theory*. Band 1. London: Sage. S. 118-134.

Tolbert, P. S./Zucker, L. G. (1983): Institutional sources of change in the formal structure of organizations: The diffusion of civil service reform, 1880-1935. In: *Administrative Science Quarterly* 28. S. 22-39.

Treuhandgesetz (1990): *Gesetz zur Privatisierung und Reorganisation des volkseigenen Vermögens (Treuhandgesetz)*. Erste Fassung: 17. 6. 1990. Online (23. 6. 2008): http://www.verfassungen. de/de/ddr/treuhandgesetz90.htm

Trice, H. M./Beyer, J. M. (1984): Studying organizational cultures through rites and ceremonials. In: *Academy of Management Review* 9/4. S. 653-669.

Trice, H. M./Beyer, J. M. (1993): *The cultures of work organizations*. New Jersey: Prentice Hall: Englewood Cliffs

Türk, K. (1985): Kontrolle und reelle Subsumtion. Stichworte zu einigen Defiziten des Subsumtionsmodells in der gegenwärtigen Industrie- und Betriebssoziologie. Arbeitspapiere aus dem Bereich Soziologie im Schwerpunkt „Arbeit – Personal – Organisation" Nr. 3. Trier: Universität Trier.

Turner, V. (2005): *Das Ritual. Struktur und Anti-Struktur*. Englischsprachiges Original 1969. Campus Verlag: Frankfurt.

Tuten, T. L./Urban, D. J./Bosnjak, M. (2002): Internet surveys and data quality: a review. In: Batinic, B./Reips, U.-D./Bosnjak, M. (Hg.): *Online social sciences*. Seattle: Hogrefe & Huber Publishers. S. 7-26.

Twenhöven, J. (1999): Hauptamt – Ehrenamt. Zum Verhältnis von Politik und Verwaltung auf lokaler Ebene. In: Erichsen, H.-U. (Hg.): *Kommunale Verwaltung im Wandel*. Kommunalwissenschaftliche Forschung und kommunale Praxis Bd. 7. Köln: Heymann. S. 93-100.

Vernau, K. (2002): *Effektive politisch-administrative Steuerung in Stadtverwaltungen. Möglichkeiten und Grenzen einer Reform*. Wiesbaden: Deutscher Universitätsverlag.

Voss, T. (2003): The rational choice approach to an analysis of intra- and inter-organizational governance structures. In: *Research in the Sociology of Organizations* 20. S. 21-46.

Vries, M. de (1995): ‚Up or out' in Partnerships: Karriere- und Organisationsprinzipien als Strukturen zur Selbsterhaltung von Beratungsgesellschaften. In: *Soziale Systeme* 1. S. 119-128.

Waldinger, R. (1996): *Still the promised city? New immigrants and African-Americans in post-industrial New York*. Harvard: Harvard University. Press.

Walger, G. (1995): Formen der Beratung. In: ders. (Hg.): *Formen der Unternehmensberatung*. Köln: Otto Schmidt.

Weber, M. (2005): *Wirtschaft und Gesellschaft*. Frankfurt: Zweitausendeins.

Weick, K. E./Sutcliffe, K. M. (2007): *Managing the unexpected: Resilient performance in an age of uncertainty*. 1. Aufl. 2001. San Francisco: John Wiley & Sons.

Weiershäuser, S. (1996): *Der Mitarbeiter im Beratungsprozeß – Eine agenturtheoretische Analyse*. Dissertation. Gabler-Verlag: Wiesbaden.

Weinberger, B. (1984): Die Gefahren der Überkonsolidierung. Zum Gemeindefinanzbericht 1984. In: *Der Städtetag* 2. S.79.

Weingart, P. (2001): *Die Stunde der Wahrheit*. Weilerswist: Velbrück.

Weiss, C. (1977): Introduction. In: ders. (Hg.): *Using social research in public policy making*. Lexington, Mass: Lexington Books.

Wenzel, H. (1990): *Die Ordnung des Handelns. Talcott Parsons' Theorie des allgemeinen Handlungssystems*. Frankfurt: Suhrkamp.

Wewer, G. (2003): Politikberatung und Politikgestaltung. In: Schubert, K./Bandelow, N. C. (Hg.): *Lehrbuch der Politikfeldanalyse*. München/Wien: Oldenbourg. S. 361-390.

Wiegand, B. (2004): *Wirtschaftsunternehmen Stadt. Die Fitnesskur für die öffentliche Verwaltung*. Weinheim: Wiley VCH.

Wilkesmann, U. (2000): An welchen Leitbildern orientiert sich Beratung von kleinen Kommunalverwaltungen? In: *Die Verwaltung* 33. S. 219-240.

Williamson, O. E. (1994): Comparative economic organization: the analysis of discrete structural alternatives. In: *Administrative Science Quarterly* 36. S. 269-296.

Williamson, O. E. (1995): *Organization Theory. From Chester Barnard to the present and beyond*. Expanded Edition. New York/Oxford: Oxford University Press.

Williamson, O. E. (1999): Public and private bureaucracies: a transaction cost economics perspective. In: *Journal of Law, Economics, and Organization* 15. S. 306-342.

Wimmer, R. (1995): Wozu benötigen wir Berater? Ein aktueller Orientierungsversuch aus systemischer Sicht. In: Walger, G. (Hg.): *Formen der Unternehmensberatung*. Köln: Otto Schmidt. S. 239-279.

Wohlfahrt, N./Zühlke, W. (1999): *Von der Gemeinde zum Konzern Stadt. Auswirkungen von Ausgliederung und Privatisierung für die politische Steuerung auf kommunaler Ebene*. Dortmund: Institut für Landes- und Stadtentwicklungsforschung des Landes Nordrhein-Westfalen.

Wollmann, H. (2004): Verwaltungspolitische Reformdiskurse – zwischen Lernen und Vergessen, Erkenntnis und Irrtum. In: Edeling, T. /Jann, W./Wagner, D. (Hg.): *Wissensmanagement in Politik und Verwaltung*. Wiesbaden: VS Verlag.

Wollnik, M. (1994): Interventionschancen bei autopoietischen Systemen. In: Götz, K. (Hg.): *Theoretische Zumutungen: vom Nutzen der systemischen Therapie für die Managementpraxis*. Heidelberg: Carl-Auer. S. 118-159.

Wulf, C./Zirfas, J. (2004): Performative Welten. Einführung in die historischen, systematischen und methodischen Dimensionen des Rituals. In: dies (Hg.): *Die Kultur des Rituals. Inszenierungen. Praktiken. Symbole*. München: Fink. S. 7-45.

Young, H. P. (1991): Negotiation analysis. In: ders. (Hg.): *Negotiation analysis*. Ann Arbor: University of Michigan Press. S. 1-23.

Zukin, S./DiMaggio, P. (1990): Introduction. In: dies. (Hg.): *Structures of capital. The social organization of the economy*. Cambridge: Cambridge University Press. S. 1-36.

Zwick, M. (2007): *Alternative Modelle zur Ausgestaltung von Gemeindesteuern. Mikroanalytische Quantifizierung der Einnahme-, der Einkommens- und der Verteilungseffekte*. Statistik und Wissenschaft, Band 8. Wiesbaden: Statistisches Bundesamt.

Fragebogen

„Kommunalverwaltung und Organisationsberatung"

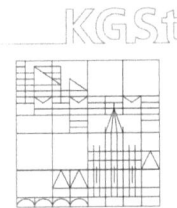

Universität Konstanz

Dies ist der Fragebogen des von Forschern der Universität Konstanz und der Zeppelin University Friedrichshafen in Kooperation mit der KGSt durchgeführten, empirischen Forschungsprojekts „Kommunalverwaltung und Organisationsberatung".

Thematisch gliedert sich der Fragebogen in drei Teilblöcke mit jeweils ca. 6 Fragen:

  A) Art der in Ihrer Stadt in den letzten Jahren durchgeführten Beratungsprojekte
  B) Ihre persönliche Projekterfahrung: was lief gut? wo waren Sie unzufrieden?
  C) Angaben zur aktuellen Situation in Ihrer Stadt.

Zum Ausfüllen des gesamten Fragebogens benötigen Sie ca. 20-30 Minuten!

Für die Rücksendung des Fragebogen ist es am einfachsten, wenn Sie den an die Universität Konstanz rückadressierten und freigemachten Rückumschlag verwenden, den wir Ihrem Fragebogen beigelegt haben. Ihre Angaben werden streng vertraulich behandelt.

Vielen Dank, dass Sie sich die Zeit nehmen!

---

1. Wie hat sich die Nachfrage Ihrer Stadt nach externen Beratungsdienstleistungen im Zeitraum 1997-2006 ungefähr entwickelt?
(Bitte wählen Sie diejenige Kurve, die im Falle Ihrer Stadt am besten passt.)

☐ kontinuierlich leichte Zunahme	☐ kontinuierlich starke Zunahme	☐ anfangs kaum, in den letzten Jahren zunehmend ansteigend	☐ zunächst stark, in den letzten Jahren nur noch gering ansteigend
☐ kontinuierlich leichter Rückgang von leicht erhöhtem Anfangsniveau	☐ kontinuierlich starke Abnahme von hohem Anfangsniveau	☐ „wellenförmiger" Wechsel von Phasen mit hoher und Phasen mit mäßiger Nachfrage	☐ Anderer Verlauf (*Bitte grobe Skizze!*)

1

2. Wie oft wurden von Ihrer Stadt im Jahr 2006 schätzungsweise Beratungsaufträge an folgende Typen von externen Dienstleistungs- bzw. Beratungsanbietern vergeben?
(Bitte kreuzen Sie in der unten aufgeführten Liste möglicher Anbieter jeweils die Zahl der Vergaben an.)

	In 2006 kein Mal	In 2006 1 Mal	In 2006 2 bis 5 Mal	In 2006 6-10 Mal	In 2006 mehr als 10 Mal
1. UnternehmensberaterInnen als Einzelpersonen	☐	☐	☐	☐	☐
2. Mittelgroße, (über-)regional tätige Unternehmensberatungen	☐	☐	☐	☐	☐
3. Größere, (inter-)national tätige Unternehmensberatungen	☐	☐	☐	☐	☐
4. WirtschaftsprüferInnen, FinanzberaterInnen (z. B. gpa)	☐	☐	☐	☐	☐
5. IT-DienstleisterInnen	☐	☐	☐	☐	☐
6. (Fach-)HochschullehrerInnen	☐	☐	☐	☐	☐
7. Studentische Unternehmensberatungen	☐	☐	☐	☐	☐
8. Außeruniversitäre Forschungseinrichtungen / Institute (z. B. Fraunhofer)	☐	☐	☐	☐	☐
9. Stiftungen (z. B. Bertelsmann)	☐	☐	☐	☐	☐
10. Verbände bzw. von Verbänden getragene Beratungseinrichtungen (DST, DStGB, KGSt u. ä.)	☐	☐	☐	☐	☐
11. Sonstige, und zwar: _____	☐	☐	☐	☐	☐

3. Wie hoch war im Jahr 2006 ungefähr das städtische Auftragsvolumen für externe Beratungsdienstleistungen? (Bitte am ehesten Zutreffendes ankreuzen.)

	Unter 50.000 EUR	50.000 bis 99.999 EUR	100.000 bis 199.999 EUR	200.000 bis 499.999 EUR	500.000 EUR und mehr
Städtisches Auftragsvolumen in 2006	☐	☐	☐	☐	☐

2

4. In wie vielen der in 2006 an externe Beratungsanbieter vergebenen Aufträge …

	Zahl Vergaben in 2006
…waren die Berater (nach Erteilung des Auftrags) *an keinem Tag* vor Ort in der *Verwaltung präsent* (z. B. schriftliches Gutachten)	ca. _____
…waren die Berater nur *ca. ein bis drei Tage* in der Stadtverwaltung *vor Ort präsent*	ca. _____
… waren die Berater *mehr als drei Tage* in der Stadtverwaltung *vor Ort präsent*	ca. _____

5. Wie oft handelte es sich bei den im Jahr 2006 an externe Beratungsanbieter vergebenen Aufträgen um Beratungsprojekte folgenden Typs?

	In 2006 kein Mal	In 2006 1 Mal	In 2006 2 bis 5 Mal	In 2006 mehr als 5 Mal
1. *Nur Konzeptpräsentation ohne* Mitwirkung bei dessen konkreter *Umsetzung*	☐	☐	☐	☐
2. *Sowohl Konzeptpräsentation als auch* anschließende Mitwirkung bei der *Umsetzung*	☐	☐	☐	☐
3. *Nur* Mitwirkung bei der *Umsetzung* von Konzepten, die von Dritten erarbeitet wurden	☐	☐	☐	☐
4. Übernahme der *Projektorganisation*	☐	☐	☐	☐
5. Wissenschaftliche *Begleitung(sforschung)*	☐	☐	☐	☐

3

6. Wie oft ging es bei den in 2006 vergebenen Beraterträgen inhaltlich schwerpunktmäßig um folgende Themenkomplexe?
(Bitte jeweils Zutreffendes ankreuzen.)

	In 2006 kein Mal	In 2006 1 Mal	In 2006 2 bis 5 Mal	In 2006 mehr als 5 Mal
1. Strategische Ausrichtung des Handelns in der Gesamtverwaltung	☐	☐	☐	☐
2. Outsourcing / PPP / Beteiligungsmanagement	☐	☐	☐	☐
3. Strategische Ausrichtung des Handelns in einer einzelnen Organisationseinheit	☐	☐	☐	☐
4. Leitbildprozess	☐	☐	☐	☐
5. Optimierung der Aufbau- und Ablauforganisation in der Gesamtverwaltung	☐	☐	☐	☐
6. Optimierung der Aufbau- und Ablauforganisation in einer einzelnen Organisationseinheit	☐	☐	☐	☐
7. Personalbedarfsermittlung bzw. Stellenbemessung	☐	☐	☐	☐
8. Geschäftsprozess-optimierung	☐	☐	☐	☐
9. Optimierung der städtischen IT / eGovernment	☐	☐	☐	☐
10. Gebäudemanagement	☐	☐	☐	☐
11. Einkaufsoptimierung	☐	☐	☐	☐
12. (Standort-)Marketing	☐	☐	☐	☐
13. Bürgerhaushalt	☐	☐	☐	☐
14. Interkommunale Zusammenarbeit	☐	☐	☐	☐

Die folgenden Fragen beziehen sich auf die **vergangenen 5 Jahre (2002-2006)**:

7. In wie vielen der in diesem Zeitraum vergebenen Beratungsprojekte **spielten folgende Gründe** für die Einbeziehung externer Berater **eine Rolle?** (Bitte jeweils Zutreffendes ankreuzen.)

	(Fast) in keinem der Projekte		In etwa der Hälfte der Projekte		In (so gut wie) allen Projekten
1. Intern hat notwendiges *fachliches* Know-How gefehlt.	☐	☐	☐	☐	☐
2. Intern hat notwendiges *methodisches* Know-How gefehlt (z. B. Analyse- oder Moderationstechniken).	☐	☐	☐	☐	☐
3. Für ein größeres, internes Projekt wurden kurzfristig *zusätzliche personelle Kapazitäten* benötigt.	☐	☐	☐	☐	☐
4. Berater sollte *als Mittler* zwischen Stadt und einer wichtigen Person aus Politik/Wirtschaft *auftreten.*	☐	☐	☐	☐	☐
5. Verwaltungsspitze wollte sich bewusst mit *neuen Ideen / Sichtweisen* konfrontieren.	☐	☐	☐	☐	☐
6. Berater sollten helfen, das *Image der Stadt zu verbessern*	☐	☐	☐	☐	☐
7. *Richtigkeit intern umstrittener Pläne* sollte durch Externe qualitätsgesichert werden.	☐	☐	☐	☐	☐
8. Man benötigte gute Argumente angesichts *strittiger Auffassungen zwischen Verwaltungsführung und Personalvertretung*	☐	☐	☐	☐	☐
9. *Reformbedürftige Routinen* bei MitarbeiterInnen sollten aufgebrochen werden	☐	☐	☐	☐	☐
10. Verwaltungsinterne *Konflikte zwischen einzelnen Organisationseinheiten* sollten geklärt werden.	☐	☐	☐	☐	☐
11. Externer sollte Beitrag zur *Versachlichung der politischen Diskussion zwischen Ratsmitgliedern und der Verwaltungsspitze* leisten	☐	☐	☐	☐	☐

5

8. Ist es bei von Ihnen in den letzten 5 Jahren vergebenen Beratungsprojekten vorgekommen, dass die von externen Beratern vor Ort präsentierten Konzepte trotz eines relativ klaren Ausschreibungstexts unrealistische Vorschläge enthalten haben?

☐   ja, in mehr als der Hälfte der Projekte

☐   ja, in einer ganzen Reihe von Projekten

☐   ja, aber nur in sehr wenige Projekten

☐   nein, in keinem der Projekte

---

9. Wenn Sie bei der folgenden Frage insbesondere an diejenigen Beratungsprojekte der vergangene 5 Jahre denken, bei denen die Umsetzungsunterstützung ein wesentlicher Bestandteil des Vertrags war:

Wie stark haben Sie in solchen Fällen typischerweise den Entscheidungsspielraum von mit Umsetzungsunterstützung beauftragten Beratern im Hinblick auf folgende Dimensionen eingeschränkt?

	Keine Ein-schrän-kungen	Leichte Ein-schrän-kungen	Starke Ein-schrän-kungen	Bislang bei keinem Projekt vorgekom men
1. Die Zeit, in der sich Berater außerhalb offizieller Meetings in Büroräumen ohne Publikums-verkehr aufhalten dürfen	☐	☐	☐	☐
2. Die Möglichkeit, zwecks Auskunftserteilung selbständig mit geeigneten Verwaltungsmit-arbeitern Kontakt aufzunehmen	☐	☐	☐	☐
3. Die Möglichkeit der Einsicht-nahme in verwaltungsinterne Aktenbestände	☐	☐	☐	☐
4. Die Möglichkeit, projektbezo-gen selbständig Kontakt mit bestimmten Ratsmitgliedern aufzunehmen	☐	☐	☐	☐
5. Vorgaben hinsichtlich der Art der zu verwendenden Tools, mit denen Berater selbständig fachliche Entscheidungsvorlagen für den Stadtrat erstellen	☐	☐	☐	☐
6. Vorgaben hinsichtlich der Aus-wahl von geeigneten Dritten für projektbezogene Unteraufträge	☐	☐	☐	☐
7. Sonstige Einschränkungen: _____	☐	☐	☐	☐

6

10. **Wie zufrieden** sind Sie **im Ganzen gesehen mit** den **Leistungen, die externe Berater in den 5 letzten Jahren in Ihrer Stadt erbracht haben**, im Hinblick auf die Erfolgsdimensionen ...
(summarische Betrachtung aller Beratungsprojekte)

	sehr zufrie- den	Eher zufrie- den	Teils / teils	Eher unzu- frieden	Sehr unzu- frieden
Wirksamkeit der Berater- tätigkeit: Die erhofften Ziele sind erreicht worden.	☐	☐	☐	☐	☐
Kosten-Nutzen-Relation der Beraterbeteiligung: Die mittels Berater erzielten Einsparungen sind deutlich höher als die Beraterausgaben.	☐	☐	☐	☐	☐

11. In vergangenen Studien hat sich gezeigt, dass der Erfolg von Beratungsprojekten oft davon abhängt, dass auch nach der formellen Projektvergabe zwischen Vertretern auf Beraterseite und den für die Beauftragung maßgeblichen Vertretern auf Auftraggeberseite „die **persönliche Chemie"** stimmt.

Bei wie vielen der **in den letzten 5 Jahren** in Ihrer Stadt durchgeführten Beratungsprojekte traten zwischen den Vor-Ort-tätigen Beratern und den auf Auftraggeberseite verantwortlichen Personen...

	Trifft in keinem der Projekte zu	Trifft in einigen wenigen Pro- jekten zu	Trifft in vielen Pro- jekten zu	Trifft in (fast) allen Projek- ten zu
von Projektbeginn bis zum Abschluss (nahezu) keine persönlichen Kommunikations- probleme auf	☐	☐	☐	☐
zwar hin und wieder *kleinere persönliche Kommunikations- probleme* auf, die jedoch den erfolgreichen Projektabschluss nicht ernsthaft gefährdet haben	☐	☐	☐	☐
z. T. *erhebliche persönliche Kommunikationsprobleme*, die den Projekterfolg zumindest zeitweise ernsthaft in Frage stellten	☐	☐	☐	☐
unüberbrückbare persönliche Differenzen auf, so dass das Vertragsverhältnis vor offiziellem Projektabschluss aufgekündigt werden musste.	☐	☐	☐	☐

7

12. Wenn Sie an Beratungsprojekte denken, bei denen aus Ihrer Sicht <u>nicht alles glatt gelaufen</u>
ist: <u>wie häufig</u> lassen sich die <u>aufgetretenen Schwierigkeiten</u> <u>zurückführen auf</u>...

	(so gut wie) nie	Eher selten	Relativ häufig	(Fast) immer
1. Die mangelnde *Genauigkeit* des Ausschreibungstexts	☐	☐	☐	☐
2. Die gewählte *Art der Ausschreibung*	☐	☐	☐	☐
3. Die Art der *Projektinitiierung* (Klärung der Erwartungen, Aufgabenverteilung)	☐	☐	☐	☐
4. Das *Projektmanagement* (Zeit, Kosten, Erreichbarkeit, Präsenz etc.)	☐	☐	☐	☐
5. Die *mangelnde Bereitschaft von MitarbeiterInnen* zur *Offenlegung* von angefragten Informationen	☐	☐	☐	☐
6. Eine *nicht adressaten-gerechte Aufbereitung der Beratungsergebnisse*	☐	☐	☐	☐
7. Ein *im Projektverlauf ein-getretenes Ereignis*, das *kurzfristig strategische Kurs-korrekturen* erforderlich machte, die die Erreichung der Projektziele in Frage stellten	☐	☐	☐	☐
8. Ein erheblicher *Dissens zwischen Verwaltungsmit-arbeiterInnen und Berater* in einer erfolgskritischen Phase	☐	☐	☐	☐
9. Unstimmigkeiten *beim Projektabschluss* (unvollendete Arbeit, unvollständige Aussagen u. ä.)	☐	☐	☐	☐
10. unerwartete Probleme *nach Projektabschluss*, die mit Vorschlägen von Beratern in Verbindung gebracht wurden	☐	☐	☐	☐
11. Sonstiges: _____	☐	☐	☐	☐

8

Im Folgenden ein paar allgemeine Fragen zur aktuellen Situation in Ihrer Stadt:

13. Wie ist in Ihrer Stadtverwaltung der derzeitige Umsetzungsstand der folgenden Maßnahmen?

	bereits voll eingeführt	teilweise eingeführt	in konkreter Planung	(vorerst) nicht in Planung
Steuerung des Verwaltungshandelns mit strategischen Zielen	☐	☐	☐	☐
Dezentrale Fach- und Ressourcenverantwortung	☐	☐	☐	☐
Budgetierung	☐	☐	☐	☐
Produkthaushalt	☐	☐	☐	☐
Neues Kommunales Rechnungswesen (Doppik o. ä.)	☐	☐	☐	☐
Produktorientierte Kosten- und Leistungsrechnung	☐	☐	☐	☐
Verwaltungsinternes Controlling	☐	☐	☐	☐
Personalstrukturplanung nach Alter, Geschlecht u. Qualifikation	☐	☐	☐	☐
Leistungs- und Erfolgsprämien auf allen Verwaltungsebenen	☐	☐	☐	☐
Ratsinformationssystem für Ratsmitglieder	☐	☐	☐	☐
Regelmäßiges Berichtswesen für den Stadtrat	☐	☐	☐	☐

14. Ausgehend von den absoluten Zahlen des Referenzjahrs 2006: Mit welcher Entwicklung der städtischen Beschäftigtenzahlen rechnen Sie in der städtischen Kernverwaltung in den nächsten 10 Jahren?

	Anzahl 2006	Erwartete prozentuale Veränderung bis zum Jahr 2015 gegenüber 2006				
		+1 bis +10%	0 bis -5%	-6 bis -10%	-11 bis -15%	Mehr als -15%
Gesamtbeschäftigten-zahl (Kernverwaltung ohne Eigenbetriebe)	ca._____	☐	☐	☐	☐	☐
- davon: Kommunale Beamte	ca._____	☐	☐	☐	☐	☐
- davon: Kommunale Beschäftigte mit zeit-/zweckbefristeten Arbeitsverträgen (TzBfG §14)	ca._____	☐	☐	☐	☐	☐

9

15. Über <u>wie viele Hierarchieebenen</u> (vom Hauptverwaltungsbeamten bis zum einfachen Mitarbeiter der untersten Organisationseinheit) verfügte die <u>Kernverwaltung im Jahr 2006?</u>

Anzahl Hierarchieebenen in der Kernverwaltung in 2006	ca. _____ Ebenen

16. Wenn Sie an die <u>Jahresrechnungen</u> denken, die von Ihrer Stadt für die <u>Jahre 2004, 2005 und 2006</u> aufgestellt worden sind: In welchem/n dieser drei Jahre …

	2004	2005	2006	in keinem der letzten drei Jahre
Konnte ein *beachtlicher Haushaltsüberschuss* erwirtschaftet werden („Freie Spitze" > 5%)?	☐	☐	☐	☐
Konnte ein *geringer Haushaltsüberschuss* erwirtschaftet werden („Freie Spitze" von 0 bis 5%)?	☐	☐	☐	☐
Hat die *Jahresrechnung* einen „Fehlbetrag" aufgewiesen?	☐	☐	☐	☐
Hat die staatliche Aufsichtsbehörde den Haushalt *nur unter Auflagen* (Haushaltssicherungskonzept o. ä.) *genehmigt?*	☐	☐	☐	☐

17. <u>Wie harmonisch/konfliktbeladen</u> war <u>im vergangenen Jahr 2006</u> das <u>persönliche Beziehungsverhältnis zwischen dem Hauptverwaltungsbeamten</u> und …

	sehr harmonisch	eher harmonisch	eher konfliktbeladen	sehr konfliktbeladen	Kaum persönlicher Kontakt
1. einflussreichen Persönlichkeiten der *Mehrheitsfraktion(en)?*	☐	☐	☐	☐	☐
2. einflussreichen Persönlichkeiten der *Opposition* im Stadtrat?	☐	☐	☐	☐	☐
3. der Führung der kommunalen *Aufsichtsbehörde?*	☐	☐	☐	☐	☐
4. der *Lokalredaktion* der auflagenstärksten Regionalzeitung?	☐	☐	☐	☐	☐
5. Führenden Verwaltungsvertretern *benachbarter Städte?*	☐	☐	☐	☐	☐

18. Wenn Sie an die nächsten 3 Jahre (2007 bis 2009) denken: Wie wird sich - ausgehend vom Jahr 2006 - in dieser Zeit voraussichtlich die städtische Nachfrage nach externen Beratungsdienstleistungen entwickeln?

☐ kontinuierlich leichte Zunahme	☐ kontinuierlich starke Zunahme	☐ vorerst kaum, später aber zunehmend ansteigend	☐ erst einmal stark, später nur noch gering ansteigend
☐ kontinuierlich leichter Rückgang von derzeit leicht erhöhtem Anfangsniveau	☐ kontinuierlich starke Abnahme von derzeit hohem Anfangsniveau	☐ „wellenförmiger" Wechsel von Phasen mit hoher und Phasen mit mäßiger Nachfrage	☐ Anderer Verlauf (Bitte grobe Skizze!)

19. In wie weit würden Sie folgenden Aussagen über Berater zustimmen?

	Stimme voll und ganz zu	stimme eher zu	stimme eher nicht zu	stimme überhaupt nicht zu
1. „Kompetente interne Kräfte können externe Berater in fast allen Bereichen ersetzen."	☐	☐	☐	☐
2. „Beratungsziele sind zum Zeitpunkt der Ausschreibung oft noch ungenau definiert."	☐	☐	☐	☐
3. „Die verfügbaren (knappen) finanziellen Ressourcen fließen zu sehr in die Konzeptentwicklung und zu wenig in die Umsetzungsunterstützung durch Berater."	☐	☐	☐	☐
4. „Berater bieten oft Lösungen an, deren Umsetzung dazu führen, dass schon wenig später Folgeaufträge notwendig werden."	☐	☐	☐	☐
5. „Die Einbeziehung von Beratern hat dazu beigetragen, dass die Kommunen bundesweit einen weitgehend einheitlichen Modernisierungspfad eingeschlagen haben."	☐	☐	☐	☐
6. „Zur Unterstützung der Verwaltungsmodernisierung ist externe Beratung auch in Zukunft unverzichtbar."	☐	☐	☐	☐

11

20. Und zum Schluss: Haben Sie noch <u>ergänzende Hinweise, Anmerkungen oder Fragen</u> an uns?

_____

_____

_____

_____

_____

_____

_____

_____

Dürfen wir im Vorwort des Ergebnisberichts den <u>Namen Ihrer Stadt in die (Dankes-)Liste</u> der an der Studie mitwirkenden Städte <u>aufnehmen?</u>

☐   ja

☐   nein

Sind Sie an einer <u>Zusendung des Ergebnisberichts</u> (voraussichtlich Herbst 2007) interessiert?

☐   nein

☐   ja, schicken Sie den Bericht bitte an folgende Adresse (postalisch oder E-Mail):

_____

_____

_____

Bitte senden Sie den ausgefüllten Fragebogen – am besten mit Hilfe des beiliegenden, bereits frei gemachten Kuverts - an:

Postadresse:	Ansprechpartner für etwaige Rückfragen:
Universität Konstanz „Empirische Sozialforschung" Fach D40 78457 Konstanz	Andreas Huchler Telefon: 07541 / 6009 1222 E-Mail: Andreas.Huchler@uni-konstanz.de

Herzlichen Dank für Ihre Mitwirkung!!

MIX

Papier aus verantwortungsvollen Quellen
Paper from responsible sources
FSC® C105338

If you have any concerns about our products,
you can contact us on
ProductSafety@springernature.com

In case Publisher is established outside the EU,
the EU authorized representative is:
Springer Nature Customer Service Center GmbH
Europaplatz 3, 69115 Heidelberg, Germany

Printed by Libri Plureos GmbH
in Hamburg, Germany